마음으로 떠나는
그림책여행 1 2판

마음으로 떠나는 그림책 여행 1

2판

김용찬·김숙영 공저

학지사

이 책이 **빛을 보는 순간**은
우리 **아이들에게 적용했을 때**입니다.
그 순간, 또 다른 **그림책의 깊이**에 스스로도 **감동**하게 될 것입니다.

개정판을 내며

처음 그림책 공부를 시작하고, 매년 그림책 수업을 정리하여 우리만의 『그림책 수업 연구자료집』을 발간할 때는 소소한 행복이 있었다. 우연한 인연으로 출판을 하게 되었고, 책 속의 그림책 수업을 공유하며 여러 활동을 나눌 때는 커다란 행복을 느꼈다. 그렇게 이 책은 세상에 나온 지 12년이 되었다. 그 후로 전국의 많은 교사, 학부모, 학생들과의 만남을 연결해 준 시작점도 이 책이었다.

2015년부터 티처빌원격교육연수원과 함께 개발한 '인성과 창의성을 길러 주는 그림책 감성교육' 영상 콘텐츠에는 이 책의 내용 대부분이 포함되었다. 지금도 오프라인 강의는 1권에서 다룬 그림책을 중심으로 하고 있다. 그만큼 의미 있고 교육적인 그림책을 다루고 있다는 자부심을 느낀다. 하지만 이 책이 출판이라는 세계에서 박제된 채로 굳어 버리지 않기를 바란다. 다음 도형에 관심을 가지고 집중해서 본다면 살아 움직이는 점들이 보일 것이

다. 그처럼 그림책에 대한 독자들의 관심으로 이 책의 맥박이 요동치기를 희망하며 개정판을 내게 되었다.

  초판의 생생함이 살아 있는 글에는 그때의 열정이 드러나기에 개정판에서 큰 틀을 흔들지는 않았다. 다만 시간의 흐름에 따라 변화된 내용을 수정하였고, '함께 읽기'의 업데이트 작업이 필요했다. 또한 그림책 수업 방법에 대한 꾸준한 요청이 있었기에 저자들의 개인적인 감성이 높았던 part 6의 내용을 수업과 관련된 새로운 그림책 네 권으로 교체했다. 부록에는 실제 진행했던 공개강좌 내용을 바탕으로, 그림책을 주제별로 융합할 수 있는 수업 구성안을 소개했다.

  이 책의 시작은 '선생님 저자 되기 프로젝트'였지만, 교육은 일회성이 아니라 지속성을 가지고 나아가야 한다는 게 저자들의 생각이다. 그저 지나간 책으로 책장에 깨끗하게 꽂혀 있지 않기를, 교육에 활용되어 너덜너덜해지기를 바라는 마음으로 새롭게 출발한다.

  교육의 으뜸은 꾸준함이다. 각자의 교실에서, 가정에서 가르침을 꾸준히 펼치는 모든 분에게 힘이 되면 좋겠다.

> "생애에서 몇 번이고 되풀이해 읽을 수 있는 한 권의 책을 가진 사람은 행복한 사람이다. 더욱이 여러 권의 책을 가진 사람은 행복을 다한 사람이다."
>
> – 앙리 드 몽테를랑 Henry de Montherlant

프롤로그

처음, 그림책을 만난 건 책이 아니라 뮤지컬이었다.

'누가 내 머리에 똥 쌌어?'

듣기만 해도 웃음이 나오는 제목의 뮤지컬. 마침 가까운 문화센터에서 공연한다고 하여 친구네 가족과 함께 보러 가기로 했다. 원작이 그림책이라고 하니 우리 아들과 친구 딸을 위해 책부터 하나 사서 공연 시작 전에 읽어 주었다. 내 느낌은, 물론 재미있기도 했지만 좀 특이하기도 하고 통쾌하기도 했다. 그러면서 한편으로, 이 짧은 그림책의 내용을 어떻게 1시간가량으로 늘릴 수 있을까 하는 생각과 함께 뭔가 새로운 것이 있을 것 같은 기대감도 생겼다.

그리고 시작된 공연. 원작에는 없던 지하 세계의 연출이 돋보였고 완벽한 무대 설치와 상황에 맞는 음악도 듣기 좋았다. 결론부터 말하면 최고의 작품이었다!! 우리 아이가 다섯 살임에도 불구하고 '폭! 빠져서' 보는 것이 너무 기특하고 대견했다. 그리고 집에 와서 다시 한번 그림책을 같이 읽었다.

그게 내가 그림책을 처음 만난 순간이었다.

그리고 몇 개월이 지난 어느 날, 뭐 볼 책이 없나 하고 습관처럼 책방을 찾아갔는데 거기서 발견한 그림책 관련 서적 하나. 작가가 누군지도 모르고 그저 책 표지에 있는 그림(『누가 내 머리에 똥 쌌어?』의 주인공 두더지 그림) 하나에 정신이 팔려 사 버린 책이 『그림책을 보고 크는 아이들』(이상금 저, 사계절, 1998)이었다. 이 책은 그동안 전혀 몰랐던 그림책의 세계로 나를 인도했다. 여기에는 그림책의 고전은 물론이고 지금까지 나온 최고의 책들이 소개되어 있는데, 나는 여기에 소개된 알토란 같은 책들을 사거나 혹은 빌려서 우리 아이에게 읽어 주었다. 아이는 스펀지였다. 그림책의 모든 걸 빨아들였다. 어른이 보지 못한 부분도 놓치지 않고 찾아냈다. 아이는 진정 그림책 탐험가였다!

이렇게 나는 '그림책 입문서'에 나와 있는 그림책들을 모두 찾기 시작했고, 한 권 한 권 찾아서 우리 아이에게 읽어 줄 때마다 커다란 희열을 느꼈다. 그리고 그 일은 지금도 계속되고 있다.

그 후 그림책 공부를 시작했고, 내 마음을 흔들어 준 그림책의 감동을 주위에 전하고 싶어졌다. 어른이 먼저 감동

하고 공감한 그림책을 아이들에게 읽어 주면, 아이들 역시 그 책에 큰 관심을 갖기 마련이다. 그렇다. 아이들에게 '감동하는 마음'을 길러 주는 것이 얼마나 중요한가. 이 책은 내가 감동하고 아이들에게 소개한 그림책 이야기를 쓴 것이다.

'누가 나를 위해 그림책을 읽어 주는가.'

아이들뿐 아니라 어른들도 자신을 위해 누군가가 그림책을 읽어 주면 또 다른 감동을 느끼게 된다. 그 '감동의 느낌'이 모든 그림책을 사랑하는 어른들에게 좋은 향기로 전해지길 바라고, 그 향기가 아이들의 마음속에도 묻어나길 기대한다.

우리 반엔 그림책이 좀 있다. 방학 전에 돌려주기로 약속하고 한 학기 동안 기증도 받았지만, 기존 교실에는 읽을 만한 수준의(최근에 발행한, 맞춤법이 맞고, 찢어지지 않았으며, 흥미를 유발하는 좋은) 책들이 별로 없는 게 현실이다. 그래서 목표가 생겼다. 우리 반에 예쁜 책꽂이를 많이 세워 두고 아이들이 포옥 파묻힐 만큼의 책들을 모아 보려 한다. 작은 도서관 같은 역할을 하는 교실에서 책의 영양분을 담뿍 받아 먹은 아이들이 무럭무럭 자라길 오

늘도 기대해 보면서.

  이 책이 나오기까지 내게 좋은 감성을 길러 주신 부모님이 계셨다.
  어렸을 때부터 책 읽는 모습을 보이시며 독서의 힘을 길러 주신 아버지와 학교가 끝나서 돌아온 막내에게 옛날이야기를 재미있게 들려주신 어머니께 깊은 감사를 드린다. 그리고 이 책을 쓰는 동안 많은 도움을 준 아내 최민혜와 모든 그림책 여행을 같이 한 아들 정엽이와 딸 지윤이, 그리고 적절한 조언을 해 준 후배 서태규 선생님과 그림책 공부를 같이 한 여러 선생님께 고마움을 전한다.

날마다 새로운 어느 날,
부천에서 김용찬 씀

그림책 여행을 떠날 땐~!

학교에서 그림책 수업을 할 때는 비교적 부담이 적은 금요일을 이용하는 것이 좋다. 아이들에게 그림을 보여 줘야 하니 교실에 스탠드 스크린과 빔 프로젝터를 설치해야 한다. 준비가 좀 힘들지만 해 놓고 보면 후회는 없다. 만약 빔 프로젝터 설치가 어렵다면 이미 설치가 되어 있는 특별실(컴퓨터실, 예절실, 강당)을 이용해도 좋다.

우선, 교실 바닥에 매트를 깔고 아이들을 앉힌다. 불을 다 끄고 커튼을

친 후 파워포인트로 만든 그림책을 스크린에 비춰서 보여 준다(아니면 그림 하나하나를 그냥 슬라이드쇼로 보여 줘도 좋은데, 먼저 일시정지를 누르고, 교사가 책장의 내용을 다 읽으면 다음 장면으로 넘어가는 게 좋다.).

다 읽은 후에는 간단하게 인상 깊은 장면이나 느낀 점, 재미있는 장면 등을 이야기한다. 그리고 시간이 되면 감상문이나 그림으로 표현해도 좋다. 하지만 중요한 것은 독후활동은 필수가 아니라 선택이라는 것이다.

가정에서 그림책을 읽어 줄 때는 아빠나 엄마가 먼저 바닥에 앉고 아이를 무릎에 앉혀 품에 안는다. 그리고 아이가 골라 온 책의 표지를 보기 좋게 펴 준다. 아이가 책 표지를 두드리며 "똑, 또옥~!!" 하면 책 제목을 읽어 주며 그림책 속으로 들어간다(아이와 부모의 책 속 탐험 비밀 암호 '똑, 또옥~!!'). 이때, 부모가 책장의 글을 다 읽더라도 아이가 집중해서 그림을 쳐다보면 먼저 넘기지 마라. 아이는 아직 그림 속을 탐험하는 중이니

까. 그러다 아이가 책장을 넘기려고 하면 넘겨 주며 다음 글을 읽어 준다.

이렇게 계속 아이가 책에 집중하면 얼마나 좋을까. 하지만 대다수 어린아이는 집중력에 한계가 있다. 엄마, 아빠의 무릎에 앉았다가도 금방 일어나 돌아다니기 시작한다. 으휴~ 이럴 땐 약간 화가 나기도 하고, '읽어 달래서 기껏 자리 잡았더니!' 하는 생각도 들 것이다. 하지만 여기서 화내면 안 된다. 아이가 다른 곳에 가서 장난감을 만지거나 다른 책을 꺼내도, 부모는 읽던 것을 멈추지 말고 끝까지 다 읽어야 한다. 왜냐하면 아이는 다른 짓을 하더라도 두 귀로 이야기를 다 듣고 있기 때문이다. 중간에 멈추면 다시 돌아와서 읽어 달라고 하기도 한다. 그러니 부모는 '참을 인(忍)' 자를 여러 번 가슴속에 새기며 되도록 온화한 표정으로 즐겁게 읽어 주자.

"책 속으로 들어가 볼까요?" 하며 책 읽기를 시작할 때 꼭 읽어 줘야 할 것이 있다. 책 제목, 지은이, 출판사의 이름이다. 여기에 번역자의 이름도 있다면 같이 읽어 준다. 아이들은 별로 신경 쓰지 않지만, 책을 탐험하기 전에 관련된 정보들을 읽어 주는 것이 나중에 큰 도움이 된다. 여러 번 그림책을 읽어 주다 보면 아이들도 지은이에게 관심이 쏠리는 순간이 온다. 자주 나오게 되는 지은이가 있으면 먼저 아는 체하며 기뻐하기도 한다. "엄마, 이 작가, 전에 『우리 엄마』 쓴 작가지? 나 알아~!"라고 뿌듯해하며 관심을 나타낸다. 그러니 그날까지 부모는 계속 정보를 주는 게 좋다. 아이가 어떤 정보에 관심을 갖고 반응할지 모르기 때문이다.

교육은 어떤 형태로든 '의도'를 가지고 해야 한다. 그 '결과'가 언제 나타날지는 너무 조급해하지 말고.

일러 두기

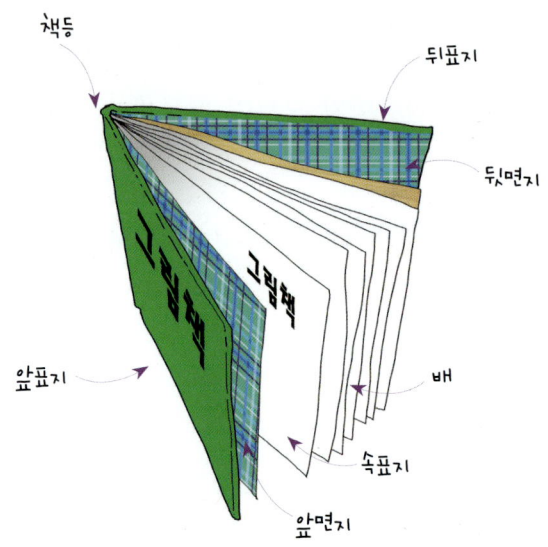

하나   이 책은 아이들을 잘 아는 선생님과 그림책을 잘 아는 선생님이 만나 그림책의 감동을 함께 나누고자 썼다.

둘   이 책의 구성은 다음과 같다.

'마음의 흔들림'은 처음 그림책을 만난 개인적인 인연과 감동을 생생하게 전하고자 이야기의 시작 부분에 넣었다. 먼저 마음이 흔들려야 진심이 전달될 수 있다고 믿기 때문이다. 또한 '마음의 흔들림' 제목 옆으로 김용찬 선생님의 글에는 ♥를, 김숙영 선생님의 글에는 ♥를 넣었다.

'책 속으로 풍~덩'에서는 아이들이 책과 만난 순간의 이야기를 담았다. 책 내용 소개와 함께 아이들과 주고받은 이야기 등을 짧게 담았다.

'함께 해 보기'에는 책을 다 읽은 후의 감동과 여운을 즐길 수 있는 여러 가지 활동거리를 모아 보았다.

'Tip'에는 그 책과 함께 들으면 좋은 음악이나 숨겨진 이야기 같은 소소한 내용을 담았다.

'함께 읽기'에는 비슷한 주제를 다룬 다른 작가의 그림책을 묶어 보았다.

셋 특정 작가의 작품이 겹쳐 소개된 것은 의도적으로 아이들에게 연결해서 활동한 내용임을 밝힌다.

넷 이 책에 소개된 책들은 두 저자가 주관적으로 선택한 '좋은 그림책'임을 밝힌다.

그림책 여행 계획
CONTENTS

개정판을 내며 6
프롤로그 8
그림책 여행을 떠날 땐~! 12
일러 두기 16

part 1 나와 가족의 일상 속으로 23

엄마도 꿈이 있었을까? 『우리 엄마』 24
아빠는 왜 주말에 잠만 주무실까? 『고릴라』 32
골라먹는 재미가 있다! 『까마귀네 빵집』 39
많이도 필요 없다. 남들만큼만! 『용돈 좀 올려 주세요』 46
나도 불만이 있다고요! 『우리 엄마 맞아요?』 52
아빠가 멋져 보일 때 『석수장이 아들』 59
사랑한다 vs 사랑하지 않는다 『원숭이 오누이』 65
신비한 경험을 통해 갈등을 풀다 『터널』 71

part 2 내 친구들의 세계 속으로 83

당신의 터닝 포인트는 언제였나요?『메리 크리스마스, 늑대 아저씨!』84
내 친구를 소개합니다!『아모스와 보리스』92
너는 무엇을 나누었니?『무지개 물고기』99
금동아, 나하고 친구 할래?『구합니다! 완벽한 애완동물』107
네 가지 다른 시선『공원에서 일어난 이야기』113
사자라고 봐주지 않아요!『도서관에 간 사자』121

part 3 우리들 마음속으로 129

우리 아이는 학교에서 발표를 잘할까?『칠판 앞에 나가기 싫어』130
도대체 '교양'이 뭐길래?『난 무서운 늑대라구!』136
아이들 마음속엔 도대체 뭐가 있는지 궁금해!『짖어 봐 조지야』144
엄마, 나는 왜 이렇게 못났어요?『짧은 귀 토끼』152
정말... 틀려도 괜찮을까?『틀려도 괜찮아』157
내 인생의 키다리 아저씨는 있을까?『루비의 소원』166
당신이 할 수 있는 가장 특별한 선물은 무엇입니까?『소피의 달빛 담요』176

본능적으로 느껴야 해~! 『느끼는 대로』 181
이게 작품이라고? vs 이것도 작품이야! 『점』 188
칭찬은 고래도 춤추게 한다고요~! 『혼나지 않게 해 주세요』 194
누구나 꿈꿀 수 있다! 『프레드릭』 198

part 4 신나는 상상 속으로 207

마법 같은 책이 여기 있어요~! 『에르베 튈레의 감성 놀이책
　색색깔깔: 책 놀이』 208
첫사랑은 잘 살고 있을까? 『낱말 공장 나라』 215
글이 먼저일까? 그림이 먼저일까? 『오늘의 일기』 223
나는 네가 지난밤에 한 일을 알고 있다! 『도대체 그 동안 무슨 일이
　일어났을까?』 231
넌 꿈이 뭐니? 『노래하는 볼돼지』 235
만화 이상의 상상초월 판타지~! 『구름 공항』 242

part 5 또 다른 세상 속으로 251

투발루는 누구의 이름일까? 『투발루에게 수영을 가르칠 걸
　그랬어!』 252
달님을 부탁해~! 『달 샤베트』 258
뭐 신나는 일 없을까? 『마법의 여름』 265
특별한 만남 『나의 를리외르 아저씨』 269

아, 사는 게 힘들어요, 선생님!『The Blue Day Book』 275
셜록 홈즈 같은 추리로 사건을 해결하다~!『누가 내 머리에 똥 쌌어?』 279
고양이 띠는 왜 없을까?『열두 띠 동물 이야기』 286
아, 참으로 곱구나!『설빔, 여자아이 고운 옷』,『설빔, 남자아이 멋진 옷』 291
바람이 분다『내가 라면을 먹을 때』 296
그건 뭐야?『그래, 책이야!』 301

part 6 어른들의 이야기 속으로 309

그림책 거장의 소중한 유산!『검피 아저씨의 코뿔소』 310
이런 게 사는 기쁨!『농부 달력』 323
나의 천호동『나의 독산동』 328
생의 마지막 기억은?『옥춘당』 341

[공개강좌] 우리는 가족에게 친절한가요? 346
에필로그 350

part 1
나와 가족의 일상 속으로

엄마도 꿈이 있었을까?

『우리 엄마』
앤서니 브라운 글·그림
허은미 옮김
웅진주니어

주제 엄마의 꿈과 인생
대상 꿈 많았던 엄마와 그걸 몰랐던 아이들

마음의 흔들림 ♥

10년 전 아트 슈피겔만의 『쥐』를 읽은 적이 있다. 1992년도 퓰리처상을 수상한 작품으로 많은 찬사를 받은 책이었다. 원래 만화책을 좋아하기도 하고 호기심도 생겨 일부러 책을 구했지만, 처음 이 만화책을 봤을 때는 읽기 힘들었다. 글자도 많을 뿐더러 그림 자체가 흑백이면서 너무 빽빽하다는 느낌이 들었기 때문이다. 하지만 꼭 읽고 싶다는 마음이 더 컸기에 인내를 가지고 읽어 나갔다. 다 읽고서 느낀 것은 나치에 대한 소름이 아니라 엉뚱하게도 '부모님'에 대한 생각뿐이었다. '아, 이 작가는 자신의 아버지를 계속 찾아뵙고 그 힘들었던 역사를 하나하나 정리했구나, 대견하다.' 하는 느낌이 더 컸었다. 그리고 '나도 우리 아버지와 어머니에 대해서 어떻게든 기록을 남겨야겠구나.' 하는 다짐도 했다.

그런 생각을 가지고 5년 정도가 흘렀을 때 어머니의 칠순이 코앞으로 닥쳤다. 나는 어머니를 찾아뵙고 볼펜과 공책을 드렸다. "엄마, 여기에 엄마의 모든 역사를 써 주세요. 제가 꼭 엄마의 자서전을 내 볼게요." 하면서 말이다. 어머니는 기억도 또렷하시고, 글솜씨도 좋으셔서 술술 써내려 가셨다. 그 덕분에 평소보다 좀 더 자주 찾아뵙고, 잘 이해가 안 가는 부분은 다시 물어 가면서 컴퓨터로 옮기기 시작했다. 그러는 동안 알게 된 깜짝 놀란 몇 가지. 어머니께서 10남매였다는 사실을 정말 몰랐다. 그리고 1·4후퇴 때 다리가 끊겨 차디찬 임진강으로 뛰어들었다는 사실도. 평소에 잘 해 주지 않으셨던 얘기들을 공책에 매일 풀어서 써 주셨고, 아들로서 부모님의 자서전을 쓴다는 생각에 무척 기뻤다.

그러다 문득, '우리 엄마는 꿈이 무엇이었을까?' 하는 게 궁금해졌다. 그래서 여쭤봤는데 '선생님'이라 하셨다. 아……. 그래서 아들이 교육대학교에 들어갔을 때 그렇게 기뻐하셨구나 하고 또 한 번 새로운 사실을 알게 되었다. 더욱 놀라운 건 한 번도 뵙지 못했던 외할아버지께서 초등학교 교장선생님이셨다는 사실이다. 아, 아…….

부모님의 자서전을 써 나가는 것은 정말로, 잃어버린 자신의 뿌리를 되찾는 뿌듯한 작업이었다.

이 책 『우리 엄마』는 그런 시절에 아들과 함께 동네 도서관에 가서 보게 된 책이다. 마침 도서관에서 그림책을 빔 프로젝터로 벽에 비추어 읽어 주는 행사를 했었는데 무척 감동적이었고, '그래, 바로 이거야!!' 하는 생각이 번쩍 들었다.

그리고 맞이한 어머니 칠순잔치. 작은 음식점을 잡고 일가친척들이 다 오셨을 때, 불이 꺼지고 그동안 준비한 '어머니의 인생' 사진첩을 동영상으로 만들어서 상영했다. 제목은 '어머니는 예뻤다'. 어머니의 어렸을 적 사진부터 가족들의 모습을 담은 사진 동영상이었다. 특히 배경음악으로는 어머니께서 가장 좋아하시는 노래를 조사해서 틀었다. '여고시절'부터 '빨간 구두 아가씨'까지~!

　화면 속에 등장하는 인물이 나올 때마다 친척들은 감탄하고, 박수치며 웃고, 추억에 젖었다. 모두들 아주 감동적인 선물이었다고 칭찬을 아끼지 않았다.

　『우리 엄마』라는 그림책은 이렇게 나의 마음속에 어머니의 사랑을 담을 수 있게 해 준 고마운 책이다.

책 속으로 풍~덩

학교에서 내가 가족과 관계된 그림책을 읽어 줄 때 항상 처음으로 읽어 주는 책이다. 아이들 주변에 가장 가까이 있고, 가장 사랑하지만, 아이들 인생에 수많은 잔소리로 태클을 거는 사람, 엄마. 바로 우리 엄마이기 때문이다.

그림책 이야기를 시작하기 전에 부모님이나 선생님의 주변 이야기를 먼저 해 준다. 예를 들어, (결혼했으면) 아기를 키우면서 힘들었던 점, 아이가 자라면서 기뻤던 점, 함께 했던 놀이, 가족 소풍은 어디로 갔고, 자기 전에 그림책을 세 권씩 읽어 준다는 얘기 등. (미혼이라면) 학생 때 엄마와 관련된 여러 가지 일화를 좀 더 구체적이고 재미있게 얘기해 주며 주의를 환기시킨다. 그 후에, "여러분 주변에서 가장 가까운 사람은 누구일까요? 그 이유는?" 하고 물어보면서 수업을 시작한다.

"여러분, 여러분의 엄마는 어렸을 때 꿈이 무엇이었을까요? 혹시 알고 있나요?" 하고 질문하면 몇 명은 엄마의 꿈을 얘기하지만 대부분은 잘 모른

다. 마치 엄마는 꿈조차 없는 사람인 양 생각하는 것인지도.

　몇 명이 엄마의 꿈을 발표하면 선생님도 말을 해 준다.

　"선생님 엄마는 꿈이 선생님이셨대. 그런데 6학년 때 6·25전쟁이 일어나서 꿈이고 뭐고 살기 바빠서 어쩔 수 없이 꿈을 포기하셨대." 하고 자세히 말해 주는 게 좋다.

　그렇게 엄마에 대한 이야기를 마무리한 후 그림책을 읽어 준다.

　"여기 어느 아이의 엄마에 대한 이야기가 있어요. 그 엄마는 어떤 꿈을 가지고 있었는지 생각하며 읽어 볼까요?"

　"네~!!"

　"우리 엄마는 참 멋져요."로 시작되는 그림책은 엄마가 왜 멋진지 자세히 보여 준다.

　"엄마는 굉장한 요리사이고, 저글링도 하는 놀라운 재주꾼이죠. 화장도 예술적으로 하는 훌륭한 화가이고, …… 무엇이든 자라게 하는 마법의 정원사죠. …… 그런 엄마의 꿈은 무용가, 우주 비행사 등 많았지만 결국, '우리' 엄마가 되셨다~!! 나의 엄마." 하며 마지막에 아이가 나온다.

　읽는 내내 얼마나 흐뭇하고 따뜻한 기분이 드는지……. 이 책은 아이들과 부모님을 편안하게 해 주는 그림책임에 틀림없다.

함께 해 보기

❶ 엄마의 어렸을 적 꿈 알아 오기

　엄마의 꿈과 그 이유까지 일기장에 써 와서 발표한다. 그리고 모든 아이들의 발표가 끝나면 우리의 엄마들은 어떤 꿈을 가장 많이 꾸셨는지 조사해 본다. 칠판에 엄마들의 꿈을 한 표 한 표 적어서 가장 많이 나오는 꿈이 무엇인지도 알아본다(다음 시간에는 아이들의 꿈과 이유도 조사해 본다.).

❷ 엄마의 어렸을 적 추억이 담긴 물건 가져와서 설명하기

엄마의 어렸을 적 편지나 사진, 목걸이 같은 작은 물건이나 의미가 담긴 물건을 하나씩 가져와서 아이들 앞에서 설명한다.

Tip

선생님은 막대사탕을 미리 준비해서 아이들에게 하나씩 나누어 준다. '엄마의 꿈'을 인터뷰하는 값이라고 말하며 엄마에게 드리라고 한다. 집에서 어릴 적 꿈을 묻는 인터뷰를 막대사탕과 함께 받으면 얼마나 설레이실까.

앤서니 브라운의 『우리 엄마』와 『고릴라』는 이어서 보여 주면 좋은 그림책이다. 『우리 엄마』는 '선생님의 엄마 이야기'로 시작해서 '아이들의 엄마 이야기'를 다 들어 본 후에 책을 읽는다. 『고릴라』는 책을 먼저 읽어 주고 '아이들의 아빠 이야기' 그리고 '선생님의 아빠 이야기'로 수업한다. 이렇게 반대로 진행하면 새로운 느낌을 받기도 한다.

(1차시) 『우리 엄마』: 선생님 엄마 이야기 → 아이들 엄마 이야기 → 책 읽기
(2차시) 『고릴라』: 책 읽기 → 아이들 아빠 이야기 → 선생님 아빠 이야기

아이들 글 맛보기

『우리 엄마』를 읽고

선생님께서 들어오셨다!! 그림책을 가지고. '무슨 책일까?' 생각하며 컴퓨터를 보았다. 『우리 엄마』라는 책이었다. 영상이 하나씩 나왔다. 읽어주시는 것은 선생님이시지만.^^

이 책에서 그림책의 엄마를 보았다. 코뿔소 같을 때도 있고. 소파같이 편할 때도 있고. 나비, 사자 등 여러 가지로 엄마를 나타내었다.^^ 그중 우리 엄마와 가장 비슷한 것은 소파와 사자 같았다. 소파처럼 엄마랑은 편하게 다~ 털어놓으며 얘기하니까 편안하고, 사자처럼 가끔씩은 무서우시기 때문이다. 그리고 엄마께서는 나를 위해 많은 엄마의 꿈을 버렸다는 생각이 들었다. 엄마께서 나만 했을 때의 꿈은 가수이셨다고 한다. 나도 엄마의 그 노래 실력, 목소리는 인정한다. 솔직히 맑고 곱기 때문이다. 나보다 음도 많이 올라가시고. ^^; 또 인정도 받았다고 한다. 어떤 선생님, 그러니까 엄마의 중학교?! 선생님께서는 엄마의 목소리를 녹음하셨다고 하시니까. 하지만 엄마는 속 썩이는 것이 많은 나와 순둥이 동생(만영이)을 낳기 위해 포기하셨다고 한다. 여기 책 속의 엄마도 회사원, 사장, 영화배우 등이 될 수 있었다는데. 근데 나는 거의 속만 썩였다. ㅠㅠ 죄송합니다~

마지막에 그림책에서 엄마는 나를 사랑하고, 나도 엄마를 사랑한다는 말이 인상적이었다. ^^ㅎㅎ 나도 엄마랑 서로 사랑하는데.♡^^ㅋㅋ 그림책인데 많은 생각을 하게 된다. 선생님께서 일주일에 한 번!! 정도 그림책을 읽어 주신다고 하셨다. 다음번에는 무슨 책을 읽을까? 궁금하고 기대가 된다.

　선생님~『우리 엄마』라는 책 잘 보았어요. 다음 책이 기대돼요 ㅋ 궁금 궁금. (이아영-6학년)

・・・

　아름답다. 웃기다. 재밌다. 엄마가 요리해 주시니까, 나는 엄마가 최고다. 엄마도 나를 사랑한다. 엄마가 영화배우로 나오니까 섹시했다. 사장님으로 나왔을 땐 멋졌다. 우리 엄마의 꿈은 의사였다. 왜냐하면 외할머니가 아파서 의사가 되고 싶었다고 하셨다. 나의 꿈은 엄마다. 왜냐하면 나도 우리 엄마처럼 아기한테 요리를 해 주고 싶어서이다. (김은지-1학년)

함께 읽기

『그래도 엄마는 너를 사랑한단다』 (이언 포크너 글·그림 / 서애경 옮김 / 중앙출판사)
『엄마가 화났다』 (최숙희 글·그림 / 책읽는곰)
『도깨비를 빨아버린 우리 엄마』 (사토 와키코 글·그림 / 이영준 옮김 / 한림출판사)
『도깨비를 다시 빨아버린 우리 엄마』 (사토 와키코 글·그림 / 엄기원 옮김 / 한림출판사)
『엄마가 만들었어』 (하세가와 요시후미 글·그림 / 김소연 옮김 / 천개의바람)
『이상한 엄마』 (백희나 글·그림 / 책읽는곰)
『건전지 엄마』 (강인숙, 전승배 글·그림 / 창비)

아빠는 왜 주말에 잠만 주무실까?

『고릴라』
앤서니 브라운 글·그림
장은수 옮김
비룡소

주제 아빠의 일과 인생
대상 아빠의 직장을 한 번도 가 본 적 없는 아이들

마음의 흔들림 ♥

어렸을 땐 그게 항상 궁금했다.
'왜, 도대체 왜 주말만 되면 아빠들은 그렇게 잠만 주무실까?'
'우리랑 놀아주지도 않고 겨울잠 자는 곰같이 행동하실까?'
'그렇게 놀아 주기 귀찮으실까? 어휴~ 나 같으면 잠자기 지겨워서라도 신나게 놀겠구만.' 하며 그 답답함을 풀어낸 적이 많았다.

지금, 나는 두 아이의 아빠가 되었다. 그리고 그 비밀의 이유를 아주 절실하게, 그 당시의 아빠는 왜 그렇게 잠보였는지 온몸으로 느끼고 이해하는 나이가 된 것이다. 한 세대가 지나면 모든 의문이 풀리는 게 인생인가.

일주일 동안 열심히 일하고 주말에 조금이라도 눕고 싶은 마음을 어렸을 때는 이해할 수도, 인정할 수도 없는 것이 어쩌면 당연했겠지만, 모든 문제는 그 입장이 되는 순간 풀리는가 보다. 입장이 바뀐 지금은 아버지께 조금 죄송한 마음이 든다.

『고릴라』는 아버지에 대한 그림책으로, 표지부터 심상치 않다. 고릴라와 한 소녀가 나무에 매달려 있는데, 그 뒤로 여러 집들의 실루엣이 보인다. 자세히 보니 거기에는 다양한 고릴라들이 있다. 심지어 비행기에 둘러싸인 킹콩까지 있어 그 재미가 쏠쏠하다. 그러고 다시 보면 소녀와 고릴라가 매달린 나뭇가지는 두 나무에 연결되어 있음을 알 수 있다. '어엇? 그 유명한 연리지?' 하는 생각이 퍼뜩 났다. 아이와 아버지를 이어 주는 나뭇가지. 우리도 이렇게 아버지와 이어진 가지가 있을까.

책 속으로 풍~덩

표지를 보여 주며 숨겨진 그림들(창문 속 고릴라와 킹콩 등)을 찾아본다. 그리고 '연리지'라는 나무의 뜻도 간단히 설명해 준다. 아빠의 모습을 보여 주는 책의 앞부분을 넘기면 아이들이 수군수군거린다. 자기들 아빠도 그런다고 웃으면서.

책장을 계속 넘기면 일찍 출근하시고 늦게 퇴근하시는 우리들의 보통 아빠 모습이 나온다. 그래서 가까이 다가갈 수 없는 아이의 슬픈 모습. 어찌 보면 너무 우울한 장면이 많아서 슬픈 그림책이다. 하지만 반전은 있다. 바로 생일 선물로 고릴라 인형을 받은 것이다. 그날 저녁부터 신나는 일이 벌어진다. 고릴라 인형이 점점, 주인공 한나가 보고 싶어 한 살아 있는 진짜 고릴라가 된 것이다. 그리고 둘은 담을 넘고 나무를 타며 신나게 동물원으로 간다. 당연히 처음에 간 곳은 고릴라 우리다.

"여긴 고릴라 천지야!" 하는 한나의 벅찬 목소리가 아직도 들려온다. 그리고 원숭이와 오랑우탄 우리에도 가 보는데 철창 사이로 보이는 슬픈 표정은 책을 읽는 나의 가슴을 먹먹하게 한다.

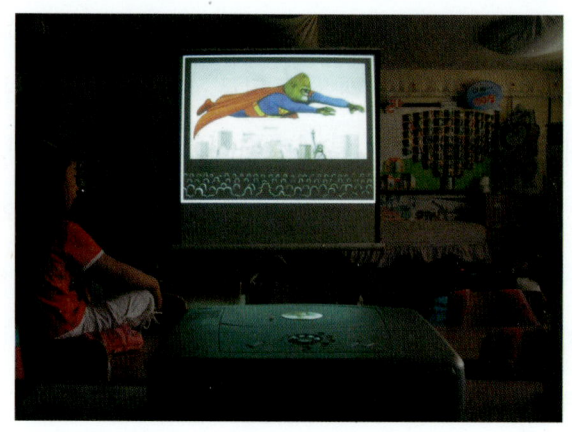

　그다음에 간 곳은 '슈퍼맨'을 패러디한 '슈퍼고릴라'쯤 되는 영화를 상영하는 극장이다. 극장 안에 있는 한나와 고릴라를 찾는 재미도 쏠쏠하다. 둘은 같이 저녁도 먹고 공원에서 춤도 추고 입을 맞춘 후 헤어지는데, 다음날 이 꿈(?)을 알리러 아빠에게 간 한나는 어땠을까? 진짜로, 진짜 아빠와 동물원에 가게 된 것이다. 와~ 축하해, 한나~!!

　그렇게 책을 다 읽어 준 후, "고릴라와 동물원에 간 것은 꿈이었을까요?" 하고 물어보면, 아이들은 진짜라고 더 많이 대답한다. 그런 바람을 마음속에 간직하고 있어서 그러는지…….

　이럴 때 "여러분, 좀 이상한 부분 발견한 거 없나요?" 하고 물어본다. 관찰력이 좋은 아이는 꼭 찾아내는 게 있다. "어? 아빠의 뒷주머니에 바나나가 있었어요!! 다시 보여 주세요~!!" 한다. 빙고! 그때부터 아이들은 온갖 추리를 하기 시작한다.

　"저 봐, 어젯밤에 같이 간 것은 고릴라 탈을 쓴 아빠였던 거야!"

　"아냐, 아빠가 한나랑 동물원 가면서 먹으려고 챙겨 놓은 거야!"

　"어젯밤에 한나랑 같이 먹고 남아서 가져온 바나나가 맞다니까! 바나나

엄청 많이 시켜서 남았을 거야! 너도 봤잖아!!"

"야, 그럼 어제 동물원에 갔는데 왜 또 가냐?"

등등 아이들의 상상은 끝없이 이어진다. 이럴 때 선생님은 슬그머니 입을 다무는 게 좋다. 정답은 없으니까 열린 결말로 놔두는 것!

함께 해 보기

❶ 아빠, 엄마의 직장 찾아가기

아빠, 엄마의 직장에 찾아가서 일하시는 모습을 보고 일기장에 써 본다. 그리고 점심시간에 같이 식사를 하는 것도 좋다. 아빠, 엄마의 직장을 나올 때 주머니에 맛있는 초콜릿이나 사탕을 슬쩍 넣어 주는 미션을 주어도 흐뭇한 하루의 마무리가 될 것이다. 그리고 몰래 책상 위에 사랑한다는 쪽지를 놓고 오는 것도 잊지 않기!!

❷ 숨겨진 그림 찾기

한나가 계단을 올라갈 때 보이는 명화(모나리자), 극장 매표소 앞의 영화배우 스틸 사진(찰리 채플린과 존 웨인쯤?), 한나를 목말 태우고 걸어가는 골목 벽의 사진(체 게바라), 온갖 곳에 숨겨진 고릴라 찾기. 특히 극장 안 장면에서는 그림의 50% 이상을 차지하는 '슈퍼 고릴라'보다 아주 작은 뒷모습만 있는 한나와 고릴라를 먼저 찾는 아이들이 정말 신기하다.

그리고 식당으로 향하는 한나와 고릴라의 뒷모습과 그림책 마지막에 동물원으로 가는 한나와 아빠의 뒷모습은 무척 비슷하다. 현실일까 꿈일까.

아이들 글 맛보기

『고릴라』를 읽고

선생님께서 『고릴라』라는 책을 보여 주셨어. 맨 처음에 한나라는 주인공은 고릴라를 많이 좋아한다는 이야기가 있었어. 그래서 고릴라 그림도, 고릴라 비디오도, 고릴라 책도 봤어. 고릴라를 아주 좋아하는 것 같아. 그런데 동물원에는 못 갔대. 아빠가 바빴기 때문이야. 그래서 심심했어. 그런데, 밤에 고릴라 인형이 갑자기 점점 커져서 깜짝 놀랐어. 동물원에 갔다가 고릴라 영화도 같이 봤지. 고릴라 얼굴이 웃겼어. 마지막으로 작별인사를 하고 끝나.

재밌어. 고릴라도 보고 싶고, 고릴라에 대해서 알고 싶고, 고릴라는 어떻게 새끼를 낳는지도 알고 싶어. 마지막으로 작별인사를 하는데 뽀뽀를 했어. 징그러웠어. 그래도 고릴라는 겉은 험악하지만 마음씨는 착한 것 같아. (고유빈-1학년)

· · ·

〈아빠, 엄마의 직장 찾아가기〉

숙제로 엄마 회사를 다녀왔다. 개교기념일에 가기로 했는데, 막상 가려고 하니 가슴이 두근두근했다. 처음엔 1시에 가려고 했는데 잠이 와서 2시에 출발했다. 근데 개교기념일에 비가 왔다. 그래서 우산을 가지고 가다가 떨어뜨려서 옷이 많이 젖었다. 드디어 엄마 회사에 도착했다. 엄마 회사는 옷가게 옆 지하에 있었다. 난 지하로 들어가서 엄마를 찾았다. 어떤 아저씨가 친절하게 엄마가 계신 곳을 알려 주었다. 아주머니들이 참 많았다. 엄마가 왔다. 엄마는 장갑을 끼고 계셨다. 엄마는 컴퓨터 부품을 만들고 계셨다. 공장에서 돌리는 기계 소리가 굉장했다. 귀가 윙윙거렸다. 그리고 아주머니들은 5학년 사회시간에 배웠던 분업을 하고 계셨던 것 같았다. 엄마 회사를 다시 한번 보았다. 여전히 분주한 모습이었다.

회사 견학을 끝내고 나오는데 엄마가 1,000원을 주셨다. 난 그 돈으로 어묵이랑 떡볶이를 사 먹었다.

오늘 우리 엄마가 일하는 모습을 보았다. 엄마가 우리를 위해 열심히 일하는 것 때문에 힘이 솟는다. 그리고 근로자들의 마음을 쬐끔, 아주 쬐끔은 알 수 있었던 하루였다. (6학년)

・・・

〈부모님 직장 다녀온 소감 발표〉

반에서 부모님 직장 다녀온 소감을 발표하였다. 처음엔 ○○가 발표했다. 아빠의 직장을 발표했는데 '야간 학교에서'라는 데서부터 울기 시작했다. 우리 반 분위기가 썰렁해졌다. 그다음엔 △△가 발표했는데 그 아이도 울었다. 세 번째는 내가 발표했는데 엄마 직장을 발표하고 나도 울었다. 우리는 부모님 직장에 대해서 느낀 점을 글로 쓰라고 해서 썼다. 그 글을 쓰는 도중에 우는 아이들도 있었다. 나는 '부모님 사랑해요'라는 주제로 글을 썼다.

오늘은 부모님이 우리를 위해 어떻게 일하시고, 어떤 마음인지를 알 수 있는 좋은 하루였다. (6학년)

Tip

이 그림책에서는 고릴라 인형이 변하는 모습이 작은 그림으로 표시되었지만, 영상으로 보여 줄 땐 하나씩 점점 크게 표현하는 게 더 효과적이었다. 긴장감도 있고! 이때 말도 점점 크게, 또박또박 읽어 주자.

"그런데!" "그날 밤에!!" "굉장한 일이!!!" "일어났어~!!!!"

함께 읽기

『아빠랑 함께 피자 놀이를』 (윌리엄 스타이그 글·그림 / 박찬순 옮김 / 보림)

『세상에서 제일 힘센 수탉』 (이호백 글 / 이억배 그림 / 재미마주)

『우리 아빠가 최고야』 (앤서니 브라운 글·그림 / 최윤정 옮김 / 킨더랜드)

『금붕어 2마리와 아빠를 바꾼 날』 (닐 게이먼 글 / 데이브 맥킨 그림 / 윤진 옮김 / 소금창고)

『건전지 아빠』 (전승배, 강인숙 글·그림 / 창비)

『커다란 손』 (최덕규 글·그림 / 윤에디션)

『아빠를 빌려줘』 (허정윤 글 / 조원희 그림 / 한솔수북)

『할아버지의 시간이 지워져요』 (질 바움 글 / 바루 그림 / 김영신 옮김 / 한울림어린이)

『아빠, 잘 있어요?』 (하세가와 요시후미 글·그림 / 고향옥 옮김 / 천개의바람)

골라 먹는 재미가 있다!

『까마귀네 빵집』
가코 사토시 글·그림
아기장수의 날개 옮김
고슴도치

주제 행복한 가족이란?
대상 엄마, 아빠가 바쁜 아이들

마음의 흔들림 💚

초등학교 아이들은 부모님이 학교에 오는 것을 참 좋아한다. 특히 저학년일수록 더욱 그렇다. 직장 생활을 하는 엄마를 둔 딸아이도 비 오는 날 우산을 들고 교문 앞에 서 있는 부모님에게 달려가는 다른 친구들이 가끔 부럽다고 한다. 일 때문에 학부모 공개 수업에도, 아이가 계주 대표로 뽑힌 운동회에도 가 보지 못했다. 말로는 괜찮다고 해도 꽤 서운했을 것이다. 그 마음이 선해 특별한 행사마다 가 보지 못하는 내 마음 역시 무거워진다.

이런 고민은 요즘 대부분의 학부모들이 맞벌이에 바쁜 현실에서 피할 수 없는 일인지도 모르겠다. 심지어 이른 새벽부터 늦은 밤까지 아이를 혼자 둘 수밖에 없는 부모도 많아 24시간 내내 아이들을 돌봐 주는 공공서비스까지 생길 정도이니 말이다.

먹고 사는 일이 힘들다는 핑계로 점점 가족이 소원해지다 보니 남보다 못한 가족의 현실이 개그나 드라마의 소재로 자주 쓰이고 있다. 아버지가 왜 명예퇴직을 했는지, 아들딸이 학교에서 어떻게 지내는지, 엄마가 어디가 아픈지 서로에 대해 아무것도 아는 게 없는, 남보다도 서로를 더 모르는 가족의 모습. 한 공간에 함께 있으면서 뚝뚝 끊기는 대화와 어색하고 불편해하는 모습이 오늘날 가족의 또 다른 얼굴이라는 생각이 들어 씁쓸해진다.

이 책에 등장하는 귀엽고 사랑스러운 까마귀 가족을 통해, 아이들이 행복한 가족의 모습을 발견하기를 바란다. 행복한 가족이 뭐 별거인가. 부모와 아이가 서로를 위해 주고 아껴 주면 그게 최고지.

책 속으로 풍~덩

표지를 보면 까마귀 두 마리가 빵을 앞에 두고 있다. 요리사 모자를 쓰고 있는 것을 보아하니 요즘 인기 직종인 제빵사인 모양이다. 빵 그림도 나왔으니 아이들에게 좋아하는 빵에 대해 물어보자.

"너희는 빵 좋아하니? 어떤 빵을 좋아하는지 한 번 말해 볼까?"

"부드러운 카스테라요."

"달콤한 베이비 슈가 좋아요."

"초콜릿 칩이 박힌 바삭한 쿠키요."

"빵을 구울 때 나는 맛있는 냄새, 빵을 한 입 베어 먹을 때를 상상하면 기분이 어때?"

"침이 꼴깍 넘어가면서 빨리 먹고 싶은 기분이 들어요."

그림책 속의 까마귀 부모는 빵집을 운영한다. 하지만 아기들을 돌보느라 가게에 온전히 힘을 쏟는 것이 어려워지자 점점 찾아오는 손님이 줄어든다. 그로 인해 형편이 어려워져 아기 까마귀들에게 새 옷을 마음껏 사 주지도, 근사한 간식을 사 주지도 못한다. 그러다 보니 자연스레 팔다 남은 딱딱한 빵이나 반쯤 타 버린 빵이 그들의 간식이 되는데, 이 때문에 아기 까마귀들은 친구들의 놀림을 받게 된다.

"너희가 아기 까마귀라면 어떻게 할래?"

"놀리는 친구들이 미워서 혼내 줄 것 같아요."

하지만 요 녀석들은 놀림을 받아도 울거나, 속상해하기는커녕 자기 아빠만이 만들 수 있는 귀한 빵이라며 자랑스럽게 말한다. 그러자 아기 까마귀들의 친구들도 이상하게 생긴 빵 맛에 이끌려 까마귀네 빵집으로 몰려간다. 갑자기 꼬마 손님들이 많아진 빵집은 아기 까마귀 고객들의 제안을 받아들여 온갖 모양의 빵을 만들기 시작한다.

"까마귀네 가족이 힘을 모아 빵집을 운영하는 모습을 보니 어떤 생각이 들어?"

"열심히 하는 모습이 멋있어 보여요."

"엄청 신기한 빵이 많아서 까마귀네 빵집에 가서 다 먹어 보고 싶어요."

"손님이 저렇게 많으니 앞으로 더 행복할 것 같아요."

책 속에서 만난 밝고 명랑한 아기 까마귀들처럼 아이들도 부모님께 투덜거리지 않고 고마운 마음을 갖게 되었으면 좋겠다.

함께 해 보기

❶ 빵 이름 맞히기

책에 다양한 모양의 빵이 소개된 장면이 있다. 약 80개 남짓의 빵 이름을 가리고 빵 이름 맞히기를 해 본다. 빵의 모양을 좀 더 확실하게 보여 주고 싶다면 그 페이지를 스캔한 후 화면에 띄워서 해당 부분을 크게 확대해 보면 된다. 또는 스캔한 파일의 빵 이름을 가리고 A3 사이즈 정도로 확대해 출력해도 좋다. 빵 그림만을 보고 연상되는 단어를 떠올려 빵 이름으로 연결 짓는 단순한 활동임에도 아이들이 무척 즐거워한다.

예) 굴빵, 글러브빵, 비둘기빵, 냄비빵, 하마빵, 꼬꼬빵 등

❷ 까마귀 찾기

다양한 모습의 까마귀들이 소개된 장면을 골라 '월리를 찾아라!' 방식의 게임을 진행해 본다. 한 친구가 설명하는 까마귀의 모습을 듣고 다른 친구들이 그림에서 그 까마귀를 찾아내는 활동이다. 그림을 관찰해 설명하거나 친구의 설명을 듣고 그림을 자세히 살펴보는 이 활동은 그림책 수업에서 매우 중요하므로 자주 해도 좋다.

예) 커피잔 든 아주머니, 방송국의 카메라맨 등

❸ 그림 레시피 만들기

책 속에 소개된 빵이나 다른 동화책에서 기억에 남는 빵을 찾아 『구름빵』처럼 레시피를 적어 본다. 『14마리의 아침밥』의 호두빵, 『빨간머리 앤』의 레몬 파이, 『딸기가 좋아! 토끼 베이커리』의 핑크 핑크 곰돌이 케이크 등 다양한 빵의 레시피를 완성해 보자. 글과 함께 간단한 그림을 덧붙이면 더 예쁜 레시피를 만들 수 있다.

예) 구름빵 만드는 레시피(『구름빵』, 백희나 글·그림, 김향수 사진, 한솔수북)

1. 엄마는 큰 그릇에 구름을 담아

2. 따뜻한 우유와 물을 붓고

3. 이스트와 소금, 설탕을 넣어

4. 반죽을 하고

5. 작고 동그랗게 빚은 다음 오븐에 넣었지요.

6. "이제 45분만 기다리면 맛있게 익을 거야. 그럼 아침으로 먹자꾸나."

❹ 가장 마음에 드는 빵 만들기

가장 마음에 드는 빵을 가족이 함께 만들어 보는 시간을 갖는다. 책 속에서 고른 빵이나 앞서 완성한 그림 레시피 속 빵을 홈베이킹 믹스를 이용하여 만들어 본다. 시중에 머핀, 붕어빵, 호떡, 케이크, 브라우니 등 다양한 종류의 홈베이킹 믹스 제품이 많이 나와 있어 생각보다 손쉽게 만들 수 있다. 에어프라이기가 있다면 냉동 생지를 이용해도 좋다. 쿠키, 와플, 크로와상, 식빵 등 원하는 종류의 생지를 구입해 굽는다. 빵 윗면에 각자 원하는 토핑을 뿌릴 수도 있고 색깔 데코펜을 이용해 다양한 그림을 그리거나 간단한 메시지를 적어 꾸밀 수도 있다.

직접 빵을 만들기 어렵다면 천사 점토로 빵모형을 만들어 본다. 천사 점토는 질감이 부드럽고 사인펜으로 다양한 색깔도 표현할 수 있어 그럴듯한 결과물을 얻기 좋다. 물론 간단히 그림으로 그려 보는 활동으로 마무리해도 된다.

함께 읽기

『구름빵』 (백희나 글·그림 / 김향수 사진 / 한솔수북)
『우리 가족입니다』 (이혜란 글·그림 / 보림)
『커다란 포옹』 (제롬 뤼예 글·그림 / 명혜권 옮김 / 달그림)
『오늘도 너를 사랑해』 (이누이 사에코 글·그림 / 고향옥 옮김 / 비룡소)
『우리 가족 말 사전』 (강성은 글 / 이명환 그림 / 봄개울)
『하트방구』 (윤식이 글·그림 / 소원나무)

많이도 필요 없다. 남들만큼만!

『용돈 좀 올려 주세요』
아마노 유우끼찌 글
오오쯔끼 아까네 그림
김소연 옮김
창비

주제 엄마에게 어떻게 말할까?
대상 엄마한테 부탁할 것이 있는 아이들

마음의 흔들림 ♥

나는 고등학교에 다닐 때까지 용돈을 따로 받은 적이 없다. 필요한 문제집이나 준비물이 있을 때마다 돈을 받았고, 친구들과 영화를 보거나 놀러 갈 때도 그만큼만 타서 썼다.

그러다 대학에 들어가면서 드디어 '용돈'이란 것을 받기 시작했다. 그런데 이 용돈이란 것이 큰돈을 받아 든 첫날만 행복할 뿐, 계획적으로 알뜰한 살림을 살지 않으면 다음번 용돈을 받는 날까지 거지꼴을 면치 못할 정도로 불편한 것이었다.

그릇이 너무 무거운 바람에 몸살이 걸려 일주일 만에 그만둔 한식집, 6개월간 열심히 일한 대가로 늘어난 인대만 남은 아이스크림 가게, 졸업할 때까지 2년여간 즐겁게 일한 대학도서관에서의 아르바이트에도 불구하고 친구들과 먹고 노느라 내 통장 잔고는 늘 간당간당했다. 그럴 때면 '아, 어서 용돈 받는 날이 왔으면…….' 하는 생각이 절로 일었다.

용돈이 풍족했으면 좋겠다는 그 당시의 간절한 바람이 떠올라서일까. 책 속에서 용돈 인상 프로젝트를 펼치는 주인공 찬이가 어린 날의 기억을 불러왔다.

읽는 내내 웃음이 떠나지 않던 책을 덮으며, 문득 아무런 설명도 없이 무작정 자기주장만 내세우기 바쁜 아이들에게 읽어 준다면 어떨까 하는 생각이 들었다. 글과 그림을 효과적으로 사용하여 번뜩이는 아이디어와 재치가 넘치는 포스터를 완성하는 주인공을 통해 아이들도 자신이 하고 싶은 이야기를 지혜롭게 풀어 가는 방법을 배울 수 있기를.

책 속으로 풍~덩

"너희는 엄마에게 원하는 게 있을 때, 어떻게 말해?"
"해 달라고 막 졸라요. 해 주실 때까지 계속 따라다니면서요."
"전 조건을 걸어요. 이번 시험에 백 점 맞으면 ○○ 꼭 해 달라면서요."
"그런데 주인공 아이는 엄마의 마음을 움직이기 위해 '포스터'를 그렸대. 어때? 재미있을 것 같지?"

앞표지에는 까치발까지 들고 '용돈 좀 올려 주세요'라고 적힌 종이를 테이프로 단단히 붙이는 아이가 있다. 책을 뒤로 돌려 뒤표지도 보여 주자 '벽이 온통 포스터로 도배된 것 같다.'며 아이들이 신기해한다. 높은 곳에 붙이려고 어디선가 끌어온 의자도 놓여 있어 아이의 간절함이 더욱 돋보인다.

"이 아이가 과연 어떤 포스터로 엄마의 마음을 움직였을까?"
"열심히 공부하겠다는 표어를 쓰고 공부하는 모습을 그렸을 것 같아요."
"과연 그런 포스터가 나오는지 잘 살피면서 들어 봐~"

아이들은 주인공 찬이가 엄마에게 '용돈 인상'을 요구하기 위해 부엌에 붙이려는 포스터들을 꼼꼼하게 살펴보며 이야기를 듣는다. 그 과정에서 포스터를 완성하도록 돕는 찬이의 마음속 말 친구와 그림 친구의 번뜩이는 아이디어를 통해 포스터에 알맞은 그림과 표어도 익힐 수 있다. 강한 말투, 짧고 쉬운 표현, 논리적인 정보, 재미있고 눈에 띄는 그림 등 찬이의 포스터 대작전은 끝도 없이 이어진다. 고군분투하며 완성한 15장의 포스터를 지켜보며 어떻게 하면 자신이 원하는 것을 다른 사람에게 잘 전할 수 있는지 생각해 보도록 한다.

"너희가 찬이라면 어떤 포스터를 부엌에 붙여 놓았을까?"

"무시무시하면서도 귀여운 폭탄 포스터요!"

"홀쭉한 돼지저금통을 보시면 안쓰러워서 용돈을 올려 주실 것 같아요."

아이들의 예상을 깨고 찬이는 자신의 간절한 마음을 솔직하게 담아 진심 어린 포스터를 완성해 부엌에 붙여 둔다. 집으로 돌아온 엄마는 찬이가 부엌에 붙여 둔 포스터를 보고 어떤 말씀을 하셨을까? 과연 찬이는 엄마에게 천 원의 용돈을 받게 될까? 책이 끝난 후에도 아이들과 뒤에 펼쳐질 이야기를 마음껏 상상해 본다.

함께 해 보기

❶ 내 마음이 담긴 포스터 그리기

다행히 아이들에게 '포스터'는 그리 낯선 주제가 아니다. 하지만 아이들은 이미 학교에서 실시하는 교육 행사인 '학교 폭력 예방'이나 '환경 보호' 포스터 그리기에 익숙해진 탓에 주어진 주제가 아닌 자신이 원하는 것을 포스터에 담아내는 것을 더 어려워할 수 있다. 또한 막상 포스터를 그리려 하면 생각을 전할 수 있는 상징적인 그림과 문구를 짜내야 하기에 쓱쓱 해내기 쉽지만은 않다.

우선 아이들에게 찬이처럼 엄마에게 바라는 것이 무엇인지 생각해 보라고 한다. 단, 바라는 것은 터무니없는 내용이 아닌 현실적으로 가능하고 자신에게 꼭 필요한 것으로 범위를 한정한다.

포스터에 적힌 요구가 엄마에게 잘 전달되기 위해 그것이 자신에게 꼭 필요한 이유, 그것을 들어주었을 때 좋은 점 등을 떠올려 간단히 메모한다. 생각한 것이 구체적으로 정리되었다면 그 내용을 한눈에 알아볼 수 있도록 포스터로 만든다. 자신에게도 찬이처럼 글 친구, 그림 친구가 있다고 상상하면서 알맞은 문구와 그림을 넣어서 말이다. 시간이 오래 걸리는 실제 포스터 사이즈가 부담된다면 A4 정도로 사이즈를 줄여서 제작해도 괜찮다.

학급 또는 학년에 사용할 수 있는 태블릿 PC가 있다면 캔바 같은 디자인 플랫폼 프로그램을 이용하여 온라인 포스터를 제작해도 좋다. 캔바는 교사 인증을 거치면 다양한 유료 기능을 무료로 사용할 수 있으며 학급 초대 링크를 통해 학생도 유료 기능을 이용할 수 있어 편리하다. 수업 전 포스터 사이즈 설정 및 기본적인 편집 기능을 먼저 설명하고 시작한다.

완성된 포스터는 칠판에 붙여 감상하며, 아이들 스스로 생각을 잘 표현한 작품을 뽑아 보게 한다. 비슷한 주제를 담은 포스터별로 따로 묶어서 감상해도 좋다. 학생들의 작품을 스캔하거나 캔바로 작업한 결과물을 다운 받아 북크리에이터로 작업하면 전자책도 손쉽게 만들 수 있다. 또한 완성된 전자책의 링크나 QR코드로 학생 및 학부모와 결과물도 공유할 수 있다.

❷ 용돈 기입장 만들기

 용돈은 받는 것보다 잘 관리하며 쓰는 것이 더 중요한 법.『진짜 일 학년 용돈 작전을 펼쳐라!』속 동규의 용돈 일기를 참고해 나만의 창의적인 용돈 기입장을 만들어 보자. 내가 받은 용돈을 어디에, 얼마만큼 사용하고 있는지 돌아보고 스스로 용돈을 잘 관리하고 있는지도 살펴본다. 현명한 용돈 관리 대작전을 세웠다면 일정 기간을 정해 용돈 기입장 쓰기를 실천하고 공모전 형태로 나누는 시간을 가져도 좋다.

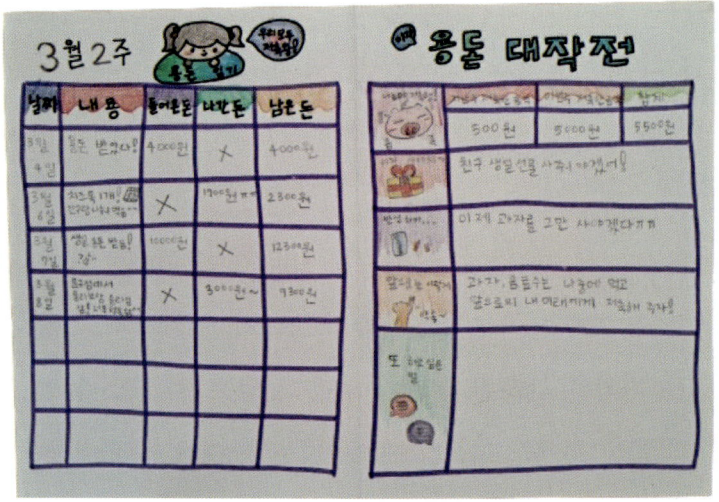

 **Tip**

아이들이 흥미를 느낄 수 있도록 재미있는 포스터를 준비해 그림책을 보기 전에 아이들과 같이 보도록 한다. 공익적인 목적을 띠는 포스터는 다소 딱딱한 감이 있으니, 재치 만점 상업 포스터나 외국의 기발한 광고 포스터를 몇 가지 살펴보며 전하고자 하는 내용이 무엇인지 생각해 본다.

함께 읽기

『100원이 작다고?』 (강민경 글 / 서현 그림 / 창비)

『용돈 주세요』 (고대영 글 / 김영진 그림 / 길벗어린이)

『용돈이 다 어디 갔지?』 (나탈리 다르장 글 / 야니크 토메 그림 / 이세진 옮김 / 라임)

『진짜 일 학년 용돈 작전을 펼쳐라!』 (신순재 글 / 안신애 그림 / 천개의바람)

『용이 돈이』 (박성우 글 / 오우성 그림 / 올리)

나도 불만이 있다고요!

『우리 엄마 맞아요?』
고토 류지 글
다케다 미호 그림
고향옥 옮김
웅진주니어

주제 엄마에게 진심 전하기
대상 엄마에게 할 말 많은 아이들

마음의 흔들림 💚

'엄친아'란 말이 유행했을 정도로 엄마들 주변엔 온통 말도 잘 듣고 공부까지 잘하는, 뭐 하나 빠지는 게 없는 아이들이 수두룩하다. 어느 집 누구네 아이라고 두루뭉술하게 말하는 통에 신뢰도가 좀 떨어지는 감이 있지만 말이다. 그런 특별한 아이들의 이야기를 듣고 온 날이면 당연히 "쟤는 이런데 너는 어째 그 모양이니."라는 비교와 함께 엄청난 잔소리가 줄줄 이어진다.

그때마다 빼놓지 않고 나오는 말 중 하나가 "내가 너 때문에 못 살아!"다. 긍정적인 말을 해 줘도 시원찮을 판에 만날 이런 듣기 싫은 말만 듣는다면 아이들도 반격에 나서지 않을까? "나도 엄마 때문에 못 살아!"라며 마음속에 담아 놓은 각종 불만을 마구 쏟아 낼지도 모르겠다.

제목만 들려줘도 아이들이 '자기들도 엄마에게 할 말(?)이 많다.'며 아우성을 치는 이 책은 제법 깡 있게 엄마에게 불만을 쏟아 내는 주인공 덕분에 아이들이 더없이 통쾌해하는 책이다.

엄마와 아이의 한판 승부, 과연 누가 승자가 될까?

책 속으로 풍~덩

주인공은 어버이날을 맞아 학교에서 부모님께 감사 편지를 쓰고 있다. 그러면서도 선생님 때문에 억지로 쓴다며 글 쓰는 동기를 밝히는 것도 잊지 않는다.

"너희들도 부모님께 감사 편지 써 본 적 있지?"

"네!! 어버이날에도 쓰고, 부모님 생신에도 써 드려요."

다른 날은 몰라도 어버이날에는 괜히 없던 효심도 생겨난다. 그래서 으레 그렇듯 그동안 키워 주신 은혜에 보답해 공부 열심히 하고 말 잘 듣는 착한 아들, 딸이 되겠다고 지키지 못할 약속도 남발한다. 그런데 어찌 된 일인지 그림책 주인공은 낳아 주고 길러 주신 고마움 대신 엄마에 대한 불만들을 편지에 빼곡하게 적는다. 그 모습이 독특해 재미있는지 아이들이 깔깔 웃는다.

주인공의 첫 불만은 엄마의 잔소리다. 이 부분에서 강한 공감의 소리가 와글와글 교실에 번진다. "맞아, 맞아! 우리 엄마도 만날 저렇게 잔소리해!"라며 아이들은 주인공의 행동에 맞장구를 쳐 준다.

"대충 '네~네' 하고 대답하면 되는데……."라며 생활의 지혜가 담긴 경험담을 알려 주기도 한다. 주인공처럼 아이들도 잔소리와 함께 "알았어?" 하고 확인하는 게 그렇게 싫었나 보다. 자기들도 다 컸고 그쯤은 알아서 할 수 있다며 일심동체로 '알았어 사절'이란다.

다음 불만은 엄마 마음대로 자기 방을 치워 놓는 것. 스스로 방 청소하라는 말이 더 싫다고 하는 아이들도 있었지만, 사춘기에 접어든 아이들은 자기 영역을 엄마 마음대로 정리해 버리는 이 대목에서 자기 일인 양 흥분한다. 반지 원정대가 수호하는 '절대반지'만큼 값진 자신의 추억이 담긴 소중한 물건들을 아무렇지 않게 버린 엄마에게 배신감을 느끼는 건 어쩌면 당연한 일인지도 모르겠다.

워~워, 이제 그만 흥분을 가라앉히고 마지막 이야기를 나눠 보자. 이 책이 그냥 재미만 있는 것이 아니라 가슴 한구석이 뭉클해지는 클라이맥스를 지니고 있음을 알 수 있는 편지의 보너스 부분을 찬찬히 읽어 준다. 회사에 출근하기 위해 분주히 아침을 준비하면서도 잔소리를 잊지 않고 퍼붓는 엄마에게 열한 살 장난꾸러기 아들은 "너무 열심히 하지 마세요."라고 말한다. 아이가 엄마에게 전하는 이 투박한 말속에 담긴 의미가 무엇인지 굳이 설명하지 않더라도 아이들은 모두

알고 있다.

　아빠 없이 혼자서 자기를 키우는 엄마가 얼마나 애쓰고 있는지 다 알고 있다는 듯 엄마를 토닥여 주는 아들. 비록 경상도 남자인 양 무뚝뚝하게 전하긴 했지만, 엄마는 그 속에 담긴 아들의 진한 사랑을 귀신같이 알 수 있었을 것이다.

함께 해 보기
❶ 감사 편지 쓰기

　책 속 내용을 감안할 때 어버이날을 앞두고 읽어 주면 알맞겠다. 책 읽기가 끝났다면 책 속 주인공처럼 부모님에게 짧은 편지를 써 보자. 길게 쓰면 시간도 제법 걸리고, 글쓰기 싫어하는 아이들은 모처럼 주어진 시간을 빈둥거릴 수 있으니 A4종이 크기의 색상지로 말풍선을 단 팝업 북 형식의 편지를 써 본다. 덤으로 종이접기 책을 보고 직접 카네이션을 곱게 접어 편지 앞에 붙이면 금상첨화일 것이다.

〈감사 편지 만드는 방법〉
① 종이를 반으로 접는다.
② 접은 선이 있는 쪽에서 종이의 아래쪽(1/3)을 원하는 입 크기만큼 자른다.
③ 잘라진 면을 기준으로 양쪽으로 살짝 접는다.
④ 접은 뒤에 종이를 펴면 이런 모양이 나온다.
⑤ 이 상태에서 접힌 방향대로 위, 아래를 다시 접어 준다.
⑥ 말끔하게 접으면 이 상태!
이 종이를 펴면 말하는 입처럼 보인다. 물론, 얼굴을 그려 주어야 더 그럴 듯하다.

❷ 효도 쿠폰 만들기

늘 부모님께 받기만 했다면 이번에는 부모님께 드릴 효도 쿠폰을 만들어 본다. 단, 돈을 들이지 않고 자기 힘으로 할 수 있는 일들로 만들어야 한다. 주인공처럼 '설거지 쿠폰'을 만들거나 부모님이 여러 가지 중에서 선택할 수 있는 쿠폰으로 꾸며도 좋다. 쿠폰에 사용 기한을 명시하여 5월 안에 꼭 효도할 기회를 갖도록 한다.

❸ 부모님께 드리는 말 선물 카드

주인공은 엄마에게 "너무 열심히 하지 마세요."라는 말을 전했다. 그렇다면 아이들은 자신의 부모님에게 어떤 말을 전하고 싶을까? 각자 전하고 싶은 말을 한마디로 표현해 글자 카드로 만들어 보자. 글씨를 반듯하게 쓰기 어렵다면 날짜가 지난 신문이나 잡지, 광고지 속 글씨를 오리고 찢어 만들어도 된다. 그마저도 너무 번거롭다면 포스트잇에 글자를 큼지막하게 쓰고 뒷면에는 왜 그 말을 골랐는지 이유를 적어 소개해 보자.

아이들이 적은 말 선물 카드를 사진으로 찍어 패들렛을 통해 공유하는 방법으로 재미있는 가정 연계 행사도 진행할 수도 있다. 패들렛에는 아이들이 만든 카드 사진과 그 말을 고른 이유만 짧게 무기명으로 올린다. 부모님은 패들렛에 접속해 사진과 이유만 읽고 무엇이 자녀의 작품인지 맞혀 본다. 부모님 입장에서 그 작품을 고른 이유를 짧게 남겨도 좋다. 정답이어도, 오답이어도 즐거운 이야깃거리가 될 것이다.

학부모 공개 수업 전에 읽었다면 아이들과 말 선물 카드를 A4 사이즈로 만들어 전시해도 좋겠다. 학부모 상담주간이 끼어 있다면 아이들이 만든 카드나 포스트잇을 상담이 끝난 후 선물로 드리면 어떨까? 삐뚤빼뚤하게 눌러 쓴 아이의 진심이 부모님께 닿는 기회가 되지 않을까 생각한다.

Tip

가정의 달을 앞두고 도서관에서 '대신 전해 드립니다' 활동을 할 수도 있다. 쑥스러워서 부모님께 직접 전하지 못했던 말을 도서관에 남기면 예쁜 책갈피와 함께 아이가 적은 쪽지를 넣어 가정에 보내 주는 것이다. 내 경우에는 다정한 문구가 적힌 압화책갈피를 선물로 보내드렸는데 예산이 넉넉하다면 부모님에게 하고 싶은 이야기가 담긴 그림책을 편지와 함께 보내 주는 활동으로 진행해도 좋다.

함께 읽기

『백만 년 동안 절대 말 안 해』 (허은미 글 / 김진화 그림 / 웅진주니어)
『엄마의 하나 둘 셋』 (서지현 글·그림 / 비룡소)
『엄마소리가 말했어』 (오승한 글 / 이은이 그림 / 바람의아이들)
『내가 듣고 싶은 말』 (이정원 글 / 김태은 그림 / 뜨인돌어린이)
『아, 어쩌란 말이냐!』 (김은진 글·그림 / 향)
『잔소리의 최후』 (난주 글·그림 / 북멘토)

아빠가 멋져 보일 때

『석수장이 아들』
전래동요
권문희 그림
창비

주제 우리 아빠가 최고야!
대상 직업에 편견을 가지고 있는 아이들

마음의 흔들림 💚

서점에서 우연히 이 책을 꺼내 읽고, 문득 초등학교 6학년 때의 일이 생각났다.

스승의 날을 며칠 앞두고 종례를 하시던 담임선생님이 부모님들께 '1일 교사' 해 주실 분이 있는지 꼭 물어보고 오라고 하셨다.

저녁밥을 먹다 문득 생각이 나서 선생님이 그런 말씀을 하셨노라고 말씀드렸더니 아버지께서 선뜻 "정 할 사람이 없거든 아버지가 한다고 말씀드리렴." 하시는 게 아닌가. 아버지는 분명 '정 할 사람이 없으면'이란 단서를 다셨지만 내 멋대로 선생님께 아빠가 해 주신다고 말해 버렸다. 아마도 누구네 엄마, 아빠처럼 우리 부모님도 학교에 와 선생님을 뵙고 갔으면 좋겠다는 그간의 바람이 나를 부추겼던 모양이다.

다행히 별다른 경쟁 없이(나 외에 아무도 신청하지 않았다) 우리 아버지가 스승의 날 1일 교사가 되셨고, '인천의 옛 이름, 미추홀'이란 주제로 인천의 유래와 역사에 대한 내용을 들려주러 오셨다. 평소 책이나 신문을 즐겨 읽고, 영화를 좋아하셨던 아버지는 여기저기서 찾은 다양한 내용을 마치 옛이야기처럼 쉽게 말씀해 주셔서 반 친구들 모두가 무척 재미있어했다. 무섭기로 소문난 우리 담임선생님도 아버지가 수업을 마치자 "인천에 살면서도 잘 알지 못했던 것을 알려 주셔서 정말 유익했다."며 악수까지 청하셨다. 철부지 딸내미 역시 그날 이후 아빠가 더 근사해 보인 것은 물론이요, 친구들이 "너희 아빠, 참 멋지다."라고 말해 줄 때마다 어깨에 힘이 부쩍 들어갔더랬다.

그때의 내게 아버지가 참 자랑스러웠던 것처럼, 아이들에게도 이 책을 통해 자신의 아버지가 참으로 멋진 분임을 느낄 수 있는 계기를 마련해 주고 싶다.

책 속으로 풍~덩

제목을 가리고 표지를 보여 주며, "이 아이 아버지의 직업이 무엇일까?" 하고 물어보았다. 그러나 요즘 흔히 볼 수 있는 직종이 아니라 그런지 맞히는 아이가 하나도 없었다. 아예 '석수장이'라는 말을 처음 듣는다는 아이들이 대분분이었다.

'띵! 깡! 똥!'

부지런히 손을 놀리며 석수장이 아버지가 일을 하신다. 그때 아들 곁에 꽤 짓궂게 생긴 친구가 다가온다. 녀석은 아들을 보며 "너두너두 이담에 석수장이가 되겠수?" 하며 슬슬 약을 올린다.

"너희가 이 아들이라면 기분이 어떨 것 같아?"

"아빠가 하시는 일을 가지고 저렇게 얄밉게 놀리면 기분이 나쁠 것 같아요."

"아주 못된 친구라 말도 하기 싫을 것 같아요. 저런 애랑은 절교할래요!"

친구의 수작에 곰곰 생각하던 아들의 모습이 점점 커지더니 "그까짓 석수장이"라고 한다. 예상했던 대답이 아니어서인지 친구 녀석이 "어어어……." 하며 우물쭈물하자 아들은 나중에 부자가 되어 사냥이나 다니겠다며 기세 좋게 말한다. 그랬더니 대번에 친구가 해가 되어 너를 괴롭히겠다고 응수한다. 그 뒤로도 구름, 바람, 담, 쥐, 고양이, 개, 호랑이로 변신하며 엎치락뒤치락 말싸움이 끝없이 이어진다.

"둘이 말싸움하는 게 참 재미있다. 너희들이 보기엔 어때?"

"끝도 없이 계속될 것 같아요."

"저렇게 말싸움하는 거 정말 유치해요."

드디어 마지막 승부의 막이 올랐다. 호랑이가 된 아들을 바위가 되어 단번에 때려잡겠다는 친구와, 바위가 된 친구를 석수장이가 되어 꼴로 부숴 버리겠다는 아들.

"누가 이겼을까?"

"당연히 석수장이 아들이 이겨요!"

입씨름이 모두 끝나자 책 속의 아들도 친구 녀석도 뭔가 느끼는 게 있는 모양이다. 친구 아이는 아들에게 고개를 납죽 숙이며 자기가 말을 잘못했다고 사과한다. 아버지한테 못내 미안했던지 아들 역시 이담에 석수장이가 되겠다며 쐐기를 박는다. 돌과의 열띤 씨름 끝에 드디어 돌장승을 완성하신 아버지는 얼굴 가득 미소를 띠고 계신다. 묵묵히 제 할 일을 마친 아버지는 이마에 흐르는 구슬땀을 지그시 닦으시기만 할 뿐 아이들 말싸움 따위야 아실 리 없다.

"친구가 돌장승을 올려다보며 친구 아버지가 참 대단하다고 생각하는 것 같아요."

"저 친구는 장난으로라도 친구 아버지의 직업을 놀리면 안 된다는 걸 배웠을 거예요."

"맞아! 그러니까 너희도 함부로 다른 사람을 업신여기는 말은 하지 않기다!"

재미 삼아 주거니 받거니 전래동요를 따라 외며 '직업엔 귀천이 없다.'는 옛말의 의미와 아버지에 대해 생각해 보는 시간을 가져 보았다.

함께 해 보기

❶ 내 꿈을 담아 부르기

아이들에게 익숙한 가락을 하나 정해 한 명씩 돌아가며 자신들이 꿈꾸는 모습을 편한 가락에 맞춰 '나는 나는 이담에 ○○이 되겠어! ○○이 되어서 □□을 하겠어!' 하며 노래로 불러 보자.

꿈을 노래로만 부르고 끝내기 아쉽다면 인터넷에서 MBTI 어린이용 간편 검사를 해 보자. 자신의 성향과 그에 어울리는 직업에 대해 알아보고, 그중에 자신이 가장 관심 있는 것을 골라 자신의 미래 모습으로 그려 본다. 의외로 자신에 대해 잘 모르겠다고 대답하는 아이들도 많으니 자신의 특성이나 적성에 맞는 것을 찾아보는 기회로 삼아도 좋겠다.

❷ 30초 아빠 자랑

우리 아빠가 최고라고 생각한 순간에 대해 돌아가며 30초 자랑 시간을 가져 본다. 아빠가 어떤 모습을 보일 때 가장 멋져 보이는지 떠올려 친구

들에게 마음껏 자랑할 수 있는 분위기를 만들어 준다.

혹시 반에 한부모 가정이나 조손 가정인 아이들이 있을 경우에는 대상을 아빠만으로 제한하지 않는다.

❸ 노래나 시로 아빠 느끼기

저학년이라면 '아빠 힘내세요'나 '아빠 사랑해요' 같은 창작동요, 고학년이라면 정은지의 '하늘바라기'나 크러쉬의 '아빠처럼'을 함께 들어 본다.

피천득의 시 '기다림'이나 나태주의 시 '두 얼굴'을 암송해 보는 것도 좋다. 시의 전문을 나누어 주거나 화면에 띄워 몇 번만 따라 해 보면 어렵지 않게 암송도 가능하다. 멋지게 외워서 퇴근한 부모님 앞에서 감동적인 시를 읊어드리는 효도 숙제를 내 줄 수도 있다. 앞의 두 시와 더불어 김영미 시인의 동시 '스파이더맨'을 이용해 패러디 시 짓기 활동을 해도 좋겠다.

엄마와는 다른 아빠만의 사랑 방식에 대해 생각하는 시간을 가져 봄으로써, 사랑하는 가족을 위해 애쓰는 아빠에 대해 돌아볼 수 있도록 한다.

Tip

표지의 앞과 뒤를 길게 펴 보면, 끌과 망치를 손에 들고 연신 돌을 다듬는 작업복 차림의 아버지의 뒷모습과 완성된 돌장승이 함께 보여 꼭 사건의 시작과 끝의 힌트 같다.
무슨 일이 일어났는지 알고 있었다는 듯 빙그레 웃음 짓는 돌장승을 보며 이야기가 어떻게 전개될지 호기심을 자극해 보는 것도 좋다.

함께 읽기

『세상에서 가장 멋진 내 친구 똥퍼』 (박지원 원작 / 이은홍 글·그림 / 사계절)
『우리 아빠가 최고야』 (앤서니 브라운 글·그림 / 최윤정 옮김 / 킨더랜드)
『구석기 아빠』 (브랜든 리즈 글·그림 / 정경임 옮김 / 지양어린이)
『석수장이 아들』 (신동준 글·그림 / 딸기책방)
『으르렁 이발소』 (염혜원 글·그림 / 창비)
『끝말잇기』 (김영진 글·그림 / 길벗어린이)
『우리 아빠 ㄱㄴㄷ』 (이갑규 글·그림 / 파란자전거)

사랑한다 vs 사랑하지 않는다

『원숭이 오누이』
채인선 글
배현주 그림
한림출판사

주제 아웅다웅 서로를 아끼는 남매
대상 형제끼리 다툼이 많은 아이들

마음의 흔들림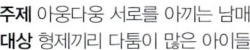

내 남동생은 키가 크고 운동을 잘한다. 반면 나는 키가 작고 운동에는 영 소질이 없다. 나는 채식파인데 동생은 육식파다. 그래서 우리 둘은 입을 모아 서로 닮지 않았다고 말한다.

하지만 우리 모두를 알고 있는 주변 사람들은 하나같이 우리가 똑 닮았단다. 그런데 어째 이 얘기를 들으면 둘 다 기분이 영 달갑지 않다. 왜 그럴까……?

어릴 적, 세 살 터울의 동생은 내가 나가 놀 때마다 "누나, 나두~"를 연발하며 신발을 꿰어 신고 따라나섰다. 같이 가겠다는 동생이 거추장스럽고 미워서 힘껏 밀어 넘어뜨리기도 하고, 부모님 몰래 팔을 꼬집어 주기도 했지만 그때마다 "앙~" 하고 울음을 터뜨릴 뿐 나를 따라다니는 것을 멈추지는 않았다.

이 책에도 내 어릴 적 모습을 닮은 남매가 등장한다. 막상 떨어져 며칠 눈에 보이지 않으면 '어디 갔나? 뭐하나?' 생각나고, 기운 없는 모습을 보면 괜스레 마음 쓰이고 챙겨 주게 되는 신기한 관계 말이다.

책 속에는 오빠가 하는 일이라면 무엇이든 따라 하는 여동생 온이와 그런 동생이 마냥 귀찮은 오빠 손이가 나온다. 나하고 성별만 바뀌었을 뿐 예전 내 모습과 너무 똑같아서 깜짝 놀랄 정도다. 해바라기마냥 오빠만 바라보며 좋아라 쫓아다니는 온이와 어떻게 하면 귀찮은 동생을 떼어 놓을까 고민하는 손이.

이 책의 티격태격 정겨운(?) 오누이 모습을 통해 자신의 형제 관계에서 속상하고, 밉고, 싫었던 경험, 이들처럼 울고 웃으며 화해했던 이야기를 나누어 보면 어떨까?

책 속으로 풍~덩

제목에 붙은 '오누이'란 어떤 사이를 말하는지 아이들에게 물어보고 형제자매의 의미도 알고 있는지 짚어 본다. 아울러 아이들의 형제 관계에 대해 잠시 이야기를 나누어 본다.

그리고 찬찬히 표지 그림을 살펴본다. 그림을 보자마자 아이들이 "오빠가 동생을 피해 나무 위로 도망갔어요." "여동생은 기를 쓰고 오빠를 따라가려고 해요."라고 말한다. "오빠를 바라보는 다람쥐의 눈빛이 측은한 걸 보니 저 다람쥐에게도 개구쟁이 동생이 있는 것 같아."라는 말도 이어서 나왔다. 그 소리에 각 집의 동생들은 기분이 좋지 않은지 여기저기서 반발이 쏟아져 나온다.

시끌시끌한 아이들을 진정시키고, 친구들이 놀자고 부르는 소리에 귀를 쫑긋 세우고 반가워하는 오빠를 망원경까지 동원해 살피는 여동생 온이의 모습과 함께 책 이야기 속으로 들어간다.

"동생 온이가 오빠 손이를 좋아한다는 걸 어떻게 알 수 있어?"

"글자도 모르는 것 같은데 오빠 옆에서 책을 거꾸로 쥔 채 읽는 척(?)하고 있어요."

"와! 화장실까지 쫓아갔어요."

"TV 리모컨으로 오빠처럼 게임을 하나 봐요. 하하하!"

넘치는 오빠 사랑을 실천하는 온이는 오빠가 친구랑 놀러 나가려 하면 제가 먼저 신발을 신고 따라나선다. 아무리 집에 가라고 소리쳐도 방실방실 웃기만 할 뿐 속 터지게 말도 듣지 않다가 결국엔 사고를 치고 울어 버린다. 이렇게 만날 동생이 졸졸 따라다니다 보니 친구들까지 '원숭이 동생'이라며 놀려 댄다.

이런 손이에게 엎친 데 덮친 격으로 또 다른 시련이 찾아온다. 바로 태권도 학원에서 놀러가는 바닷가에 대책 없는 온이가 따라나선 것이다.

"엄마가 떼쓰는 동생을 말려 주지 않아서 손이가 잔뜩 화난 것 같아요."

"평소랑 달리 온이한테 따라오지 말라고 무섭게 말하는 게 이해가 돼요."

간만에 방해꾼 없이 친구들과 놀던 손이는 늘 따라다니던 동생이 보이지 않는다는 친구들의 말에 부랴부랴 온이를 찾기 시작한다.

"손이가 온이를 잃어버린 줄 알고 깜짝 놀랐어요."

"물에 빠진 아이가 온이가 아니라서 다행이에요."

"평소엔 귀찮아했어도 저렇게 걱정하는 걸 보니 손이도 온이를 좋아하는 것 같아요."

바닷가 해프닝으로 서로가 서로에게 얼마나 소중한지 알게 된 손이와 온이는 친구들이 제아무리 '원숭이 오누이'라 놀려도 이제는 싱긋 웃어 보일 여유가 생기지 않았을까? 아무리 아옹다옹 다투더라도 든든한 형제가 있다는 것 자체가 몹시도 행복한 일임을 둘은 벌써 알아 버렸으니까.

함께 해 보기

❶ 어울리는 말 찾기

손이와 온이가 함께 있을 때 둘 사이를 표현할 수 있는 말에는 어떤 것이 있는지 찾아본다. 포스트잇을 나누어 주고 각자 머릿속에 떠오른 말을 적어 보게 한다. 그리고 친구들끼리 각자가 찾은 말을 모아 같은 생각과 다른 생각으로 나누어 본다.

모두가 공통적으로 떠올린 말은 어떤 것이 있는지, 독특하고 재미있는 말은 무엇이 나왔는지 여러 친구들의 생각을 함께 나누어 본다.

예) 아옹다옹, 투닥투닥, 졸졸졸, 따라쟁이 등

❷ 마인드맵 그려 보기

'원숭이 오누이' 이야기를 마인드맵으로 정리해 본다. 온이와 손이에게 벌어진 일과 그 일을 겪으며 느끼게 된 서로에 대한 감정 등을 요약해 적어 보는 것이다. 간단한 단어나 글로만 적어도 되고, 아래의 예시처럼 그 상황을 떠올릴 수 있는 상징적인 그림을 함께 넣어도 좋다.

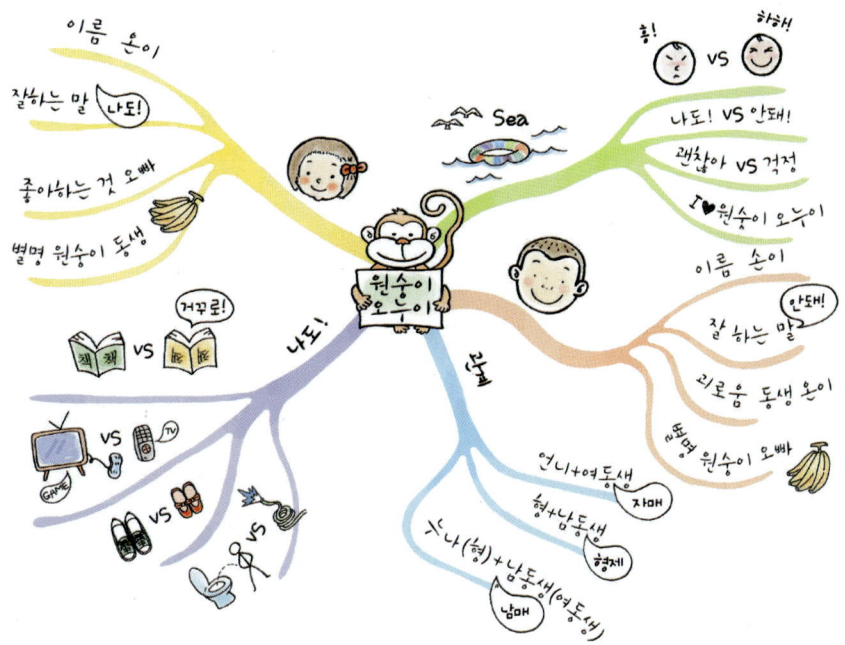

❸ 닮은꼴 찾기

 손이와 온이는 어디가 닮았는지 책 속 둘의 모습을 찬찬히 살펴본다. 얼굴형, 눈, 코, 입, 행동 등 유심히 살피면 성별이 달라도 서로 얼마나 닮았는지 알 수 있다.

 이때 집에서 형제간에 함께 찍은 사진을 가져오게 해 친구들과 함께 살펴보며 어디가 닮았는지 찾아보는 것도 재미있다. 사진의 주인공은 친구들이 찾아낸 닮은 모습에 손사래를 치며 아니라고 말하지만, 듣는 사람들은 그 모습에 더 웃음이 난다.

❹ 에피소드 쓰기

 손이와 온이처럼 자신에게 일어났던 비슷한 사건을 소개하는 글을 써 보

자. 책 속에 나왔던 것과 비슷한 사건이 있는지 기억을 더듬어 보며 말이다.

책이 주로 오빠 입장에서의 고충을 털어놓았기에, 반대로 동생 입장에서 형(오빠, 누나, 언니)을 고발하는 에피소드를 소개하면 더 재미있다. 이때 외동인 아이들은 손이나 온이의 입장이 되어 글을 써 보도록 안내한다. 나에게 이런 오빠, 이런 동생이 있다면 과연 어떨까 하고 생각해 보는 것이다.

Tip

책 속 주인공들의 관계로 게임을 해 보자. 카드에 옛이야기나 동화책 속에 나왔던 형제나 자매, 오누이의 이름을 적는다. 만든 카드를 섞어 뒤집어 둔다. 짝끼리 순서대로 카드 2장을 뒤집어 뒤집은 카드의 짝을 맞춘다. 가장 많은 짝 카드를 찾은 사람이 이기는 게임이다. 선생님이 반 전체에게 한 장씩 나눠 주고 자기 짝이 되는 카드를 가진 친구를 찾는 게임을 해도 된다.
이름만으로 쉽게 알 수 없는 주인공은 카드에 이미지(얼굴 모습, 책표지)도 넣어 진행한다.
예) 오누이: 헨젤 + 그레텔, 지원이 + 병관이, 홍비 + 홍시, 찰리 + 롤라, 밤이+달이
　　자매: 콩쥐 + 팥쥐, 장화 + 홍련, 엘사 + 안나
　　형제: 흥부 + 놀부, 선동이 + 율동이, 시몽 + 에드몽

함께 읽기

『내 동생 싸게 팔아요』 (임정자 글 / 김영수 그림 / 미래엔아이세움)
『지하철을 타고서』 (고대영 글 / 김영진 그림 / 길벗어린이)
『오빠한테 질 수 없어!』 (채인선 글 / 배현주 그림 / 한림)
『아기똥꼬, 저리 가!』 (스테파니 블레이크 글·그림 / 김영신 옮김 / 한울림어린이)
『히히히 맛있겠다』 (미야니시 타츠야 글·그림 / 고향옥 옮김 / 달리)
『내 거야 다 내 거야』 (노인경 글·그림 / 문학동네)
『눈사람 사탕』 (박종진 글 / 송선옥 그림 / 소원나무)

신비한 경험을 통해 갈등을 풀다

터널
앤서니 브라운 글·그림
장미란 옮김
논장

주제 형제자매의 우애
대상 형제자매와 자주 다투는 아이들

마음의 흔들림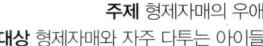

'앤서니 브라운'이라는 그림책 작가를 직접 만난 건 몇 년 전 예술의 전당에서였다. 아들과 함께 평소에 좋아했던 작가를 만나기 위해 전철을 타고 가면서 그의 팝업북인 『이상한 놀이공원』을 읽으며 우리는 또 한 번 그의 기발한 상상력에 놀라고 말았다. 앤서니 브라운이라는 이름은 세상 모든 어린이와 부모들에게 아주 특별한 '선물'로 다가오는 것이 아닐까 하는 생각도 든다. 그런 작가가 있어 부모들은 참 행복하고 고맙다.

그래서인지 나에겐, 아이들에게 보여 주는 그림책 순서가 자연스럽게 생겨났다. 이미 앞에서도 말했지만 나의 첫 그림책은 항상 앤서니 브라운의 『우리 엄마』다. 아이들에게 가장 쉽게 다가갈 수 있는 주제이고, 현재 가장 가까이 있는 사람이 바로 엄마이니, 할 이야기도 많을 것 같아서다. 물론 두 번째는 아빠를 상징하는 『고릴라』, 세 번째는 남매(형제)와의 관계를 표현한 『터널』이다. '가족'이란 주제에 의해 순서대로 골랐는데 우연히도 모두 앤서니 브라운의 작품이 된 것이다. 비록 의도한 것은 아니지만 그림책 읽기를 처음 시작하는 책으로 더욱 잘된 것은 그의 섬세한 그림들이 아이들의 마음뿐 아니라 어른들의 마음까지도 흔들어 놓는다는 것이다. 『고릴라』의 오랑우탄과 원숭이의 표정을 보면, 그들의 아픔이 전해지는 것 같아 슬프고 미안한 마음이 자연스럽게 생긴다. 섬세한 터치로 거의 완벽한 그림을 그리는 앤서니 브라운의 그림책을 접한 아이들은 그림책을 좋아할 수밖에 없지 않을까.

『터널』은 아무리 사이가 나쁜 남매(형제자매)라도 위험이 닥치면 누구보다 든든하고 어깨를 기댈 수 있는 사람이라는 사실을 깨닫게 해 주는 그림책이다. 그리고 추억이나 비밀을 나누면 신뢰가 커지면서 자연스럽게 정이 쌓일 수 있구나 하는 것도 느끼게 해 준다.

이 책은 친숙한 남매의 이야기로 아이들에게 호기심이 생기도록 하고, 단순하지만 구성이 짜임새 있으며, 신화와 전설의 형식을 따르고 있어 더욱 큰 재미를 준다. 특히 주인공들의 심리 상태가 얼굴 표정에 그대로 드러나게 그려진 것이 독자에게 많은 공감을 주는 좋은 그림책이다.

나는 그림책 읽어 주기를 시작하는 부모님이나 선생님에게 앤서니 브라운의 그림책을 주저 없이 추천해 준다. 그의 그림책을 다루는 것은 아이들에게 정서적 부분만이 아니라 예술적 부분도 함께 다뤄 줄 수 있는 이중적 효과가 있으리라 생각하기 때문이다. 이 글을 읽고 마음의 흔들림이 생겼다면, 이제 아이들에게 이 그림책을 읽어 주는 일만 남은 것이다.

책 속으로 풍~덩

책을 소개하기 전에 "형제자매가 있나요? 사이가 어때요?" 하면, "동생이 있는데 제 말을 되게 안 들어요.""걔 때문에 만날 나만 혼나서 미워요.""언니만 새 옷을 사 줘요.""형이라고 만날 괴롭혀요." 등 너도나도 크게 대답하지만 불만 섞인 목소리인 걸 보면 맺힌 게 좀 많나 보다. "형제, 자매가 있어서 좋은 점은 없나요?" 하면 조금은 고민을 해 보다가 열 번에 한 번 정도는 이런 일도 있다는 듯이, 가끔 숙제할 때 도와줘서 좋다거나 친구랑 싸울 때 편들어 줘서 좋다고 말한다.

그림책 표지를 보여 주며, "이 책엔 남매가 나오는데 여러분처럼 만날 싸우다가 어떤 터널을 함께 다녀오며 달라지게 돼요. 어떤 일이 일어날지 말해 볼까요?" 하면, 산신령을 만나서 혼나고 화해한다고 말하거나 모험을 같이 떠나서 서로 도와주고 친해진다, 심지어는 터널에서 돈을 주워서 나눠 쓴다고도 말한다. 이렇게 책을 읽기 전에 미리 '예측'을 해 보는 것은 상상력과 사고력을 키워 주는 데 도움이 된다. 그리고 책을 같이 읽다 보면 '유추'의 힘도 길러진다.

"자, 그럼 이야기 속으로 들어가 볼까요?" 하며 책을 펼쳐 보여 주고, 한 장을 넘기면 앞면지가 나온다. 이 부분을 한 번 짚어 주고 지나간다. "왼쪽은 누구의 자리일까요? 이유도 함께 말해 볼래요?" 아이들은 온갖 유추를 한다(이 부분은 이야기 끝에서 한 번 더 다뤄진다.).

"예쁜 꽃벽지와 책이 있으니까 여동생 자리가 아닐까요?"

"그럼 오른쪽은 누구의 자리일까요?"

"오빠요! 벽돌이 딱딱해 보여서 오빠 같아요."

아이들은 작은 부분을 관찰하는 데 있어서 어른보다 뛰어난 능력을 발휘한다. 생각이 자유로워서일까. 대답이 잦아들면 책의 내용을 계속 읽어 준다.

모든 게 딴판인 오빠와 여동생은 얼굴만 마주치면 티격태격 다툰다. 결국 엄마가 보다 못해,

"둘이 같이 나가서 사이좋게 놀다 와! 점심 때까지 들어오지 마!"

그 말에 둘은 쓰레기장으로 갔는데 거기서 터널을 발견한다. 오빠는 들어가려 하지만 동생은 마녀나 괴물이 있을지 몰라 무서워한다. 오빠는 혼자 들어가 버리고, 아무리 기다려도 나오지 않자 동생은 한참을 망설인 끝에 할 수 없이 오빠를 찾아 터널 속으로 들어간다.

터널을 지나 무서운 숲을 벗어난 동생이 발견한 건, 돌로 변한 오빠였다. 여기서도 한 번 '예측하기'를 하는 게 좋다. "어? 왜 여기서 오빠는 돌이 되었을까요?" 하면, 무서운 마녀를 만나서 그랬다거나, 혼자 돌아다니다가 메두사를 만났을 거라는 둥 예측을 한다. 그럴 때 슬쩍 돌이 된 오빠의 저주(?)를 푸는 방법이 있을지, 나라면 어떻게 풀 수 있을지 물어보면, 망치로 깨서 돌 속의 오빠를 꺼내 준다거나 그냥 울기만 할 것 같다 또는 용기를 내서 마녀를 찾아가 살려 달라고 부탁한다고 말하기도 한다. 아이들의 여러 가지 '예측'을 확인하고 책 속 여동생은 어떻게 하는지 보자며 계속 읽어 나간다(여동생은 단순하지만, 순수하고 감동적인 행동으로 해결한다.).

끝까지 책을 읽어 준 후, "이 책을 다 보니까 어떤 기분이 드나요?" 물어보면 "신기해요, 그런 터널이 있으면 좋겠어요, 남매가 다시 친해져서 기분이 좋아요."라고 대답한다. 그리고 마지막 장면에서 엄마가 별일 없었는지 물어보는데 동생이 웃기만 한 이유도 물어본다. 신기한 경험을 같이 하고 도움을 주고받아서 기분이 좋아서 그렇다고도 하고, 같은 비밀을 갖게 돼서 그렇다고도 한다.

책의 마지막 뒷면지를 보여 주며 앞면지랑 비교했을 때 어떤 변화가 있는지 물어본다. "어? 책과 공이 같이 있다!" 하며, "앞에서는 동생 책이 왼쪽에 있었는데 지금은 오른쪽(오빠 쪽)에 있어요! 친해져서 그런가 봐요." 한다.

"그래요. 처음엔 티격태격하던 남매가 터널 속에서 힘든 일을 겪고서는 서로 도움을 받고 고마워하는 마음이 생겨서 친해진 것 같아요." 하며 책의 이야기를 마무리한다.

함께 해 보기

❶ '터널'의 의미 찾기

터널이란 것은 어떤 통과의례를 상징하는 것일 수도 있다. 또는 현재의 상황을 바꿔 줄 수 있는 특별한 사건이나 새로운 세계를 경험하게 해 주는 기회가 될 수도 있다. 이런 터널을 지나가기 위해서는 그림책 속 동생이 보여 준 '용기'와 '사랑'이 필요하다.

아이들에게 "이 터널은 왜 있었을까요? 터널 속은 어떤 세상인가요?" 하고 물어보면 다양한 대답이 나온다.

"사이 나쁜 사람들이 들어갔다 나오면 친해지게 해 주려고 있는 터널 같아요."

"신비한 세상을 보여 주는 4차원의 문이요~!!"

"우리가 상상하는 것을 다 보여 주는 세상이에요."

"여러분에겐 어떤 '터널'이 있으면 좋겠어요? 이유도 적어 볼까요?"

┌─ ─┐
│ [   ] 터널이 있으면 좋겠다. │
│ 왜냐하면, _____   │
└─ ─┘

예) • 책 속 주인공을 만날 수 있는 터널이 있으면 좋겠다.
　　　왜냐하면, 주인공에게 물어볼 말이 너무너무 많기 때문이다.
　• 내 상상대로 다 이루어지는 터널이 있으면 좋겠다.
　　　왜냐하면, 내 상상의 세계에서 내가 놀 수 있다면 정말 신날 것 같기 때문이다.
　• 내가 소중히 여기는 것을 숨겨 놓을 수 있는 터널이 있으면 좋겠다.
　　　왜냐하면, 도둑맞지 않고 안전하게 물건을 숨길 수 있는 장소가 필요하기 때문이다.

❷ 숨은 그림 찾기

이 책의 '터널 속 세상'에서 숨어 있는 것을 찾아보는 활동이다.

터널 속 세상에는 다양한 동물, 괴물들이 숨어 있다. 팔이 잘린 곰과 멧돼지, 늑대 등이 로즈를 놀라게 한다.

❸ 숨은 이야기 찾기

이 책의 터널 속 세상에서 숨어 있는 이야기를 찾아보자.

오빠인 잭이 돌로 변한 것은 '그리스 신화'에 나오는 '메두사 이야기'를 가져온 것이다. 그리고 한나가 무서운 숲을 걸어가는 장면에서 보이는 알록달록한 집은 '헨젤과 그레텔'의 과자집을 연상하게 하고, '미녀와 야수' 이야기와 '잭과 콩나무'에 나오는 콩나무처럼 힘차게 뻗어 나가는 연둣빛 나무도 보인다(아이들이 말하는 것을 틀렸다고 하지 말고 무조건 받아들여라. 상상에는 정답도 없고 경계도 없다. 어떠한 이야기도 만들어 낼 수 있는 상상력의 힘을 키워 주자!).

❹ 도서관이나 서점에서 『터널』 책을 찾아 읽고 다음의 순서에 맞게 숙제하기

① 집에서 자신의 처지를 먼저 확인하는 시간을 갖는다. 조용히 방에 앉아 가족에게 있어 자신은 어떤 사람인지 스스로 명상하는 시간을 가

진다.

② 책을 읽고 그림책을 탐색한다.

③ 그 후의 남매의 행동변화를 예상한다.

④ 나에게 만약! 이런 일이 일어난다면 어떻게 할 것인가 종이에 써 본다.

⑤ 쓴 내용을 집의 다른 형제에게 가서 읽어 주고 답장을 받아온다.

이 활동은 다양한 경험을 할 수 있고 가족이란 울타리에서 자신의 처지를 한 번 더 돌아볼 수 있는 기회가 된다(숙제를 내기 전에 가족들의 적극적인 협조를 바란다는 내용의 가정통신문을 보내자.).

Tip

자세히 보시라! 앞표지에 떨어뜨린 책의 그림과 로즈의 방에 걸려 있는 액자의 그림은 한결같이 마녀와 늑대가 나오는 무서운(?) 그림이다. 무서움을 많이 탄다는 아이가, 마녀나 늑대가 나오는 책을 본다는 불편한 진실. 로즈는 정말로 무서움을 많이 타는 아이였을까? 원래는 무서운 책을 좋아하지 않았을까? 그래서 읽은 책의 장면들이 자꾸 떠오르기 때문에 터널 속에 들어가기를 주저했는지도 모를 일이다.

아이들 글 맛보기

　　선생님께서 그림책 한 권을 보여 주셨다. 앤서니 브라운이라는 작가의 『터널』이라는 그림책인데, 오늘 전학생도 오고 해서 이 책을 보여 주셨다. 선생님의 성대모사로 책을 끝까지 다~ 열심히~ 읽어 주셨다.^^

　　내용은 한 여동생과 오빠의 이야기다. 둘은 매일 티격태격 싸우고 닮은 곳이라곤 하나도 없는 남매였다. 그러던 어느 날 둘만 남게 되는데, 오빠가 터널을 발견하곤 그 터널로 들어가 버렸다. 그러나 시간이 지나도 나오지 않자 여자아이는 오빠가 걱정돼서 막 울며 결국 오빠를 찾으러 터널로 들어가게 된다. 이때 이 여자아이의 표정이 정말 생생했다. 앤서니 브라운이 그 여자아이의 표정으로 마음을 잘 나타낸 것 같다. 여자아이가 터널로 들어가자 오빠가 돌처럼 딱딱하게 굳어 있었다. 그런 오빠를 본 여자아이가 엉엉 울며 오빠를 꼭 껴안아 주자 오빠는 다시 돌아오게 되었다. 그 사건으로 인하여 둘은 극적(?)으로 친해지는 이야기다.

　　이 책을 보면서 공감하고 또 공감했다. 마치 내 이야기 같았기 때문이다. 나도 언니가 있는데 매~일 언니랑 싸우다가도 이렇게 서로를 도와주면서 또 풀리고, 그러다 또 싸우고^^; 오늘도 언니랑 티격태격 싸우고 학교에 왔는데 조금 이따가 집에서 만나면 언니랑 화해를 해야겠다.^^;~

(문희경-6학년)

함께 읽기

『심술쟁이 내 동생 싸게 팔아요』 (다니엘르 시마르 글·그림 / 이정주 옮김 / 어린이작가정신)

『내게는 소리를 듣지 못하는 여동생이 있습니다』 (진 화이트하우스 피터슨 글 / 데보라 코간 레이 그림 / 이상희 옮김 / 웅진주니어)

『헨젤과 그레텔』 (그림형제 글 / 앤서니 브라운 그림 / 장미란 옮김 / 비룡소)

『이상한 손님』 (백희나 글·그림 / 책읽는곰)

『숨바꼭질』 (앤서니 브라운 글·그림 / 공경희 옮김 / 웅진주니어)

『학교 가는 길』 (로젠 브레카르 글·그림 / 박재연 옮김 / 노는날)

『로보베이비』 (데이비드 위즈너 글·그림 / 서남희 옮김 / 시공주니어)

『오틸라와 해골』 (존 클라센 글·그림 / 서남희 옮김 / 시공주니어)

part 2

내 친구들의 세계 속으로

당신의 터닝 포인트는 언제였나요?

『메리 크리스마스, 늑대 아저씨!』
미야니시 타츠야 글·그림
이선아 옮김
시공주니어

주제 상냥한 마음과 따뜻한 배려와 사랑을 나누자
대상 친구와의 소통이 어려운 아이들

마음의 흔들림 ♥

사람마다 인생의 중요한 터닝 포인트가 있다. 우리가 잘 아는 유명인 중에는 한비야 씨가 있다. 오지 탐험가였던 그녀가 세계구호단체인 월드비전에 들어가서 활약한 것은 익히 알려진 이야기다. 그녀의 말처럼 '가슴이 뛰는 일을 만나는 것'은 얼마나 멋진 일인가.

작가 도스토옙스키는 죽음의 문턱까지 갔다가 인생을 새롭게 살기로 결심했다. 경영인 정주영은 작은 벌레의 끈기를 보고 인생에서 못 할 것은 없다고 얘기했다. 누군가의 터닝 포인트는 우연히 오기도 한다. 조금 더 욕심을 내서 희망한다면, '얼마나 많은 사람이 책장을 넘기면서 자신의 삶에서 새로운 순간을 만나는가!'라는 헨리 데이비드 소로의 말처럼 독자들이 이 책장을 넘기는 '지금 이 순간'이 그림책을 대하는 관점의 터닝 포인트가 될 수 있다면 좋겠다.

이 책은 크리스마스 즈음, 한 늑대가 어떤 사건으로 인하여 새 사람, 아니 새 늑대로 탈바꿈하는 과정을 재미있게 그린 것이다. 사람뿐만 아니라 동물도 터닝 포인트가 있다는 게 웃기지만, 아이들한테도 언젠가 터닝 포인트가 찾아온다는 암시를 하면 좋겠다.

이 책의 또 다른 주제는 '상냥한 마음과 따뜻한 배려, 그리고 사랑을 나누자.'라고 할 수 있다. 아기 돼지 열두 마리의 따뜻한 배려와 사랑을 받고 늑대의 마음이 달라졌다. 신기한 일이 생긴 것이다. 이렇게 사랑은 신기한 일을 이루어 내는 힘이 있다. 게다가 이 사랑이 시작된 게 크리스마스 날이라니!

여러분도 "메리 크리스마스!"

책 속으로 풍~덩

표지를 보여 주고 누가 나오는지 물어본다. "돼지요~!!" "늑대가 나와요. 그런데 못된 늑대 같아요." 아이들은 참 잘도 알아낸다. 그 표정만 봐도 착한 늑대인지, 못된 늑대인지 아는가 보다. 아니면 '늑대는 나쁜 동물'이라는 고정관념이 있을지도 모르겠다(이 그림책을 직접 들고 보여 줄 때는 꼭 조심할 것이 하나 있다. 절대 뒤표지를 들키면 안 된다. 결과를 미리 알려 줘 버리게 되면 몰입에 방해가 될 수 있기 때문이다).

책 속으로 들어가 보자. 여기 악당으로 유명한 늑대가 있다. 약한 동물을 잡아먹는 것이 당연한 자연의 순리이건만, 항상 사람들에게 욕을 먹고 사는 늑대. 그중 한 마리가 아기 돼지 열두 마리를 발견한 것이다. 얼마나 기뻤을까? "크르렁 크렁~!!" 하며 아기 돼지들을 향해 달려나갔다. 그런데 아뿔싸~ 자신이 부러뜨린 트리용 나무에 걸려 그대로 나자빠지게 된 것이다. 헉……. 잠시 후, '웅성웅성'하는 소리에 정신을 차리고 보니 아기 돼지들에게 둘러싸여 있는 것이 아닌가? 입은 꽁꽁 묶여 있는 채로. 그런데 들리는 소리는 늑대인 자기를 걱정하는 아기 돼지들의 소리라니.

"많이 아픈가 봐."

"그게 아니고 너희들을 잡아먹어 버리겠다고~!" 아무리 외쳐도 들리는 소리는, "우 우우우, 우우우우우웃~!" 하는 소리뿐이니……. 얼마나 답답하고 괴로웠으면 눈물까지 흘릴까. 그래도 아기 돼지들은 자기들 마음대로 생각해 버리고 만다(눈물까지 닦아 주는 상냥한 아기 돼지).

입에 감긴 붕대 때문에 자신의 생각을 전달하지 못하게 되는 장면을(아주 큰소리로 "우, 우우웃 우우우우우우웃~!!" 하고 외쳐야 한다) 본 아이들은 신이 난다. 너무 통쾌하고 즐거운가 보다. 하지만 답답하겠다고 측은한 느낌도 함께 들었는지, "안됐다."고 말하는 아이도 있다. 이때를 놓치지 않고 묻는다. "여러분도 누구랑 말이 안 통해서 이렇게 답답함을 느낀 적이 있나요?" 그러면 "네, 엄마요. 제가 게임 얘기를 하면 못 알아들으셔서 갑갑해요!" "아이돌 가수 얘기를 하면 완전히 딴 세상 사람이랑 얘기하는 것 같아

마음으로 떠나는 그림책 여행

요." 등등 다양한 한풀이성 답변이 나온다. 이게 다 소통의 부재 아니겠는가.

결국 아기 돼지들은 늑대를 정성껏 치료해 주고 심지어 크리스마스라고 '선물'까지 놓고 간다. 아주 귀여운 빨간색의 털장갑.

마지막에 늑대는 또 한 번 눈물을 흘리고(깨달음의 눈물이었으리라, 바로 사랑에 감동한 터닝 포인트의 순간!), 자신이 부러뜨렸던 트리를 다시 세워 준다. 그것도 아기 돼지들의 수만큼.

크리스마스 아침, 아기 돼지들이 일어나 보니 늑대는 보이지 않고 크리스마스 트리 열두 그루가 세워져 있는 것이다! "우와!"

저 멀리 나무 사이로 털장갑을 끼고 신나게 캐럴을 흥얼거리며 걸어가는 늑대의 마지막 모습이 참 정겹다.

그림책 이야기가 다 끝나면 마지막에 이 책의 주제를 담은 글이 나온다. 이 부분은 확대해서(PPT로 확대하거나 미리 큰 종이에 써 두어도 좋다) 아이들이 한목소리로 크게 읽으면 좋다. '눈'과 '입'과 '귀'가 한꺼번에 받아들이는 힘은 생각보다 효과적임을 잊지 말자.

함께 해 보기

❶ 아기 돼지들과 늑대의 캐럴송 따라 부르기

그림책에 보면 아기 돼지들이 신나게 캐럴송을 부르는 장면이 나온다.

그림책을 읽어 줄 때 선생님이 큰 소리로 한 번 불러 주었기 때문에 아이들도 쉽게 따라 부를 수 있다('징글벨'에 맞춰 부르면 좋다.).

가사: ♪ 즐거운 즐거운 크리스마스 우리들 마음은 두~근 두근~~
상냥한 마음이 가~득 가득 신기한 일~이 생길 거예요~~
우~리 우~리 크리스마스 ♪ (신나는 신나는 크리스마스~!! ♪)

계이름: ♪ 미미미 미미미 미솔도레미 파파파 파미미 미레레도레-솔
미미미 미미미 미솔도레미 파파파 파미미 솔솔미레도~~
미미미 미미미 솔솔미레도 ♪ (파파파 파미미 솔솔라시도~!! ♪)

❷ 아이들과 함께 크리스마스 트리 만들기

교실에 크리스마스 트리를 설치한다. 크기는 1.2미터나 1.5미터 정도가 좋다. 아이들한테 각자 집에서 트리에 걸 장식품을 하나씩만 가져오게 한다. 공이나 솜, 자신이 종이접기한 작품 등을 가져오면 한 명씩 나와서 장

식을 한다. 모든 아이들이 다 걸면 마지막으로 선생님이 트리 장식용 전등을 감고 교실 불을 다 끄고 커튼을 친 후, 점등식을 한다. 그리고 신나는 캐럴송을 부른다!! 아이들이 가장 좋아하는 캐럴송은 '징글벨'과 '루돌프 사슴코'다.

　가정에서 할 때는 거실에 트리를 설치하고, 가족사진과 함께 가족들의 종이접기를 붙여도 좋다. 이렇게 입체 트리를 설치할 곳이 없다면, 한쪽 벽면에 튀어나오게 붙여도 좋다. 이때는 장식품을 가져오는 게 아니고 자신이 색종이로 접은 삼각 트리 조각에 소원을 써서 붙인다. 방법이 간단한 것에 비해 굉장히 매력적인 벽장식이 된다~!! 보통 두 가지 색을 쓰는데 (초록, 연두) 다른 색을 써도 좋고(빨강, 주황), 줄별로 붙이거나 섞어서 붙여도 좋다.

〈삼각 트리 만드는 방법〉

① 색종이를 + 모양으로 접었다 펴고 방석접기를 한다.

② 한쪽만 절반을 접는다.

③ 절반 접은 부분을 안으로 접어 넣으면 피라미드 모양처럼 된다.

④ 안쪽은 풀칠하지 말고 접힌 부분을 한쪽으로 누이고 옆면으로 누른다.

⑤ 입체로 만들어 본 후 다시 평평하게 펴서 피라미드 3면을 꾸미게 한다. 소원을 적어도 좋고, 그림을 그려도 좋다. 단, 사인펜으로 하는데 은색, 금색도 예쁘다.

⑥ 다시 피라미드 모양으로 접으면 색전지에 트리 모양으로 붙여 준다. (글루건 사용)

⑦ 전구를 테이프로 붙여 주면 더욱 예쁘다! (참, 노란 별을 꼭 달자!)

 **Tip**

이 책을 읽어 주기 전에 책 속에 나오는 캐럴을 연습해 둘 필요가 있다. 노래는 '징글벨'에 맞춰서 하면 거의 맞아떨어진다. 피아노를 이용하고 싶으면 잘 치는 아이를 한 명 미리 뽑아서 연습을 시켜 두고 하면 좋다. 물론 노래는 선생님이 큰 소리로 불러 주면 최고다. 또 다른 방법은 미리 반주를 녹음해서 배경음악으로 깔고 노래하는 것이다. 어쨌든 신나게 불러 보자~!!

요즘은 겨울방학이 늦다. 크리스마스를 겨우 1~2일 앞두고 방학식을 하는 학교가 많아서 크리스마스 관련 수업을 많이 하는 편이다. 대표적인 것이 카드 만들기, 트리 만들기다. 아니면 눈꽃 만들기도 재미있다. 그런 수업을 하기 전에, 또는 한 후에 이 그림책을 읽어 주면 더욱 재미있다(그리고 미야니시 타츠야의 단순하면서도 귀여운 그림은 책 보는 즐거움을 더해 준다.).

함께 읽기

『찬성!』 (미야니시 타츠야 글·그림 / 김난주 옮김 / 시공주니어)
『한 마리 돼지와 100마리 늑대』 (미야니시 타츠야 글·그림 / 강미해 옮김 / 한국몬테소리)
『아기늑대 세 마리와 못된 돼지』 (유진 트리비자스 글 / 헬린 옥슨버리 그림 / 김경미 옮김 / 시공주니어)
『색깔 손님』 (안트예 담 글·그림 / 유혜자 옮김 / 한울림어린이)
『눈아이』 (안녕달 글·그림 / 창비)
『내 친구 ㅇㅅㅎ』 (김지영 글·그림 / 사계절)
『올빼미의 크리스마스 여행』 (데이지 버드 글 / 안나 피롤리 그림 / 김여진 옮김 / 토끼섬)
『100명의 산타클로스』 (다니구치 도모노리 글·그림 / 황세정 옮김 / 주니어김영사)
『빨간 모자가 앞을 볼 수 없대』 (한쉬 글·그림 / 조윤진 옮김 / 한울림스페셜)
『어둠의 마법 크리스마스 이야기』 (프란체스카 스코티 글 / 클라우디아 팔마루치 그림 / 나선희 옮김 / 책빛)

내 친구를 소개합니다!

『아모스와 보리스』
윌리엄 스타이그 글·그림
우미경 옮김
시공주니어

주제 좋은 친구란 무엇일까?
대상 친구를 돕는 데 소극적인 아이들

마음의 흔들림 💚

친구란 온 세상이 다 내 곁을 떠났을 때 나를 찾아오는 사람이다.

영국의 한 출판사에서 상금을 내걸고 독자들을 대상으로 실시한 공모에서 1등을 한 '친구'라는 말의 정의다. 우리나라 옛이야기 속에서 아버지가 아들에게 진정한 친구가 무엇인지 알려 주었던 내용과 크게 다르지 않은 것을 보면 '친구'에 대한 정의는 동·서 간의 문화적 차이가 없는 듯하다.

책 속 두 주인공은 친구가 도움이 필요할 때 외면하지 않고 곁에서 어려움에 함께 맞선다. 이 모습을 보고 아이들도 어떤 위험 앞에서 혼자 싸우느라 힘들고 두려울 때 옆에 있어 주는 친구의 존재가 얼마나 고마운지, 그리고 그런 친구가 있다는 것만으로 얼마나 행복한 일인지 느낄 수 있었으면 좋겠다.

이 책을 통해 서로 "쟤가 먼저 그랬어요!"라며 잘못을 미루는 모습이 "제가 먼저 그랬어요."라며 친구의 잘못을 덮어 줄 수 있는 모습으로 바뀐다면 얼마나 좋을까? 근사한 친구를 바라기 전에 스스로 멋진 친구가 되어 줄 수 있다면 참 좋겠다.

아무것도 아닌 일로 하루에도 몇 번씩 투닥투닥 다투고 마음이 상해 토라지더라도, 얼굴만 봐도 내 마음을 척 알아주고 마음 놓고 비밀을 털어놓을 수 있는 사람. 그런 친구가 있다는 것 자체가 무척 행복한 일이라는 사실을 아이들에게 꼭 알려 주고 싶다.

책 속으로 풍~덩

앞표지와 뒤표지를 쭈-욱 펼치면, 멋지게 항해를 즐기는 생쥐와 유유히 바다를 헤엄치는 고래의 모습을 함께 볼 수 있다.

"이 책이 처음 나왔을 때는 제목이 '생쥐와 고래'였어. 누가 아모스일 것 같아?"

"아모스와 보리스, 생쥐와 고래잖아요. 그러니까 아모스가 생쥐 같아요."
(오, 대단한 걸~)

속면지의 일렁이는 파도를 넘기자, 그 파도를 타고 항해를 나선 아모스가 망원경으로 멀리 수평선을 내다보고 있다.

아모스는 뚝딱뚝딱 제 손으로 멋진 배를 만들고 꼼꼼하게 짐을 챙겨 첫 항해를 떠난다. 바다에서 즐거운 시간을 보내던 어느 밤, 아모스가 바다에 빠지는 사건이 일어난다. 필사적으로 살길을 모색하던 아모스가 절망에 빠질 무렵, 구세주처럼 보리스가 짠~하고 나타나 구해 준다.

커다란 몸집을 가진 보리스는 자기와 전혀 다른 새 친구를 알게 된 것을 무척 기뻐하며 아모스를 집까지 데려다준다. 집으로 돌아가기까지 평온한 날들이 이어지고 둘은 좋은 친구가 된다.

보리스가 아모스를 무사히 집에 데려다주는 장면을 보여 주며 "아모스와 보리스는 둘 다 행복하게 지냈어."라고 마무리하듯 읽기를 멈추자 아이들은 이야기가 끝난 줄 알고 안심하지만 조금은 아쉬운 표정이다. 하지만 아직 끝이 아니다. 뒤이어 위험을 마주한 보리스의 이야기가 우리를 기다리고 있다. 한 박자 쉬었다가 다시 보리스가 폭풍에 휘말려 죽을 고비를 맞는 부분을 읽어 주면 아이들 눈이 휘둥그레진다.

"보리스가 죽는 줄 알고 가슴이 조마조마했어요."
"아모스가 코끼리 친구들을 데리고 와서 참 다행이에요."
"보리스를 구하려고 아모스가 고래고래 소리쳤는데 아무도 못 들어서 정말 웃겼어요."

아모스의 지혜로 보리스가 무사히 목숨을 건졌지만 사는 곳이 다른 둘은 다시 만날 날을 기약할 수 없이 헤어져야 하는 운명이다. 서로를 바라보는 눈가에 그렁그렁하게 고인 눈물이 슬프다.

살면서 결코 잊을 수 없는 멋진 친구를 만난 아모스와 보리스처럼 아이들도 좋은 친구들과 행복한 추억을 만들며 커 가길 바라 본다.

그림책이라고 하지만 제법 글밥이 많고 긴 호흡을 가지고 있어 무턱대고 줄~줄 읽어 버리면 아이들이 몹시 지루해할 수 있으니, 미리 살펴보며 재미있는 포인트를 짚어 낸 후 읽어 주길 추천한다.

함께 해 보기

❶ 친구란 [　　　　　　　　　　] 이다

먼저, 아이들에게 다음의 '진정한 친구 이야기'를 들려준다.

"한 아버지가 자신의 아들이 방탕하게 놀면서 친구들과 몰려다니는 것을 보고 걱정하는 마음에 '진실한 친구를 사귀라'고 당부하자, 아들은 자기 친구들은 목숨과 바꿀 만큼 모두 의리가 있다고 말한다. 이에 아버지는 돼지 한 마리를 잡아 쌀가마니에 싸서 아들에게 짊어지게 한 후 친구들에게는 실수로 사람을 죽였으니 도와 달라고 해 보라고 한다. 아들은 여러 친구를 찾아다녔지만, 모두 거절당하고 만다. 그러자 이번에는 아버지가 자신의 친구를 찾아가 같은 도움을 청한다. 아버지의 친구는 크게 걱정하며 단박에 위험에 처한 아버지를 도와주려 한다. 이 모습을 보고 진정한 친구가 무엇인지 깨달은 아들은 더 이상 친구들과 방탕하게 몰려다니지 않게 되었다."

이야기를 들려준 후, 아이들에게 각자가 생각하는 '친구'에 대한 정의를 짧게 내려 보게 한다. 포스트잇을 하나씩 나누어 주고, 그곳에 자신이 '생각하는 말'이나 '비유하고 싶은 단어' 정도로 간략하게 적게 하는 것도 좋다.

영국의 출판사에서 독자들에게 상금을 내건 것처럼 돌아가며 발표한 후, 1등 의견을 뽑아 기분 좋은 선물(짝꿍 선택권, 자리 선택권, 급식 우선권 등)을 준다.

❷ 친구와 관련된 고사성어 익히기

이 책을 읽은 날 혹은 다음날에 '친구'와 관련된 고사성어를 함께 써 보고 그 안에 담긴 뜻에 대해 알아본다.

고사성어에 얽힌 유래도 함께 조사하여 오래도록 그 속에 담긴 깊은 뜻을 기억하도록 한다.

- 죽마고우(竹馬故友): 어렸을 때부터 같이 놀며 친하게 지내던 벗을 이르는 말
- 막역지우(莫逆之友): 허물이 없이 아주 친한 벗을 이르는 말
- 관포지교(管鮑之交): 서로 이해하며 믿고 정답게 지내는 깊은 우정을 나타내는 말

❸ 단짝 몽타주 그리기

선생님의 이야기를 듣고 나면 아이들 머릿속에도 자신들의 친구가 떠오를 것이다. 다 함께 단짝 친구의 몽타주를 그려 보도록 한다.

A4 색상지에 친구의 특징(눈, 코, 입 등의 특징, 머리 모양)이 잘 드러나도록 몽타주를 완성하고 그 친구를 알게 된 시기나 별명, 칭찬하고 싶은 것들을 소개한다.

완성한 몽타주는 얼굴 모양으로 오려서 코팅한 후, 창문이나 뒤쪽 게시판에 전시해도 좋다.

웃음 넘치는 몽타주 그리기 시간을 가지고 싶다면 자신이 그리는 그림을 중간에 확인하지 않고 친구의 얼굴만 보며 그리도록 한다. 그림이 완성되기 전에는 절대로 그림을 확인해서는 안 된다. 친구끼리 완성된 결과물을 확인할 때는 서로에게 '미안하다'는 사과를 먼저 하고 감상해야 할 정도로

웃긴 그림이 완성된다.

❹ 친구를 몽땅 잃어버리는 방법 찾기

주변에 친구가 유난히 많은 아이들이 있다. 그런가 하면 늘 외톨이로 있는 아이들도 있기 마련이다.

친구를 많이 사귈 수 있는 방법을 다 함께 알아보는 것도 좋으나, 반대로 친구를 모두 잃어버리는 방법을 찾아보는 것도 재미있다. 만날 찡그린 얼굴을 하고 있거나, 맛있는 것을 혼자서 다 먹는 등의 행동을 찾아보며 자신에게 잘못된 모습은 없는지 돌아볼 기회를 준다.

반에서 덜 친한 친구가 있다면 이번 기회에 가까워질 수 있도록 '친구 쿠폰'을 만들어 선물한다. '5분 수다 떨기', '모르는 것 알려 주기', '집에 같이 가기' 등 큰 부담 없이 마음만 먹으면 바로 할 수 있는 내용을 적어 선물하도록 한다.

Tip

『어린이를 위한 우정』(브래들리 트레버 그리브 지음, 다산기획)을 보고 학급 사진집을 만들어 본다. 책 속 동물들의 사진 속 포즈를 따라 친구들끼리(혹은 모둠별로) 사진을 찍고(다른 포즈도 대환영!) 덧붙일 글도 머리를 맞대고 함께 완성해 본다. 완성된 사진은 포토북으로 제작해도 되고 선생님의 컴퓨터 바탕화면 보호기로 활용(일정 기간마다 사진을 바꿔 모든 사진이 한 번씩 바탕화면에 소개될 수 있도록)해도 좋다.

함께 읽기

『어린이를 위한 우정』(브래들리 트레버 그리브 지음 / 이상희 옮김 / 다산기획)

『젓가락 짝꿍』(에이미 크루즈 로젠탈 글 / 스콧 매군 그림 / 신수진 옮김 / 비룡소)

『친구에게』(김윤정 글·그림 / 윤에디션)

『맛있는 숲의 레몬』(사토 메구미 글·그림 / 황진희 옮김 / 올리)

『두더지의 여름』(김상근 글·그림 / 사계절)

『친구의 전설』(이지은 글·그림 / 웅진주니어)

『진짜 진짜 멋진 친구』(이지 글·그림 / 페이퍼독)

너는 무엇을 나누었니?

무지개 물고기
마르쿠스 피스터 글·그림
공경희 옮김
시공주니어

주제 나눔의 기쁨은 우정의 시작!
대상 자기만 아는 아이들

마음의 흔들림 ♥

무지개 물고기는 시리즈로 된 책이다. 지금까지 총 6편이 나왔는데 개인적으로 『무지개 물고기』와 『용기를 내, 무지개 물고기』가 가장 마음에 든다.

나에게 『무지개 물고기』는, 아이들이 '친구에게 어떻게 다가갈 것인가' 하는 문제를 생각하게 한 책이었다.

모든 아이들은 새 학년이 되면 어떤 친구를 만나게 될까 기대와 걱정을 가지고 학교에 온다. 그리고 누구나 '베스트 프렌드'를 갖기 원한다. 내가 항상 같이 놀 수 있고, 내가 다치면 도와줄 수 있는, 항상 내 편이 되어 주고, 내 옆에서 나를 위해 주는 친구. 하지만 아이들은 아직 자신이 그런 친구가 먼저 되어야겠다는 생각까지는 하지 못한다. 먼저 손을 내밀 수 있는 친구, 그것은 아이들에게 쉽지 않은 결단이 필요한 듯하다. 요즘같이 자기 것만 챙기고 자기만 최고인 줄 아는 아이들에게 '저 아름다운' 무지개 물고기가 떠오르는 건 이상할 것이 없는 것 같다.

사회적으로 왕따 문제가 심각한 요즘, 생각해 보면 왕따 원인의 절반은 가해자에게 있지만 나머지 절반은 피해자에게도 있음을 부인할 순 없다. 흔히 '척'하는 아이들이 주로 왕따를 당한다는 뉴스는 어제오늘의 일이 아니다. '잘난 척' '있는 척' '아는 척' 등의 '삼척'을 하면 아이들의 질투와 분노를 받는다.

이 책은 아이들에게, 자기만 아는 이기적인 생각과 나눌 줄 모르는 행동을 하는 무지개 물고기의 모습을 통해 스스로 자기의 행동을 돌아볼 수 있는 기회를 줄 수 있다. 뿐만 아니라 어떻게 하면 베스트 프렌드가 될 수 있는가 생각할 수 있는 기회도 제시해 준다. 특히 그와 비슷한 아이가 있다면 한 번 '도전'해 볼 만한 그림책이 될 것이다.

책 속으로 풍~덩

그림책의 표지를 보고 '제목 맞히기'를 해 보자. 우선 표지에 나오는 물고기의 이름이 무엇일지 상상해 보자고 하면 알록달록 물고기, 은빛 물고기, 미스코리아 물고기 등의 이름이 나오고 나중에 무지개 물고기라는 답이 나오면, "이 아름다운 무지개 물고기한테 어떤 일이 일어나는지 이야기 속으로 들어가 볼까요?" 하며 책을 펼친다(이때 유의할 점은 등장인물마다 다양한 목소리로 읽어서 이야기의 흥미를 높여야 한다는 것이다. 예를 들어, 해설은 원래 목소리로, 주인공의 목소리는 약간 까칠하게, 파란 물고기는 순진하게, 문어 할머니는 인자하게, 할 수 있는 만큼 노력한다.).

저 푸른 바닷속에 물고기 한 마리가 살았다. 알록달록한 비늘 사이에 빛나는 은빛 비늘이 있어서 무지개 물고기라 불린다. 친구 물고기들이 놀자고 해도 잘난 체하면서 그냥 지나가 버린다. 어느 날 파란 꼬마 물고기가 은빛 비늘을 하나만 달라고 부탁하는데 소리만 지르고 주지 않는다. 결국 바닷속의 물고기들은 무지개 물고기의 이기적인 성격을 알고서 같이 놀아 주지 않는다. 처음엔 가장 아름다운 물고기였지만 이젠 가장 쓸쓸한 물고기가 된 것이다. 무지개 물고기는 친구랑 놀고 싶지만, 예쁜 은빛 비늘을 주기는 싫다는 고민을 품고 불가사리 아저씨와 문어 할머니에게 도움을 청하는데, 문어 할머니가 은빛 비늘을 친구들에게 나누어 주라고 한다. 과연…… 무지개 물고기는 문어 할머니의 조언을 받아들일까? 이 부분에서는 바로 다음 장으로 넘기지 말고 무지개 물고기가 어떻게 했을지 아이들의 의견을 물어본다(예측하기는 상상력 훈련의 하나다.). 할머니 말씀대로 했을 것 같다거나, 주기 싫어서 도망갔을 것 같다는 등 아이들은 많은 예측을 한다.

결국 무지개 물고기는, 문어 할머니가 말한 은빛 비늘을 나눠 주면 지금보다 훨씬 행복해질 수 있다는 말대로, 다시 다가온 파란 꼬마 물고기에

게 어렵게 반짝이는 은빛 비늘을 하나 준다. 그것을 받고서 마냥 좋아하는 파란 물고기의 모습을 보고 무지개 물고기는 묘한 기분에 사로잡힌다. "어? 이렇게 주는데도 기분이 좋아지는데?" 하며. 소문을 듣고 온 다른 친구 물고기들에게도 모두 하나씩 은빛 비늘을 나눠 준다. 그럴수록 기쁨은 커졌고, 모두가 은빛 비늘을 반짝이며 노는 모습에 바닷속이 더욱 아름답게 반짝인다.

책을 다 읽은 후엔 아이들 스스로 책의 이야기를 정리하는 시간을 갖는 게 중요하다. 부모님이나 선생님과 대화하며 다시 이야기를 돌아보고 어떤 내용인지 스스로 파악하게 한다. 그리고 무언가를 얻으려면 다른 무언가를 놓아야 한다는 단순한 원리도 기회가 되면 이야기해 준다. 그 후에 '나눔'에 대해서 더 이야기를 나눠 본다.

"여러분! 혹시 이 사람이 누구인지 알고 있나요?"

"네, 맞아요. '마이크로소프트(MS)'사의 빌 게이츠예요. 이 사람은 지금은 '빌 앤드 멜린다 게이츠' 재단 설립으로 전 세계에 '나눔'의 아름다움을 실천하고 있는 사람이지요. 워런 버핏이나 영화배우 성룡 씨도 대표적인 '나눔인'입니다. 여러분은 누군가에게 나눔을 실천해 본 적이 있나요? 크든 작든 '나눔'은 그대로 다른 사람에게 '희망'이라는 이름으로 도착하게 됩니다. 우리가 학생 신분으로 지금 할 수 있는 '나눔'에는 어떤 것이 있을까요?" 하고 물어보면, 연말에 불우이웃돕기 성금 내기, 크리스마스 씰 사서 결핵환자 돕기, 텔레비전에 성금모금 ARS 전화하기 등이 나온다.

특히 가장 좋은 동기부여는 부모님이나 선생님이 먼저 실천하는 모습을 보여 주는 것이다. ARS로 도울 일이 있으면 아이들이 보는 앞에서 직접 전화를 걸어, 솔선수범하는 모습과 함께 자세한 방법도 알려 준다. 또는

빌 게이츠

워런 버핏

성룡

구호 단체에서 누구를 돕고 있다면 그 돕는 아동의 사진이나 증거자료를 직접 보여 주며 한 달에 한 번씩 어떻게 도와주는지 말해 준다.

실천! 아이들은 어른들의 말을 듣고 배우는 게 아니라 행동을 보고 배운다.

함께 해 보기

❶ 느낀 점 쓰기

『무지개 물고기』를 본 직후, 바로 느낀 점을 종이에 쓰는 게 제일 좋다. 그래야 다른 생각이 끼어들 틈이 없게 된다. 따끈따끈한 글이 써질 것이다.

아이들 글 맛보기

오늘 3교시! 선생님께서 컴퓨터실에서 오~랜만에 그림책을 보여 주셨다. 제목은 '무지개 물고기'다. 무지개 물고기는 아~주 예쁘고 멋진 반짝이 비늘이 있었지만 다른 물고기들에게는 작은 조각 하나도 나누어 주지 않아 결국은 넓은 바닷속에서 왕따가 되었다. 하지만 문어 아주머니의 도움으로 남들에게 반짝이 비늘을 하나둘 나누어 주며, 나눔의 기쁨과 어울려 사는 법을 알게 된 물고기의 이야기다.

　이 무지개 물고기처럼 자신이 아끼는 것을 선뜻 주는 것은 물론 어려운 일이라고 생각한다. 만약 내가 그때의 무지개 물고기였다면, 나 역시도 나누어 주기 힘들었을 것이다. 왜냐하면 무지개 물고기에게는 외적인 아름다움이 가장 중요한 요소이고 아무에게나 있지 않은 그런 것이기 때문이다. 하지만 무지개 물고기가 문어 아주머니의 말씀을 듣고 작은 물고기에게 반짝이 비늘을 주었을 때부터 무지개 물고기의 외적인 아름다움은 조금 줄어들었을진 몰라도 내적인 아름다움은 배로 늘어났다고 생각한다. 무지개 물고기가 다른 물고기들에게 비늘을 하나하나 나누어 주며 기뻐하는 모습을 보니, 나도 내가 소중하다고 여기는 것들을 아껴만 두고 나누어 주지 않는 점에 반성을 많이 하였다. 앞으로는 콩 한 쪽도 나누어 먹는다는 말처럼 작고 사소한 것일지라도 나누어 주며, 무지개 물고기처럼 '나눔'의 기쁨을 누려 보고 싶다.

　이 책은 내 자신을 반성할 수 있게 해 준 아주 좋은 책이었던 것 같다. 기회가 된다면 무지개 물고기의 다음 편들도 꼬~~옥 보고 싶다. (이유정-6학년)

❷ 무지개 물고기 색칠하기와 무지개 물고기에게 편지 쓰기

　저학년에 많이 활용하며 아이들이 개성껏 그린 후 색칠한다. 주인공인 무지개 물고기에게 편지를 쓰는 것도 효과적이다.

❸ 인상적인 장면 그리기

인상적인 장면이나 재미있는 장면을 그려 본다. 주로 무지개 물고기가 파란 물고기한테 비늘을 나눠 주는 장면이 인상적이라고 말한 아이들이 많았지만, 문어 할머니가 깨달음을 주는 장면이나, 친구들과 함께 노는 장면, 또는 혼자서 고민하는 장면도 인상적이라고 말하는 아이들이 있었다.

❹ 친구들과 나눌 수 있는 은빛 비늘 같은 장점 찾아보기

작은 종이를 주고 자신의 장점을 적어 보게 한다. 그리고 어떻게 친구들과 나눌 수 있는지 방법을 적는다. 밑에는 친구 두 명의 이름을 적고 그 친구들이 가진 장점도 써 준다(자신이 찾지 못하는 장점을 친구들이 찾아 주는 일은 그 효과가 크다. 친구의 장점을 인정하는 것뿐만 아니라 몰랐던 장점도 찾아 주는 효과~!!).

```
나(        ) :
친구(      ) :
친구(      ) :
```

Tip

ARS로 돕는 것은 같은 곳에 두 번 이상 하지 않는 것이 좋다고 말하고, 부담되지 않는 범위에서 할 수 있도록 지도한다(부모님께 혼나면서 남을 도와주는 것은 큰 의미가 없음을 인식시킨다.).

기부를 많이 하는 유명인을 아이유, 유재석, 션, 차인표 등으로 바꾸어서 설명해도 좋다. 현재 아이들에게 가장 효과적으로 다가갈 수 있는 유명 인물을 정해서 설명하자.

그리고 우리가 남을 도운 것을 일기장에 써서 간직한다. 독후 활동을 의무적으로 할 필요는 없지만, 가장 반응이 좋았을 때 아이들 마음속에서 솟아나오는 그 느낌을 잡아 두는 것도 좋은 교육이다.

함께 읽기

『나눔: 함께 나누는 기쁨을 배우는 책』 (프란 쇼 글 / 미키 사카모토 그림 / 애플비)
『왜 나누어야 하나요?』 (클레어 레웰린 글 / 마이크 고든 그림 / 정유진 옮김 / 함께읽는책)
『너도 갖고 싶니?』 (앤서니 브라운 글·그림 / 허은미 옮김 / 웅진주니어)
『용기를 내, 무지개 물고기』 (마르쿠스 피스터 글·그림 / 송순섭 옮김 / 시공주니어)
『이파라파냐무냐무』 (이지은 글·그림 / 사계절)
『국경 너머 친구일까 적일까』 (앙투안 기요페 글·그림 / 라미파 옮김 / 한울림어린이)
『잊었던 용기』 (휘리 글·그림 / 창비)

금동아, 나하고 친구 할래?

『구합니다! 완벽한 애완동물』
피오나 로버튼 글·그림
천미나 옮김
책과콩나무

주제 친구의 조건
대상 친구의 부족한 부분을 감쌀 줄 모르는 아이들

마음의 흔들림 ♥

나에게는 새로 사귄 동네 친구가 있다. 사람들에게 잘 다가오는 사교적인 성격을 가진 '금동이'라는 이름의 눈이 매력적인 길고양이다.

골목을 오갈 적마다 녀석이 은둔처로 삼은 차 밑을 들여다보며 "야~옹."이라고 인사도 하고, 안심하고 스물~스물 다가온 녀석의 콧잔등을 시원하게 긁어 주기도 하며 우리는 친구가 되었다.

골목 어귀에서 "금동아~!" 하고 부르면 내 목소리를 얼른 알아채고 차 밑에서 기어 나와 얼굴을 내밀고, 집에 가려 일어서면 따라 걷던 녀석의 모습에, 나는 강아지처럼 사람을 잘 따른다는 의미로 '개(犬)금동'이란 이름을 붙여 주었다.

그러던 녀석이 언젠가부터 자취를 감추어 버렸다. 날이 풀리고 봄이 왔는데도 금동이는 자기 자리로 돌아오지 않았다. 봄이 지나고 뜨거운 여름이 돌아왔어도 보이지 않았다. 출근하면서 꼬박꼬박 차 밑을 확인하고, 집으로 돌아오는 길목에서 "금동아~!" 하고 불러 봐도 소용이 없었다. 혹여나 녀석이 잘못된 것인가 싶어 끙끙거리는 내게 남편은 "어디 좋은 집에 가서 사랑받고 있을 거야~" "금동이 장가가서 다른 곳으로 이사 갔을지도 몰라!"라며 마음을 토닥여 줬다. '그래도 가면 간다고 말이라도 하고 가지.' 하는 서운한 마음에 휴대폰에 저장된 금동이 사진을 쳐다보며 녀석을 그리워하게 된다. 나는 녀석이 내 동네 친구라 생각했는데 녀석은 나를 어떻게 생각했을지 궁금하다.

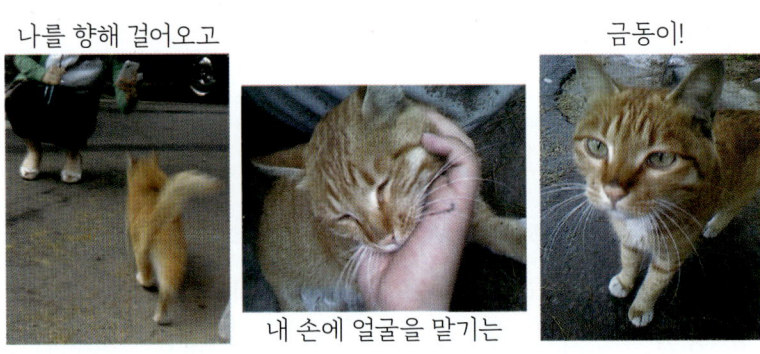

나를 향해 걸어오고
내 손에 얼굴을 맡기는
금동이!

자신이 꿈꾸는 완벽한 강아지를 갖고 싶은 마음에 신문광고까지 내는 헨리와 혼자 노는 슬픈 생활에서 벗어나고 싶은 외로운 오리가 만나 서로에게 좋은 친구가 되는 걸 보니 나도 문득 금동이가 보고 싶다.

아이들이 이 책을 통해 좋아하는 친구에게 다가갈 용기와 친구의 부족한 부분을 감싸 안는 넉넉함을 배울 수 있으면 좋겠다.

책 속으로 풍~덩

책장을 넘기니 정체 모를 동물이 하나 나타났다.

"이게 무슨 동물처럼 보여?"

"오리 같아요."

"입이 어색해요."

어쨌든 녀석의 몽타주를 입수하면서 헨리의 첫 번째 이야기가 시작된다. 이야기를 시작하기에 앞서 아이들에게 먼저 물었다.

"너희들은 꼭 갖고 싶은 게 뭐야?"

"스마트폰이요."

"닌텐도 게임기요."

하지만 주인공 헨리가 세계평화보다도 더, 더, 더, 간절하게 원하는 것은 그 무엇도 아닌 바로 '강아지'였다. 하지만 엄마는 도통 헨리의 마음을 알아주지 않는다. 그러자 헨리는 급기야 신문에 광고를 낸다.

이쯤에서 또 다른 주인공 오리의 이야기가 나온다. 춥고 바람이 씽씽 부는 어느 언덕 꼭대기에 나홀로 외롭게 살고 사는 오리는 어디서 전화나 편지 한 통 오지 않는 심심한 인생을 살고 있다.

그러던 어느 날, 헨리가 낸 신문광고를 보고 외로움을 청산할 방법으로 '강아지 되기 프로젝트'에 돌입한다. 낡은 양말 한 켤레와 달걀 상자와 실 조금을 이용해 뚝딱 강아지로 변장한 오리는 짐을 챙겨 헨리를 만나러 산 넘고 물 건너는 여행을 떠난다.

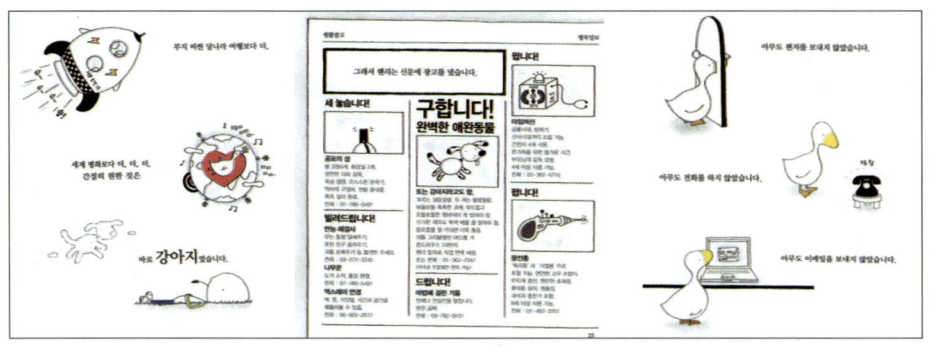

경쾌한 초인종 소리가 헨리와 오리의 만남을 알려 주며 이제 둘의 이야기가 시작된다. '꽥꽥'을 숨기고 '멍멍' 짖는 오리와 함께 헨리는 진짜 신나고 행복한 놀이를 시작한다. 하지만 오리가 꽈당 넘어지는 바람에 오리의 진짜 정체가 들통나고 만다. 귀와 꼬리가 떨어져 버린 모습에 헨리는 깜짝 놀라고, 오리는 친구를 잃게 될 것이 슬퍼 눈물을 뚝뚝 흘린다.

미안하다며 사과하는 오리를 보고 헨리는 잠시 생각에 잠기더니 오리를 안고 집으로 들어가 정성껏 씻겨 준다. 그리고 백과사전에서 오리의 여러 가지 재주를 찾아서 오리가 얼마나 완벽한 친구인지를 알려 준다. 게다가 '스폿'이라는 멋진 이름까지 선물한다.

"이 세상에 완벽한 친구가 있을까?"

"아~니요. 세상에 완벽한 사람은 없으니까 완벽한 친구도 없을 것 같아요."

"내가 원하는 대로 바꾸고 싶어 하면 진짜로 친구를 좋아한다고 할 수 없어요."

아이들 말이 맞다. 진짜로 그 친구가 좋아지면 허물 따위는 아무것도 아니니까. 아이들이 서로가 서로에게 부족한 부분을 채워 줄 수 있는, 다정하고 넉넉한 친구가 되어 주었으면 하는 바람을 가져 본다.

함께 해 보기

❶ 표지 그리기

표지 그림을 완성해 보면 어떨까? 헨리처럼 자신이 키우고 싶은 반려동물을 떠올려 보고, 그런 동물 친구가 생긴다면 기분이 어떨지 생각해 표지 그림 속 표정이 없는 헨리의 얼굴과 비어 있는 목줄 그림을 완성해 보는 것이다.

이때 자신이 정한 동물에 대해 구체적인 정보가 필요하다면 동물도감이나 동물 백과사전을 찾아본다. 책에서 찾아낸 여러 정보를 바탕으로 헨리처럼 '○○이 완벽한 친구인 이유'를 표지 배경에 몇 가지 적어 봐도 좋겠다. 그 동물의 특징을 살린 멋진 이름도 하나씩 지어 꼬리표를 달아 주고, 밥그릇에도 그 동물이 좋아하는 먹이를 그려 주면 멋진 표지가 완성될 것이다.

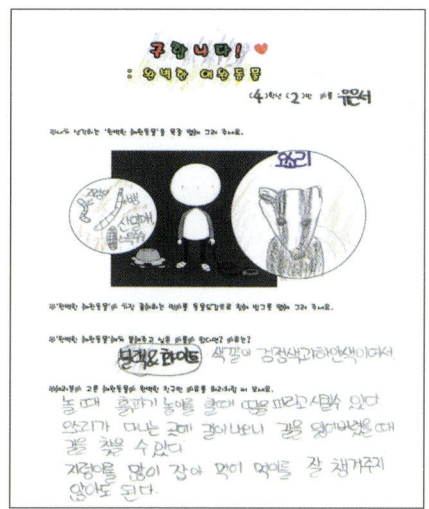 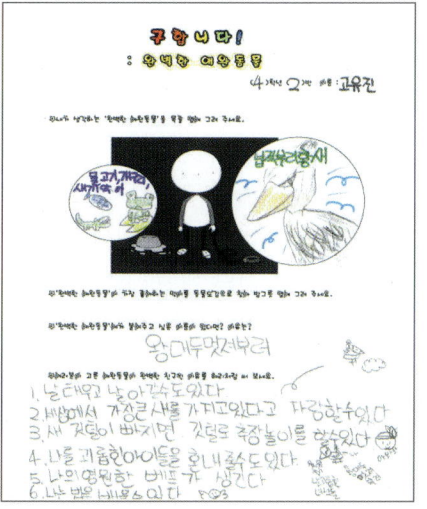

❷ 내 친구를 알려 주마!

가장 친한 친구, 또는 현재의 짝꿍을 인터뷰하여 그 친구의 생일, 성격, 취미, 좋아하는 것 등에 대해 알아보도록 한다. 그리고 헨리의 방식처럼 '○○이 완벽한 친구인 이유'를 재미있게 작성하여 친구들에게 소개한다. 평소 교실에서 주목받지 못했던 친구들에게 관심을 갖게 되고, 아직 친해지지 못한 친구들에 대해 알게 되는 소중한 시간이 될 것이다.

Tip

헨리가 생각하는 완벽한 반려동물의 조건은 매우 까다롭다. 그렇다면 과연 부모님이 생각하는 완벽한 자식의 조건, 아이들이 생각하는 완벽한 부모의 조건, 완벽한 가족의 조건은 무엇일까? 5월 가정의 달에 이 책을 읽어 준 뒤, 부모님과 아이들을 대상으로 조사해 보면 어떨까? 친구 사랑 주간을 운영한다면 완벽한 친구의 조건에 대해 물어보는 것도 의미 있다.

함께 읽기

『너를 만나 행복해!』 (나라 요시토모 글·그림 / 배주영 옮김 / 살림어린이)
『우리 친구 하자』 (앤서니 브라운 글·그림 / 하빈영 옮김 / 현북스)
『내가 진짜 좋아하는 개 있어요?』 (존 에이지 글·그림 / 권이진 옮김 / 불광)
『완벽한 바나바』 (테리 펜, 에릭 펜 글·그림 / 이순영 옮김 / 북극곰)
『내가 딱이지』 (윤진현 글·그림 / 봄개울)
『문수의 비밀』 (루시드 폴 글 / 김동수 그림 / 창비)

네 가지 다른 시선

『공원에서 일어난 이야기』
앤서니 브라운 글·그림
김향금 옮김
삼성출판사

주제 모습도 생각도 다른 우리들
대상 다른 친구의 입장을 잘 이해하지 못하는 아이들

마음의 흔들림 ♥

이 책을 처음 만났을 때 느낀 건, '내가 아직도 앤서니 브라운의 작품 중 모르는 것이 있구나.' 하는 놀라움과 반가움이었다. 궁금증을 유발시키는 제목에 강렬한 색채의 그림은 서둘러 책장을 넘기게 만들었다.

표지를 보라. 커다란 나무들이 기둥처럼 웅장하게 줄지어 선 길에, 단풍이 흐드러지는데, 언뜻 보면 구름 같기도 한, 표지의 절반을 풍성하게 채운 그 단풍색이 곱기도 하다. 정말, "오매, 단풍 들것네~!!"라는 말이 저절로 나오게 하는 그림이다.

그런데 사람은? 어디 있지? 엇, 저기~ 공원 길 끝에 누가 서 있기는 하네. 멀어서 잘 안 보이지만 두 아이가 얘기를 하는 듯이 보인다. 이 표지를 보면, '참, 주인공을 작게도 그렸네.' 하는 생각이 절로 난다. 그리고 떠오르는 의문, 도대체 저 공원에선 무슨 일이 일어났을까?

표지만으로 수많은 이야기를 상상하게 하는 이 책은 독자 자신의 내면 세계를 돌아보게 하는 힘이 있어 독서치료에 자주 인용되곤 한다. 책 내용을 통해 (작가가 의도적으로 만들었는지는 몰라도) '다른 사람의 시선'으로 바라보고 입장을 바꾸어 생각해 보기에 매우 적합하기 때문일 것이다. 또 한 번 앤서니 브라운의 상상력에 놀라고, 이런 멋진 작품을 만들어 주어서 감사할 따름이다.

책 속으로 풍~덩

책 속에 나오는 4명의 등장인물은 같은 시간, 같은 장소에서 만나게 되지만 그 분위기는 사뭇 다르다. 찰스 엄마의 분위기는 뭐랄까, 신경질적이고 다른 사람을 경계하는 듯했다. 스머지 아빠는 실직자 같은 분위기를 풍기지만 그래도 긍정적으로 생각하려고 노력하는 모습이 엿보이기도 한다. 찰스는 엄마의 그늘에 가려 무언가를 해 보려고 하지만 엄마의 눈치부터 보는 아이 같고, 가장 명랑해 보이는 스머지는 처음 보는 찰스와 즐겁게 놀고 항상 힘이 넘쳐 보인다. 이 책은 이런 4명의 인물이 한 공원에서 만났다 헤어지는 이야기다.

책을 다 읽어 준 후 아이들에게 "이 책에 등장하는 인물은 누구누구지요?" 하고 묻는다.

"찰스, 찰스 엄마, 스머지, 스머지 아빠요."

"4명은 같은 공원에 왔는데 기분이 다 달라 보이지요? 4명의 기분이 어떻게 다른 것 같아요?" 하면,

"찰스 엄마는 굉장히 화가 난 것 같아요."

"찰스는 처음엔 우울했다가 스머지를 만나고 밝아졌다가 엄마랑 집에 갈 때는 또 우울해졌어요."

"스머지 아빠는 우울했다가 공원에 다녀온 후에는 조금 밝아진 것 같아요."

"스머지는 원래 성격이 밝은 것 같아요."

이렇게 등장인물의 기분과 성격을 한 번씩 살펴보고 책 속에 4명의 이야기가 들어 있음을 확인시켜 준다.

아이들에게 그림책에 나온 것처럼, '상황은 같은데 다른 느낌을 받았을 때'가 있는지 물어본다. 예를 들어, 매일 듣던 별명인데 어느 날 갑자기 그 별명을 들었을 때 기분이 나빴다든가 하는 상황이 있으면 발표해 보라고 한다.

"친구들이 제 이름을 가지고 장난으로 다르게 불러요. 평소에는 아무렇지 않다가 어제는 몸이 좀 안 좋았는데 갑자기 그 별명을 들으니까 짜증나고 화가 났어요."

"친한 친구가 장난을 칠 때는 잘 받아 주는 편인데 싫어하는 애가 장난을 치면 짜증이 나요."

이렇게 같은 상황에서 서로 다른 느낌을 받고 서로 다른 생각을 하는 것은, 그 사람의 현재 기분이나 상황이 모두 다르기 때문이다. "사람마다 모두 생각이 다르다는 것을 알면 장난을 치더라도 어떻게 해야 할까?" 하고 물어본다.

"친구의 현재 기분을 살피면서 장난을 쳐야 해요."

"네, 상대방의 기분을 살필 줄 알고 상대방을 이해하는 것을 '배려'라고 합니다. 우리는 아주 친한 친구 사이라도 서로 배려하고 이해하며 생활을 해야 합니다."라는 말로 마무리한다.

책의 마지막 장면, 스머지의 방 꽃병에는 찰스가 준 꽃이 예쁘게 자리하고 있다. 이건 희망을 뜻하는 것일까. 앞으로 어떤 일이 일어날지가 더 궁금해지는 그림책이다.

함께 해 보기
❶ 표지 보고 이야기 만들기

이 그림책은 표지가 매우 중요한 역할을 한다. 책 읽기 전에 표지를 보고 이야기 만들기를 해 보자.

"(표지를 보여 주며) 표지를 보면 어떤 느낌이 들죠?" 하고 물어보면, "가을 같아요." "우와, 공원이 멋져요!"라는 대답을 많이 한다. 그렇게 가볍게 주의를 환기시키고 표지에 대한 이야기를 더 해 본다.

"표지의 그림을 보고, 지금 어떤 상황인지 상상해 볼까요? 여러분이 작가가 되어 이 표지 그림 한 장을 보고 짧은 소설을 써 보는 거예요. 예를 들어, '두 아이는 부모님과 함께 공원에 놀러 나오고 싶었는데 부모님이 모두 바쁘셔서 결국, 혼자 공원에 왔다가 우연히 만나게 되었다.' 이렇게 구체적인 상황까지 만들어서 소설을 써 보세요. 주인공 이름도 마음대로 정해서 써도 좋아요."라고 아이들에게 말하고 각자의 상상 소설을 쓰는 시간을 준다. 이때 시간을 너무 많이 주지는 말자. 5분 정도가 적당하다.

1. 현재 상황
로미오와 줄리엣은 서로 모르는 사이다. 우연히 햇살 좋은 날 아침에 산책 나왔는데, 공원 주위를 둘러보다가 서로를 발견한다. 빨갛게 단풍이 우거진 길 아래에서 만난 두 아이는 같은 학교에 다니는 걸 알고부터 서로 이야기를 나눈다. 엄마, 아빠와 같이 오지 않은 이유, 학교 이야기, 자기가 요즘 관심 가지고 있는 얘기를 나누며 오후를 보내고 있다. 저녁에 서로 헤어지며 다음 주에 또 여기서 만나기로 했다.

예를 들어, 위와 같은 자신만의 소설을 썼다면 다시 시간을 5분 주면서 말한다(이때 발표는 시키지 않는다.).

"지금 여러분이 만든 상황 이전에는 어떤 일이 일어났을까요? 1시간 전 상황이어도 괜찮고 어제, 또는 일주일 전, 혹은 몇 달 전에 일어난 일도 괜찮아요. 어떤 일이 있었을지 써 보도록 하세요."

2. 과거

로미오는 토요일 저녁에 아빠, 엄마와 공원으로 놀러 가자고 떼를 썼다. 하지만 회사일이 바쁜 아빠는 엄마에게 미루고, 집안일이 바쁜 엄마는 아빠에게 미루다가 부부싸움이 시작되었다. 결국 로미오는 "네 방에 들어가서 잠이나 자!" 하는 소리를 듣고 방으로 쫓겨 들어가며 이런 말을 속으로 내뱉었다. '제가 혼자 가고 말지요, 뭐.'
줄리엣도 사이가 좋지 않은 부모님 때문에 혼자 시간을 보내러 공원에 나온 것이다.

아이들이 글을 다 쓰면 마지막으로 미래에는 어떤 일들이 생길지를 간단히 써 보라고 한다.

3. 미래

로미오와 줄리엣에겐 둘만의 비밀 산책이 생겼다. 부모님 몰래 만나는 산책. 그 시간만 되면 설레는 마음으로 집을 나선다. 그렇게 세월이 흘러 아이들은 중학교, 고등학교에 가고 같은 대학에 들어가서 사귀게 되었다.

이와 같은 작업이 끝나면 자기가 만든 이야기를 발표하게 한다. 아이들 모두는 같은 그림을 보았지만 지어낸 이야기는 정말 다양하다. 왜냐하면, 자기가 만든 이야기 속에는 반드시 '자기'가 있기 때문이다. 부모님이나 선생님은 아이들이 쓴 글 안에 있는 '그 아이'를 잘 살펴봐야 한다.

발표를 다 하면, 아이들은 한 가지 장면을 보고서 모두가 다른 이야기를 쓸 수 있다는 것에 놀란다. 사람들은 같은 것을 봐도 다른 생각을 할 수 있음을 인정해야 한다고 알려 준다.

❷ 등장인물에게 엽서 쓰기

4명의 책 속 등장인물에게 전하고 싶은 말을 엽서에 써 보자. 하고 싶은 말을 간단히 쓰되, 받는 사람의 기분이 상하지 않게 상대방의 기분과 생각을 고려해서 써 본다. 오늘 배운 것이 바로 '배려'이기 때문이다. 또는 스머지가 스머지 아빠에게 쓰는 편지, 찰스가 찰스 엄마에게 쓰는 편지, 또는 찰스가 스머지에게 쓰는 편지 등 자신이 한 명의 주인공이 되어 다른 등장인물에게 편지를 써 보는 것도 좋다.

❸ 숨은 그림 찾기

등장인물마다 배경에 숨겨진 그림이 있다. 4명이 나오는 장면의 배경을 보고 숨겨진 그림을 찾아보자. 그리고 그것을 본 후, 자신만의 느낌을 친구들과 이야기해 보자.

(찰스 엄마)   기울어져 있는 나무, 악어를 끌고 산책하는 남자, 비명을 지르는 나무, 입김에 휘청거리는 나무, 불타는 나무, 낙엽 발자국 등

(스머지 아빠) 휘어진 나무들과 가로등, 우산을 타고 날아가는 사람, 춤추는 명화 속 사람들 등

(찰스)   엄마 모자 모양의 나무와 구름과 가로등, 마른 가지의 나무, 시무룩하게 내려앉은 가지의 나무들 등

(스머지)   밝은 빛의 공원, 얘기 나누는 것 같은 고릴라 나무, 무지개색 무대, 푸른 하늘 등

Tip

함께 볼 만한 영화로는 '빨간 모자의 진실'(애니메이션 / 코리 에드워즈 감독)이 있다. 이 영화는 한 사건을 다양한 시각으로 보게 해 준다. 아이들에게 보여 줄 땐 더빙판으로 보여 줘야 집중이 잘된다.

함께 읽기

『늑대가 들려주는 아기돼지 삼형제 이야기』 (존 셰스카 글 / 레인 스미스 그림 / 황의방 옮김 / 보림)

『아기 늑대 세 마리와 못된 돼지』 (유진 트리비자스 글 / 헬린 옥슨버리 그림 / 김경미 옮김 / 시공주니어)

『이 선울 넘지 말아 줄래?』 (백혜영 글·그림 / 한울림어린이)

『누가 가장 큰 죄를 지었나?』 (장 드 라 퐁텐 글 / 올리비에 모렐 그림 / 김현아 옮김 / 한울림어린이)

『나는 너는』 (김경신 글·그림 / 글로연)

사자라고 봐주지 않아요!

『도서관에 간 사자』
미셸 누드슨 글
케빈 호크스 그림
홍연미 옮김
웅진주니어

주제 도서관에서 지켜야 할 약속
대상 도서관 이용 규칙을 모르는 아이들

마음의 흔들림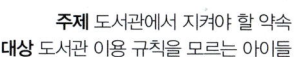

우리 학교에서는 매일 오전 8시 30분부터 아침 독서를 하는 반이 많다. 책을 읽으며 하루를 시작하는 것이다. 그래서 아이들은 등교하자마자 도서관부터 들러서 분주하게 책을 고른다.

친구끼리 재잘거리며 서가에서 재미있는 책을 고르기 위해 애쓰는 귀여운 아이들이 있는가 하면, 넘치는 기운을 주체하지 못해 천방지축으로 뛰어다니며 장난이 한창인 아이들도 있다. 어디 그뿐이랴! 인기 있는 책을 서로 빌려 가겠다며 다투다 눈물 바람이 나기도 하고, 서가에서 책을 와르르 넘어뜨리는 대형 사고를 치고 서로 남 탓하기 바쁜 아이들도 있다. 한참을 그러고 있다가도 곧 수업이 시작된다고 알리면 고르던 책을 책상 위에 내팽개치고, 앉았던 의자도 엉망으로 어질러 놓은 채로 나 몰라라 하고 내뺀다. 그 가운데 틈틈이 다른 아이들의 만행을 친절히 일러 주는 아이도 있어 정신이 하나도 없다.

　애들이니까 보던 책이나 앉았던 자리를 완벽하게 정돈하는 것이 쉽지 않을 거라는 건 알고 있다. 하지만 장난치다 내 눈에 딱 걸린 아이를 붙잡고 "여기가 어디지? 도서관이 뭐하는 곳이야? 뛰고 싶으면 어디로 가야 하지?"라고 물을 때 "도서관에서 뛰어다니면 다른 친구들이 책 읽는 데 방해가 되니 운동장에 나가서 뛰어야 한다."며 청산유수로 대답하는 걸 보면 몰라서 그런 게 아니라는 것을 알게 된다.

　이런 도서관 예절과 담쌓은 아이들에게 도서관을 끔찍하게 좋아하는 사자 이야기를 들려준다면 귀 아프게 잔소리하는 것보다 더 효과가 있지 않을까? 도서관에서 어떤 예절을 지켜야 하는지 아직도 모르는 아이들이 있다면 여기, 이 사랑스러운 사자를 만나게 해 주자!

책 속으로 풍~덩

"사자, 하면 어떤 장소가 떠오르니?"

"아프리카 초원이요."

"동물원의 사파리요."

"그런 사자가 만약 도서관에 나타난다면 어떤 일이 벌어질까?" 하고 질문을 던지며 표지를 보여 준다.

상상과 달리 야생과 살짝 거리가 멀어 보이는 온순한 사자의 표정과 그 곁에서 평온한 얼굴로 책 읽는 즐거움에 빠진 꼬마 아이들의 모습에 아이들도 사자가 공포의 대상이 아님을 얼른 알아차린다.

표지를 넘기며 속면지와 속표지의 그림도 꼼꼼히 살핀다.

"얘들아, 사자가 왜 도서관에 갔을까?"

"책 먹는 여우처럼 책을 훔쳐 먹으러 갔을 것 같아요."

"책을 좋아하는 사자라서 책을 빌리러 간 것 같아요."

사자의 등장에 도서관에 있던 사람들은 모두 '얼음'이 된다. 하지만 사자는 사람들의 반응에 아랑곳하지 않고 태평하게 도서관을 이리저리 구경할 뿐이다.

그러다 이야기 시간이 되자 사자는 얌전히 앉아서 선생님이 들려주시는 목소리에 귀를 기울인다. 하지만 끝나는 게 아쉬웠던 걸까? 사자는 이야기 시간이 모두 끝났다는 아이의 말에 으르렁거리다 관장님께 혼쭐이 난다.

그리고 '도서관에서는 조용히 해야 한다.'는 규칙을 배운다.

그 사건 이후 사자는 도서관 규칙을 잘 지키는 동시에 관장님의 충직한 도우미이자 아이들의 다정한 친구가 된다. 그로 인해 관장님을 비롯한 모든 도서관 이용자들이 사자를 좋아하게 된다. 단 한 사람, 사서인 '맥비 씨'만 빼고 말이다.

그러던 어느 날 관장님이 높은 서가에서 책을 꺼내려다 다치는 사고가 발생한다. 관장님의 위험을 알리기 위해 어쩔 수 없이 고함을 지른 사자는 자신이 '도서관에서는 조용히 해야 한다.'는 도서관 규칙을 어겼다고 생각해 스스로 도서관을 떠난다.

"사자가 도서관을 떠나서 슬퍼요."

"사자는 착한 일을 하려고 한 건데, 너무 억울할 것 같아요."

이 일로 도서관에서 사자의 모습을 볼 수 없게 되자 사람들은 사자를 그리워한다. 다행히 사자의 진심과 사자를 그리워하는 사람들의 마음을 알게 된 맥비 씨가 사자를 만나 도서관에 새로 생긴 규칙을 알려 주며 이야기가 행복하게 끝난다.

"너희는 도서관에서 어떤 규칙을 꼭 지켜야 한다고 생각해?"

"책을 찢지 말아야 해요!"

"맞아, 엄청 재미있는 부분이 찢어져 있으면 너무 화가 나요."

"다 본 책을 제자리에 가져다 놓아야 해요."

"저번에 ○○○는 재미있는 책을 자기만 보려고 막 숨겼어요."

친구의 고자질에 얼굴이 붉어진 아이 때문에 웃음을 터뜨리며 이야기 시간이 끝났다.

누가 사자처럼 으르렁거리며 아쉬워하려나? 하하하!

함께 해 보기
❶ '도서관 이용 규칙'을 담은 미니북 만들기

'도서관에서 지켜야 할 규칙'을 주제로 미니북을 만들어 본다. 미니북을 만들기 전에 친구들과 '도서관 이용 예절'에 대한 이야기를 충분히 나누게 한다. 책에서 관장님이 강조하는 규칙을 적어도 되냐고 묻는 아이들에게는 그것이 무척 중요하다고 생각되면 적어도 된다고 말해 준다. 단순히 생각하기 싫어서 그 내용을 베끼려 하는 경우가 있으니 규칙을 4가지 정도 쓰게 한다.

그 후 연습용 종이에 자신이 생각한 규칙에 어떤 그림을 곁들여 설명할지 구상하게 한다. 규칙을 소개할 때는 기왕이면 긍정적인 표현('도서관에서 뛰지 말자.' 대신 '도서관에서 사뿐사뿐 걷자.' 식으로 표현)을 쓰도록 지도한다. 또한, 규칙을 소개하는 그림을 그릴 때도 자신이 소개하고자 하는 규칙을 잘 표현하도록 그리되, 그림에 자신이 없을 경우에는 픽토그램처럼 간단한 형식으로 그려 시간이 오래 걸리지 않도록 한다. 완성된 작품은 짝끼리 또는 모둠끼리 돌려 보거나 학급 뒤편에 전시하여 감상하면 좋다.

혹, '도서관에서 음식물 먹지 않기'가 나오지 않았다면 꼭 이야기해 주시길!

1학년들에게 "왜 음식을 먹으면 안 될까?"라고 물으면 배시시 웃으며 "다른 애들이 먹고 싶으니까요~." 하고 엉뚱한 대답을 늘어놓기도 한다.

웃자고 하는 얘기가 아니라, 먹다가 흘린 음식물로 책이 더러워지는 것은 물론이고, 눈에 보이는 커다란 바퀴벌레가 돌아다니거나 눈에 보이지 않는 세균이 내 손을 통해 입 속으로 들어올 수 있기에 무언가를 먹는 것(마시는 것도 당연히 안 돼요!)은 도서관 밖에서 할 수 있도록 꼭 알려 주자.

여름이면 빌려 간 책에 물을 쏟아 새 책을 사 오는 일이 제법 일어난다. 아이는 물론이고 어른도 커피를 쏟는 일이 왕왕 있다. 그러니 책을 읽을 때는 잠시 먹을 것들을 멀리하도록 알려 주자.

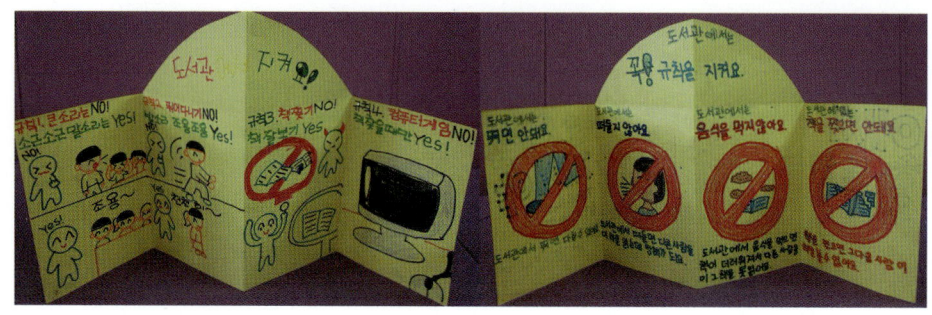

 **Tip**

체크 리스트를 만들어 일정 기간 동안 자신이 중요하다고 생각한 것을 얼마나 잘 지키고 있는지 표시해 보자. 알고 있는 것보다 실천하는 것이 중요하다는 점을 강조하며, 자신의 도서관 이용 습관을 스스로 점검해 보도록 하는 것도 좋겠다.

❷ 도서관 가방 만들기

에코 백이 인기를 끌면서 인터넷 쇼핑몰에서 '광목 가방'을 쉽게 살 수 있게 되었다. 이 광목 가방을 사서 세상에 하나뿐인 도서관 가방 만들기를 해 본다. 사이즈는 가로 26cm, 세로 30cm, 손잡이 부분도 여유 있게 15cm 정도면 도서관 가방으로 들고 다니기 딱 알맞다. 이보다 작으면 크기가 다양한 아이들 책을 담기 어려우니 최소한 이보다 큰 것으로 구입하도록 한다.

그렇게 준비한 광목 가방에 좋아하는 책 속 주인공의 모습이나 책에서 찾은 멋진 구절, 또는 평소 근사하다고 생각했던 독서 명언을 전사용 크레용이나 사인펜으로 그려 넣으면 완성! 예쁜 모양의 도장과 여러 색깔의 스탬프를 이용해 꾸며도 좋다. 단, 전사용 채색도구를 사용했을 때는 반드시 그림 위에 흰 종이를 대고 다림질을 한 번 해 주어야 정성껏 꾸민 내용이 빨래 후 없어지는 불상사를 막을 수 있다.

함께 읽기

『도서관 생쥐 1–5』 (다니엘 커크 글·그림 / 신유선 옮김 / 푸른날개)
『도서관에 간 외계인』 (박미숙, 최향숙 글 / 김중석 그림 / 킨더랜드)
『도서관이 키운 아이』 (칼라 모리스 글 / 브래드 시니드 그림 / 이상희 옮김 / 그린북)
『완벽한 책을 찾아서』 (유디트 코펜스 글 / 마자 메이어 그림 / 김지연 옮김 / 우리교육)
『도서관 고양이』 (최지혜 글 / 김소라 그림 / 한울림어린이)
『아낌없이 주는 도서관』 (안토니스 파파테오둘루, 디카이오스 챗지플리스 글 / 미르토 델리보리아 그림 / 이계순 옮김 / 풀빛)

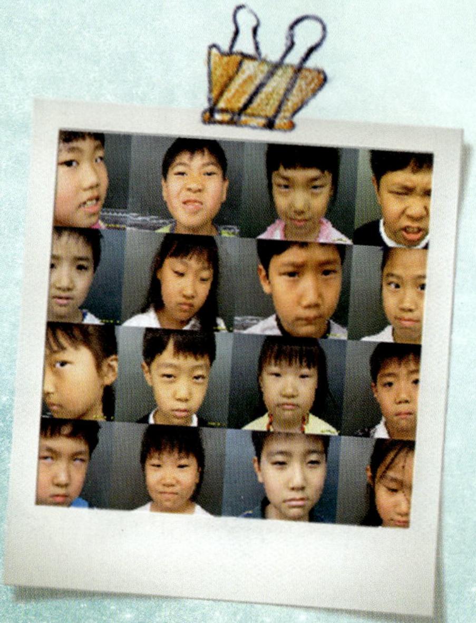

part 3

우리들 마음 속으로

우리 아이는 학교에서 발표를 잘할까?

『칠판 앞에 나가기 싫어』
다니엘 포세트 글
베로니크 보아리 그림
최윤정 옮김
비룡소

주제 용기 낼 기회는 꼭 온다!
대상 발표하기를 두려워하는 소심한 아이들

마음의 흔들림 ♥

학부모가 된 부모라면 누구라도 한 번씩은 그런 생각이 들 때가 있다. 우리 아이가 학교에서 잘하고 있을까 하는. 나도 그랬다. 아들이 1학년이 되었을 때는 발표에 크게 신경 쓰지 않았다. 그냥 학교나 잘 다니면 다행이라고 생각할 정도로 학교 적응에만 관심을 가진 시기였다. 그렇게 1년을 보내고 2학년이 되었을 때 학부모 공개수업이 있었다. 마침 시간이 있어서 우리 부부는 함께 수업을 참관하러 갔다. 아들 녀석이 발표를 얼마나 잘할까 기대하면서 말이다.

많은 학부모님들 사이에 가려서 아들을 쉽게 찾지 못했다. '뭔 발표라도 해야 찾지' 할 무렵, 뒤통수가 낯익은 아이를 자세히 보니 우리 아들이었다. 녀석은 긴장해서 그런지 앞만 뚫어지게 쳐다보고 있어 내 마음이 안타깝고 속상했다. 그런데 그 순간, 한 번도 손을 들지 않던—심지어 모두가 손 들었을 때 선생님이 발표자를 호명하는 타이밍에 슬쩍 들어 보던—

아들이 손을 번쩍 들었다. "김정엽!" 선생님께서 아들의 이름을 호명하자, 우리 아들이 의자에 척 들러붙어 있던 엉덩이를 묵직하게 들어 올리며 일어나 발표를 하기 시작했다. 어젯밤 늦게까지 혼자서 만든 자료였으니(그 자료로 말씀드릴 것 같으면, 부모의 도움은 쳐다보지도 않고 우리 문화재인 남대문을 찾아서 출력하고 오려서 그냥 붙인 게 아니라 자기가 팝업 북으로 만들어서 붙이고 설명글을 쓴 자료였으니), 그 성취감과 뿌듯함이 얼마나 컸을까? 또 그걸 발표하려고 기다리면서 얼마나 설렜을까.

수줍던 아들의 목소리에는 차차 힘이 실렸고, 또랑또랑 멋지게 발표를 해냈다. 그리고 선생님께 칭찬까지 받았다. 그런 아들의 대견한 모습을 보니 너무너무 기쁜 마음에 눈물이 다 나오려 했다. 아들도 의기양양해져서 일어설 때와는 사뭇 다른, 자신 있고 당당한 모습으로 자리에 앉았다. 아들을 바라보던 우리 부부의 입가에도 환한 웃음이 번졌다.

이 책 『칠판 앞에 나가기 싫어』는 발표하기를 주저하고 망설이는 아이들의 심정을 멋지게 그려 내는 스릴 있고 재미있는 그림책이다.

책 속으로 풍~덩

표지를 보여 주며 "이 아이의 모습이 많이 심각해 보이는데, 왜 이럴까요?" 하고 질문을 해 본다. 그리고 "이 아이는 발표하는 게 싫어서 발표하는 날은 배까지 아프단다." 하고 말한다. "여러분들은 어때요? 발표하려고 하면 떨리고 그래요? 그럴 때는 어떻게 해요?" 하고 물어보면,

"발표를 안 해요. 히히."

"미리 예습해 오면 안 떨려요."

"책상을 꽉 잡고 말하면 좀 괜찮아져요!" 등등 다양한 대답이 나온다.

이렇게 주의를 환기시키고 본격적으로 책을 읽어 주기 시작한다.

이 책의 주인공 에르반은 칠판 앞에 나가서 발표를 할 때면 온몸에 땀이 나고 얼굴이 빨개지고 정신이 없어진다. 그런데 발표 날은 일주일마다 어김없이 찾아온다. 바로 목요일. 그래서 그날 아침부터 자동적으로 배가 아파오고 학교도 가기 싫어지게 되는 것이다(아마 우리의 자녀들도 그런 심정에 처하는 날이 있을 것이다.). 그런 목요일에 의외의 일이 벌어진다. 바로 담임 선생님의 출장으로 새로 젊은 여선생님이 대신 온 것이다. 오우~ 에르반은 그 순간이 얼마나 기쁘고 감사했을까~!!

그런데 더욱 의외의 순간이 찾아온다. 칠판 앞에 서신 선생님이 마치 주인공처럼 얼굴이 빨개지는 것이 아닌가? 이럴 수가……. 게다가 손수건을 꺼내서 돌돌 말고 진땀을 흘리기까지 하시다니. 어떻게 도와드릴 방법이 없을까 고민하는 순간, "자, 누구 칠판 앞에 나와 보겠어요?" 하시는 말씀에 주인공은 후딱 일어섰다. 그리고 칠판 앞에 나가서 신나게 구구단을 다 외워 버렸다. 아이들도 놀라고 주인공도 놀라고. 그 흐뭇한 표정의 주인공 모습은 잊을 수 없을 것 같다.

이 책은 누구나 기회가 오면 용기를 낼 수 있다는 것을 알려 준다. 그리고 그 기회는 어느 날 문득 찾아온다는 것도. 우리 아이들이 지금 발표를 안 하거나 주저해도, 부모는 다그치지 말고 기회가 오기를 기다려야 한다. 이 책을 통해 '자연스러운 기회'가 오면 누구나 용기를 낼 수 있음을 알았으니까.

또 한 가지, 이 책은 아이뿐 아니라 '선생님도 떨 수 있다!'는 것도 알려 준다. 아이들에게는 완벽해 보이는 선생님도 자기들처럼 벌벌 떨고 진땀을 흘릴 수 있다는 것, 그 모습을 보며 주인공이 용기를 얻었다는 것을 보고 아이들도 희망을 갖게 된다. '선생님도 나처럼 떨 수 있구나.' 하는 마음에 아이들이 용기를 얻을 수 있고 마음속 두려움을 떨쳐 낼 수 있는 계기를 주는 책이다.

함께 해 보기

❶ '우리 엄마, 아빠도 이럴 때 아이 같다!' 발표하기

엄마나 아빠가 어떨 때 약한 모습을 보이는지 친구들과 이야기 나눈다.

"우리 엄마는 바퀴벌레만 보면 무서워서 도망가."

"야, 야, 우리 엄마는 바퀴벌레는 때려잡으시는데 드라마에서 슬픈 장면만 나오면 엉엉 울어~!!"

"우리 아빠는 세상에서 주삿바늘이 제일 무섭대!!"

하며 어른들도 자기들과 똑같이 무서워하는 것이 있다는 사실을 나누며 나만 겁쟁이가 아니었음을 알게 해 준다.

누구에게나 어렵고 힘든 일이 있기 마련이지만 에르반처럼 마음을 굳게

먹으면 해낼 수 있다! 그러니 우리 모두 자신의 약점을 극복하려고 노력하면 좋겠다고 말하며 아이들의 사기를 북돋아 준다.

Tip

부모님이나 선생님이 어렸을 적에 어떤 어려움이 있었고, 또 그것을 어떻게 극복했는지 알려 줘도 좋다. 어른들도 무언가를 겁내고, 피하고 싶다는 걸 알게 되면 아이들이 자기만 그런 게 아니었구나 하고 위로를 얻을 수 있다.
선생님은 어렸을 때 거미만 보면 질색을 했다고 말하면 아이들은 재미있어 한다. 물론 내가 극복한 방법도 설명해 주고, 여러분도 자신의 약점을 극복하기 위해 노력해야 한다고 말하는 것을 잊지 말자.
"선생님은 영화 '스파이더맨'을 보면서 거미가 멋진 생물이라고 스스로 믿기로 했어. 그래서 이젠 별, 로, 안 무서워~!!"라고 얘기해 주었을 때, 아이들도 자신의 문제들을 해결하기 위한 방법을 찾아보려 노력했던 기억이 난다.

❷ 주인공에게 용기 주는 편지 쓰기

떨고 있는 주인공 에르반에게 우리도 너처럼 자신 없는 일이 있다고 자세히 말해 주고, 우리가 그것을 어떻게 이겨 냈는지, 아니면 앞으로 어떤 방법으로 극복해 보려 하는지 얘기해 준다. 그리고 서로 용기를 내서 잘 해내자는 편지를 써 본다.

이렇게 편지를 쓰면서 자신의 약점을 인정하는 경험을 통해 자신의 현재 상태를 인정하고, 나아가 고치겠다는 마음속 다짐을 할 수 있다.

함께 읽기

『마법의 설탕 두 조각』 (미하엘 엔데 글 / 진드라 차페크 그림 / 유혜자 옮김 / 한길사)

『잔소리 없는 날』 (안네마리 노르덴 글 / 원유미 그림 / 배정희 옮김 / 보물창고)

『용기』 (버나드 와버 글·그림 / 이혜원 옮김 / 아이터)

『블랙 독』 (레비 핀폴드 글·그림 / 천미나 옮김 / 북스토리아이)

『안녕, 펭귄?』 (폴리 던바 글·그림 / 노은정 옮김 / 비룡소)

『용기를 내, 비닐장갑!』 (유설화 글·그림 / 책읽는곰)

『이까짓 게!』 (박현주 글·그림 / 이야기꽃)

『무엇이든, 언젠가는』 (어맨다 고먼 글 / 크리스티안 로빈슨 그림 / 김지은 옮김 / 주니어RHK)

도대체 '교양'이 뭐길래?

『난 무서운 늑대라구!』
베키 블룸 글
파스칼 비에 그림
아기장수의 날개 옮김
고슴도치

주제 책 읽는 즐거움 알기
대상 책 읽기를 싫어하는 아이들

마음의 흔들림 💚

아이들을 처음 만나면 아이들이 책을 어떻게 생각하는지 궁금하다. 그래서 책에 대한 생각을 물으면 대개는 "책을 읽으면 지식도 얻을 수 있고, 상상력도 길러져요." 한다.

"누가 해 준 말 말고, 너희가 책을 떠올리면 느껴지는 마음을 편하게 얘기해 볼래?" 하면 그제야 '지루해요.' '엄마가 읽으라고 해서 억지로 읽어요.', '재미없어요.' 같은 속마음을 털어놓는다.

어떻게 하면 아이들이 진짜로 책과 친구가 될 수 있을까?

수많은 책 중에서 뭘 읽을까 설레는 고민을 하고, 읽으면서 두근두근 신이 나고, 읽은 뒤에는 누군가에게 책 이야기를 해 주고 싶어 입이 근질거리는 경험이 쌓여 아이들이 '책과 함께하는 시간' 자체를 즐길 수 있으면 참 좋겠는데. 그게 참 어려운 일이다.

이런 고민으로 한참 넋두리하던 내게 구원의 손길처럼 다가온 책이 바로

『난 무서운 늑대라구!』였다. 이 책은 무엇보다 대놓고 책이 좋다고 말하지 않아서 마음에 들었다. 또 어수룩한 늑대와 겁이라곤 찾아볼 수 없는 도도한 돼지 등 이야기 속의 캐릭터가 재미있어 읽는 내내 즐겁기까지 했다. 게다가 '늑대의 교양 쌓기 대작전'을 통해 아이들이 '나도 저 늑대처럼 책이나 한 번 읽어 볼까?' 하는 마음이 들 수도 있을 것 같아 당장에 아이들에게 소개하고 싶어졌다. 책과 담쌓은 아이, 책이 재미없다고 생각하는 아이에게 들려주면 정말 '딱!'인 책. '나, 저 책 읽어 봤다!'며 친구들에게 자랑할 수 있는, 자신 있는 미소로 재미있는 책이라고 소개할 기회를 주는 멋진 책이다.

책 속으로 풍~덩

표지를 보여 주며 지금 알 수 있는 것, 앞으로 벌어질 일에 대해 아이들과 이야기를 나누어 본다.

"늑대가 동물들을 잡아먹으려고 달려오고 있어요."

"돼지랑 소, 오리는 책을 읽느라 늑대가 온 줄 모르나 봐요."

"그럼, 늑대가 나타났다는 것을 알았다면 책 읽던 동물들이 어떻게 했을 것 같아?"

"'걸음아 나 살려라' 하고 도망갈 것 같아요."

이어서 앞면지와 속표지의 그림도 열심히 살피며 작가가 숨겨 놓은 이야기를 찾아본다.

"늑대를 보는 마을 사람들 표정이 안 좋아요. 늑대를 싫어하는 것처럼 보여요."

"늑대가 안경을 쓰고 있어요. 꼭 공부하는 것 같아요."

이야기는 배고픈 늑대가 먹을 것을 찾기 위해 농장에 간 것부터 시작된다. 그런데 어찌된 일인지 잡아먹겠다고 으르렁거리는 늑대를 도무지 무서워하지 않는다. 늑대가 체면불구하고 자기 입으로 '난 무서운 늑대라구!' 하며 위협도 해 보지만 결국 '교양 있는 동물들(?)'에게 쫓겨나고 만다. 그 일로 단단히 충격받은 늑대의 표정에 아이들은 배꼽을 잡고 웃는다.

얼떨결에 쫓겨난 늑대는 건방진 돼지가 말했던 '교양'을 찾기 위해 학교를 찾아간다. 학교에서 열심히 글을 배운 늑대는 본때를 보여 주기 위해 다시 농장에 찾아가지만 더듬거리며 책을 읽는 통에 책쟁이 삼총사에게 멸시만 받는다. 발길을 돌린 늑대가 두 번째로 찾은 곳은 도서관. 이곳에서 엄청나게 많은 책을 읽고 삼총사를 깜짝 놀래키려 하지만 또다시 비웃음만 사게 된다.

교양 정복을 위해 늑대가 마지막으로 찾은 곳은 서점. 그곳에서 늑대는 아껴 둔 비상금까지 탈탈 털어 책을 한 권 산다. 큰맘 먹고 산 '나만의 책'을 읽고 또 읽던 늑대는 마침내 책 읽는 즐거움을 느끼게 된다. 늑대의 발길은 당연히 농장으로 향했고, 마침내 이야기꾼으로 변신한 늑대가 들려주는 얘기는 모두를 즐겁게 해 주었다.

"늑대가 '교양'을 쌓기 위해 무얼 했지?"

"글자도 배우고, 도서관에서 책도 열심히 읽고, 용돈으로 자기 책을 사기도 했어요."

"늑대가 농장 친구들을 만나고 어떻게 변한 것 같아?"

"책을 좋아하는 늑대로 변했어요. 얘기를 아주 재미있게 하니까 친구도 많아졌고요."

"마을 사람들도 처음엔 늑대를 싫어했는데 나중에는 다들 좋아하게 되었어요."

아이들 말처럼 마을 사람들의 곱지 않은 시선을 받으며 추레한 모습으로 마을에 들어섰던 늑대가 책장을 덮을 즈음에는 모두의 사랑을 받는 멋진 늑대로 바뀌어 있다.

'책 읽는 즐거움'을 알게 된 늑대가 얼마나 근사하게 바뀌었는지 아이들이 오래도록 기억했으면 좋겠다. 그리고 우리 아이들도 더도 말고 덜도 말고 '딱!' 늑대만큼만 책 읽는 진짜 즐거움을 느낄 수 있다면 더 바랄 게 없겠다.

함께 해 보기

❶ 책은 [   ] 이다.

늑대에게 책이 어떤 의미였을지 자유롭게 이야기를 나누어 본다. 외로운 늑대에게 좋은 친구들을 얻게 해 주었으니 '늑대에게 책은 좋은 친구다.'처럼 책 속 이야기를 힌트 삼아 자신의 생각을 발표해 본다. 아이들 각자가 가지고 있는 책에 대한 인식도 엿보는 기회가 된다. 아이들이 어려워한다면 먼저 유명한 독서 명언 몇 가지를 소개해 주고 시작하는 것도 좋다.

책의 의미를 소개하는 것에 부담을 느낀다면 교사가 말도 안 되는 단어를 제시해 주고 그 단어를 책과 연결 지어 이유를 찾게 할 수도 있다. 약간은 억지스러운 이유를 댈 수도 있지만 멋진 대답을 해야 한다는 부담을 낮출 수 있다.

예) • 사람은 책을 만들고 책은 사람을 만든다. (교보문고 설립자 故 신용호 회장)
  • 세상 도처에서 쉴 곳을 찾아보았으나 책이 있는 구석방보다 나은 곳이 없더라. (이탈리아 철학자 겸 작가 움베르토 에코)
  • 정말 훌륭한 책은 내용 이상의 것을 알려 준다. 그 책을 내려놓고 지혜를 시험하고 싶어진다. 읽은 것을 행동으로 옮기지 않고는 못 배기는 것이다.
    (미국 시인 헨리 소로)

❷ 늑대가 이렇게 달라졌어요!

책을 가까이 하게 된 늑대의 삶에는 많은 변화가 찾아왔다. 앞면지와 뒷면지의 그림을 자세히 본 후, 등장인물들의 표정이 어떻게 바뀌었으며 늑대를 대하는 사람들의 모습이 얼마나 달라졌는지 살펴보며 말풍선에 어울리는 대화글을 적어 보자.

❸ 명사의 책 이야기 찾아보기

고학년이라면 명사의 '책' 이야기를 찾아 소개해 본다. 먼저 시중에 나온 유명인들의 '내 인생의 책'이나 '책 읽는 방법'을 소개하며 그 책에서 유익한 내용을 찾아서 들려준다. 그 뒤, 아이들이 직접 자신이 좋아하는 인물의 전기문을 살펴보거나 신문 기사를 검색해 책과 얽힌 그 인물만의 재미있는 일화 또는 책 읽는 비법 등을 정리하여 소개한다. 1분 또는 30초 내외로 돌아가면서 발표해 여러 인물의 다양한 이야기를 나눌 수 있도록 한다.

책벌레로 유명한 위인들이 누구인지 퀴즈로 풀어 보는 방법도 있다. 문제는 교사가 모두 준비해도 되고 학생들을 모둠별로 나눠 각 모둠이 읽은 책에서 한 문제씩 내도록 해도 된다. 힌트는 책에 나온 정보로 난이도를 달리해서 3~4개씩 준다.

생각보다 아이들이 위인 이름을 정확하게 모르는 경우가 많으니 퀴즈는 정답을 직접 쓰는 방법으로 진행해 잘못 알고 있는 정보를 바로 아는 기회로 삼으면 좋겠다.

❹ 책에 관한 추억 나누기

지금까지 자신에게 가장 큰 영향을 준 책을 가지고 와서 친구들에게 소개해 본다. 중요한 것은 가장 재미있게 읽은 책이 아니라 긍정적인 혹은 부정적인 추억이 강하게 담긴 책을 소개하는 것이다. 실물 책을 가지고 와서 책을 보여 주면서 진행하되, 어렵다면 인터넷 서점 등에서 이미지라도 준비해 모두가 볼 수 있도록 해 준다. 책 소개는 선생님이 먼저 시범을 보이고 학생들에게 충분히 준비할 수 있는 시간을 준 뒤에 진행한다.

가정과 연계하여 부모님의 인생 책을 인터뷰해 발표하는 방법도 있다.

학생들의 독서 경험을 듣는 시간은 개별적으로 책을 추천하거나 독서 지도를 하는 데도 많은 도움이 된다.

함께 읽기

『도서관』 (사라 스튜어트 글 / 데이비드 스몰 그림 / 지혜연 옮김 / 시공주니어)
『있잖아, 그건 내 책이야』 (로렌 차일드 글·그림 / 김난령 옮김 / 국민서관)
『그래서 어떻게 됐는데?』 (제니퍼 달랭플 글·그림 / 최윤정 옮김 / 바람의아이들)
『책』 (지현경 글·그림 / 책고래)
『이건 보통 책이 아니야』 (진 윌리스 글 / 토니 로스 그림 / 김지연 옮김 / 우리교육)
『책이 좋은 걸 어떡해』 (루시아나 데 루카 글 / 신시아 알론소 그림 / 서애경 옮김 / 산하)
『나는 네가 제일 좋아하는 책이야』 (매기 허칭스 글 / 제스 랙클리프트 그림 / 이정은 옮김 / 풀빛)
『책벌레』 (권재희 글·그림 / 노란상상)

아이들 마음속엔 도대체 뭐가 있는지 궁금해!

『짖어 봐 조지야』
줄스 파이퍼 글·그림
조숙은 옮김
보림

주제 아이들의 행동에는 다 이유가 있다.
대상 말 안 듣는 아이 때문에 고민인 부모님, 선생님

마음의 흔들림 ♥

교사나 부모가 된 사람은 살면서 이런 고민을 한 번쯤 해 본다. 그래, 도대체 어떤 마음으로 저렇게 행동할까 하는.

『안돼, 데이빗!』을 보거나 『엄마를 화나게 하는 10가지 방법』을 보면 정말로 화가 뻗친다. 아, 애들은 나를 화나게 하기 위해서 태어났던가 하는 마음마저 든다. 가끔 그런(우리가 쉽게 말하는, 어른의 말을 귓등으로도 안 듣는) 캐릭터들을 생각해 보면 재미도 있고 솔직히 아이들로부터 도망가고 싶기도 하다. 약간 딴 길로 가는 듯하지만 그런 악당 같은(?) 캐릭터들을 한번 떠올려 볼까?

뭐니 뭐니 해도 최고의 악당은 『데이빗』 시리즈의 '데이빗'일 것 같다. 그리고 『엄마를 화나게 하는 10가지 방법』에 매달리고 있는 아이, 『찰리와 롤라』 시리즈의 무엇이든 다 싫은 막무가내 막강 동생 롤라, 『괴물들이 사는 나라』에서 엄마에게 '괴물딱지 같은 녀석'이란 소리까지 들은 맥스,

한 번 화가 나면 불길을 내뱉는 것처럼 화를 내는 『쏘피가 화나면-정말 정말 화나면』의 쏘피, 『원숭이 오누이』의 껌딱지처럼 오빠만 따라다니는 게 취미인 사고뭉치 동생 온이, 『지원이와 병관이』 시리즈의 말썽꾸러기 병관이, 『혼나지 않게 해 주세요』의 만날 혼나는 아이, 『당나귀 실베스터와 요술 조약돌』의 철없는 당나귀 실베스터, 약간 소심한 스타일의 캐릭터로는 『지각대장 존』의 존 페트릭 노먼 맥헤너시, 『너는 특별하단다』의 주인공 펀치넬로, 마지막으로 『콧구멍을 후비면』의 막강 악습관 종결자 아들……. 조금은 떨리지만, 이런 캐릭터들이 서로 한자리에 있다면 과연 어떤 일이 일어날까?

부모님을 당황스럽게 하는 책속 주인공들(심장이 약하신 분들은 그냥 넘기세요. 흐흐)

❶ 『안돼, 데이빗』(데이빗 섀논 글·그림, 지경사)의 주인공 '데이빗'

❷ 『엄마를 화나게 하는 10가지 방법』(실비 드 마튀이시윅스 글, 세바스티앙 디올로장 그림, 이정주 옮김, 어린이작가정신)의 주인공 아이

❸ 『혼나지 않게 해 주세요』(구스노키 시게노리 글, 이시이 기요타카 그림, 고향옥 옮김, 베틀북)의 주인공 아이

❹ 『두발자전거 배우기』(고대영 글, 김영진 그림, 길벗어린이)의 주인공 '병관이'

『짖어 봐 조지야』는 '아이들의 행동에는 반드시 그 이유가 있다.'는 것을 잘 말해 준다. 또한 조지가 강아지답게 짖지 못한 이유를 알아 가는 부모의 노력도 올바른 방법이라고 생각된다. 무턱대고 야단을 치거나, 무시해 버리는 행동이 아이의 미래를 어둡게 하지 않을까.

늘 아이들 교육에 고민하면서 살아가는 이 땅의 모든 부모님과 선생님이 봐야 할 책이라 생각된다.

책 속으로 풍~덩

처음 이 그림책을 만났을 때 그 표지와 제목을 보고 느낀 것은 이렇다.

'어? 그림이 참 단순하네? 쉽게 그렸군. 그런데 왜 저 강아지는 짖지 않을까? 어떤 사연이 있기에……'

그렇게 느끼고 책을 넘기는데 엄마개의 교육에 대해 강아지는 정말로 딴 짓만(그렇게밖에는 생각할 수 없는) 한다. 엄마개가 "멍멍." 하고 짖으라고 하지만 강아지는 "야옹." 한다.

"아니야, 고양이는 야옹, 개는 멍멍. 자, 조지야, 짖어 봐."

이렇게 차분하게 설명을 하는데도 조지는 "꽥꽥."거린다. 살짝 엄마의 표정이 일그러지며 다시 말한다.

"아니야, 조지. 오리는 꽥꽥, 개는 멍멍. 자, 조지야, 짖어 봐."

"꿀꿀." 아니야, "음매." 도대체가 말을 안 들어먹는 모습을 보는 엄마개의 표정 변화는 우습기도 하지만, 책을 읽고 있는 내 표정까지 찡그려지는 건 부모의 심정이 어떨지 알기 때문이 아닐까.

음……. 결국 최선의 방법은 전문가를 찾아가는 것이다. (올바른 선택이다.) 엄마개가 병원의 의사에게 진료를 받으러 갔는데 거기서 대단한 것을

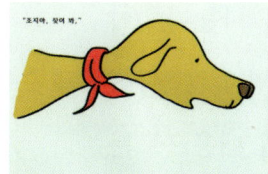

보고 만다. 의사는 손을 조지의 배 속까지 집어넣더니 고양이와 오리와 돼지와 소까지 꺼내는 것이 아닌가!

"조지야, 다시 짖어 봐."

"멍멍."

아……. 이건 감동이었다. 그래, 강아지가 이상한 소리를 내는 건, 그럴 수밖에 없었던 이유가 있었던 거야. 왜 그걸 빨리 깨닫지 못했을까. 왜 그것도 모르고 아이를 그렇게 다그쳤을까 하는 반성을 하게 되었다.

그림책의 맨 마지막 장면에 병원을 나서는 엄마는 지나가는 사람들에게 조지를 자랑하고 싶어져서 말한다. "조지야, 짖어 봐." 그러자 조지가 짖었다. 과연 조지는 어떻게 짖었을까?

다시 한 번 말하지만, 이 그림책은 첫 아이의 부모가 되는 사람들과 첫 발령을 받는 선생님에게 반드시 읽으라고 권하고 싶다.

함께 해 보기

❶ '만나서 반가워요' 친밀감 형성하기

이 책은 아이들과 1년을 열 때 첫 만남으로 보여 주기 참 좋은 책이다. 또는 클럽활동으로 '독서감성교육부'를 시작할 때, 각 반에서 온 아이들을 아우르는 데도 탁월한 효과를 발휘한다.

클럽활동 할 때를 예로 들면, 우선 6인 1모둠으로 아이들을 나눈다. (이 때 주의할 점은 친한 친구들끼리나 같은 반 친구들은 한 모둠에 넣지 않는다는 것이다.) 모둠별로 서로 자기소개하는 시간을 5분 준다. 소개 내용으로는 반, 이름, 독서감성교육부에 들어온 이유, 앞으로 노력할 점 등을 말하게 한다. 5분 후 모둠의 모둠장이 간략히 모둠원(6명)에게 들은 것을 다시 소개하게 한다. 모둠장들의 발표가 끝나면 전체에게 물어본다. "여러분은 지금 모둠장의 발표에 만족하나요? 자기소개가 100% 제대로 된 것 같나요? 어디 불만족스러운 점은 없나요?"

6명의 소개를 꼼꼼히 하기에는 약간의 부족함이 있다. 그리고 그 부족함은 바로 우리가 평소에 남의 말을 경청하는 습관이 부족해서 그렇다는 것을 알려 준다.

남의 말을 잘 듣는 방법은 경청이다. 좋은 친구 사이가 되기 위해서는 경청의 자세를 연습해야 한다. 이렇게 친교의 시간을 가진 후, 『짖어 봐 조지야』의 표지를 보여 준다. 제목을 다 같이 읽으면 물어본다.

"왜 조지는 짖지 않을까요? 우리가 표지만 보고 이야기를 만들어 보아요. 각자 종이에 단편소설처럼 간단하게 써 보는 거예요. 주인공 이름을 바꾸어도 상관없어요."

이해를 돕기 위한 본보기 글이 필요할 때는, 교사의 글을 먼저 읽어 주어도 좋다.

〈실제 교사가 처음 썼던 이야기〉

'……처음부터 그랬던 건 아니었다. 우리집 강아지 '순백'이가 태어났을 때는 소리도 우렁차고 어찌나 활달한지 매일매일 찾아내지 않으면 녀석은 늦은 밤까지 숨바꼭질을 해 댔다. 그리고 우리 가족이 못 찾으면 어미 개 '푸름'이가 찾아내곤 했다.

그러던 어느 날. 아빠는 푸름이를 팔았다. 그것도 강아지 순백이가 바로 옆에서 쳐다보고 있었는데. 그 후로 우리 강아지 순백이는 짖지 않는다. 엄마 개 푸름이가 팔린 그날, 평생 울고 짖을 일을 다 소진했다는 듯이…… 그렇게 다시는 짖지 않았다. 더불어 나도 말수가 적어졌다. 그때의 모습은 그렇게 우리 둘 모두에게서 소리를 앗아갔다…….'

그리고 친구들이 쓴 글을 발표할 때는 공감적으로 잘 들어 준다. 즉, 경청의 자세를 갖는다. 그리고 우리 클럽의 목표는 '경청과 상상력 훈련'이란 것을 알려 준다.

아이들이 쓴 이야기를 듣다 보면 알게 모르게 자기 내면의 이야기가 감추어져 있음을 알 수 있다. 아이들을 잘 이해하려면 그 부분을 인식하고 있어야 한다. 하지만 질문은 하지 않는 게 좋다.

이제 아이들을 바닥 매트에 앉힌 후, 빔 프로젝터를 스크린에 쏘고 그림책을 읽어 준다. 중요한 포인트 하나. 마지막 장면에서 조지가 뭐라고 할지 아이들에게 꼬옥 물어본다. 작년에는 32명의 아이들 중 2명이 답을 맞혔다. 이때는 칭찬하는 것도 잊지 않아야 한다.

가정에서 그림책을 읽어 줄 때는 아이와 함께 위와 같은 활동을 해도 좋다. 서로를 소개하는 시간을 갖는데, 자녀는 엄마의 소개를 듣고 다시 엄마에게 얘기해 주고, 엄마는 자녀의 소개를 듣고 다시 자녀에게 이야기해 주는 것이다. 이러한 소통을 통해 공감을 키우면 좋겠다.

아이들 글 맛보기

아이들이 표지만 보고 쓴 이야기

(아이의 마음속 이야기가 드러나 이름은 밝히지 않았다.)

한 동네에 조지가 살았다. 조지는 어렸을 때부터 장애를 가지고 있어 짖지를 못하고 말도 할 수 없었다. 조지는 어떤 주인에게 입양이 되어 한 동네에 살게 되었던 것이다. 주인은 조지가 말도 할 수 없고, 짖지 못하는 것도 알고 있었지만, 조지의 모습이 안쓰럽고, 조지를 도와줄 마음에 입양을 하게 되었다.

조지는 짖지 못하지만, 꼬리도 흔들 수 있고, 웃을 수도 있고, 뛸 수도 있었다. 항상 밝고 명랑했지만, 조지는 그 장애를 극복할 수 없었다. 장애를 가지고 태어났지만, 고칠 수 있는 마음만 조지에게 있으면 다 고쳐지게 된다고 동물 의사가 말을 하였다. 주인은 계속 노력하고, 조지에게 짖게 유도해 보지만, 조지는 짖을 용기도 없고, 그럴 자신도 없었다.

어느 날, 주인이 아픈 병에 걸렸다. 조지는 그게 너무 안쓰럽고 슬펐지만 짖지를 못하고 눈물만 흘렸다. 그때, 조지는 주인 앞에서 조금씩 짖기 시작하였다. 처음에는 작다가 점점 큰 소리로 짖는 것이었다. 주인은 그 소리를 듣고 힘을 내 병을 극복하고 행복하게 살았다. (6학년)

· · ·

조지는 어렸을 때 사고로 짖지 못하는 강아지이다. 그런 조지를 위해 주인은 조지가 다시 짖을 수 있게 만들어 주려고 온갖 노력을 한다. 하지만 조지는 여전히 짖지 못한다. 조지의 주인은 어느 유명한 동물병원에 조지를 데려가 조지의 목을 검사해 보았다. 그런데 조지의 목에는 아무 이상이 없었다. 조지가 짖는 것을 거부하기 때문이다. 의사는 충격을 줘서라도 짖어 보게 하려 했지만 조지의 주인은 조지가 충격받는 것을 거부하였다. 그렇게 조지는 짖지 못하는 개로 지냈다.

어느 날, 조지의 주인이 길을 건너는데 트럭 한 대가 다가오고 있었다. 그 순간, "멍~!!" 하고 조지가 짖기 시작했다. 조지 덕분에 주인은 차에 치이지 않았고, 그때부터 조지는 다시 짖을 수 있게 되었다. (6학년)

함께 읽기

『내 말 좀 들어주세요』 (윤영선 글 / 전금하 그림 / 문학동네)
『지각대장 존』 (존 버닝햄 글·그림 / 박상희 옮김 / 비룡소)
『The Blue Day Book』 (브레들리 트레버 그리브 지음 / 신현림 옮김 / 바다출판사)
『프레드릭』 (레오 리오니 글·그림 / 최순희 옮김 / 시공주니어)
『마음버스』 (김유 글 / 소복이 그림 / 천개의바람)
『거짓말이 뿡뿡, 고무장갑!』 (유설화 글·그림 / 책읽는곰)
『통이는 그런 고양이야』 (마야 막스 글·그림 / 김보나 옮김 / 나는별)
『밤은 아주 포근해』 (온수 글·그림 / 코알라스토어)

엄마, 나는 왜 이렇게 못났어요?

『짧은 귀 토끼』
다원시 글
탕탕 그림
심윤섭 옮김
고래이야기

주제 나는 너무 못났어
대상 자기 외모에 만족하지 못하는 아이들

마음의 흔들림 🧡

"아, 나만 눈 감고 있는 것 같아. 그치?"

친구들과 놀러 가 함께 찍은 사진을 들여다보며 한마디 했다.

오랜 시간 공들여 아이라인을 그려 봐도 눈을 뜨면 감쪽같이 사라져 버리고, 배시시 웃고 찍은 사진마다 눈이 있어야 할 곳에 줄만 그려져 있어 기분이 영 탐탁지 않다. 그런데 그런 내 눈이 무척 아름답다고 칭찬해 주는 신기한 사람들을 만났다. 그것도 어쩌다 한 명이 아닌 많은 사람들을 말이다.

물론 우리나라는 아니다. 그곳은 친구와 함께 배낭여행을 간 형제의 나라 '튀르키예'였다. 작은 마을에 들른 우리는 시장을 구경하고 있었다. 그런데 느닷없이 한 가족이 우리에게 사진을 함께 찍어도 되느냐고 물으며 다가왔다. 어리둥절해 하는 사이 그 가족들 뒤로 우리와 사진을 찍겠다는 사람들이 줄을 서기 시작했다. 그것만도 놀랄 일이었지만 나를 더 놀라게 한 것은 그들이 손짓과 발짓을 동원하여 내게 한 말이었다.

"(양손으로 눈을 가리키며) 당신 눈이 참 아름답네요."

처음엔 '이 사람들이 장난하나? 가뜩이나 작은 눈이 콤플렉스인데 아주 기름을 붓는구만.' 했던 마음도 25일간의 여행이 끝날 즈음엔 '진짜 이 사람들에게는 내 눈이 예뻐 보이나?' 하는 생각으로 바뀌었다. 튀르키예를 여행하며 만난 여러 친구, 연인, 가족들의 칭찬은 내 작은 눈에 자신감을 심어 주었고, 이 모습이 가장 나답다는 것을 받아들이게 해 주었다. 그리고 그 덕분에 나는 더 이상 커다랗고 예쁜 눈에 기죽지도, 지금 내 눈에 불평하지도 않게 되었다. 그래서 예전의 나처럼 외모 콤플렉스로 고민하는 아이들에게 자신의 짧은 귀를 걱정하는 '동동이'의 이야기를 꼭 전하고 싶다. 그까짓 거 진짜로 별거 아니니까 '고민 뚝!' 하자고 말이다.

책 속으로 풍~덩

책을 읽기에 앞서 아이들과 현재 자신이 갖고 있는 외모 콤플렉스에 대해 짧게 이야기를 나눠 본다.

"저는 키가 작은 게 고민이에요. 그래서 키가 빨리 쑥쑥 자랐으면 좋겠어요."

"저는 날씬해지고 싶어요."

"이 주인공은 어떤 고민이 있을지 한번 맞혀 볼까?" 하며 책을 길게 펴 앞, 뒤표지를 보여 주니,

"어? 토끼 귀가 이상해요!"

"귀만 보면 꼭 곰 같아요."

"아, 그래서 빨랫줄에 매달려 있는 거구나."라며 주인공 동동이의 고민을 대번에 알아차렸다.

"주인공 동동이의 귀가 길어지려면 어떻게 해야 할까?"

"힘센 어른들이 귀를 쭉쭉 잡아당기면 늘어날지도 몰라요!"

"아프리카 원주민들이 입술을 늘린 것처럼 귀에 뭘 매달아 놓으면 귀가 길어지지 않을까요?"

동동이가 많이 먹기, 빨래집게에 귀 집어 매달리기, 채소처럼 자기 귀에 물 주기 등 온갖 방법을 동원해 귀를 늘리려 하지만 생각처럼 잘 되지 않는다.

"열심히 애썼는데도 동동이 귀가 자라지 않으니 동동이 마음이 어땠을까?"

"자기 귀를 모자로 자꾸만 가리려는 걸 보니 많이 속상한 것 같아요. 그래서 불쌍해요."

"노력했는데도 귀가 안 자라니까 화가 많이 날 것 같아요."

그런데 그토록 원망하던 짧은 귀 덕분에 목숨을 구하게 된다.

"이제 동동이는 자기 귀를 어떻게 생각할 것 같아?"

"귀가 길었다면 큰일 날 뻔했잖아요. 짧은 귀를 평생 고마워할 것 같아요!"

"이제 짧은 귀가 동동이의 단점이 아니라 자랑거리가 아닐까요?"

동동이의 귀여운 콤플렉스 극복기를 통해 아이들도 자신의 단점을 긍정적으로 이겨 낼 수 있는 힘을 얻었으면 좋겠다.

함께 해 보기

❶ 고민 약국으로 오세요.

한 사람씩 돌아가며 자신의 콤플렉스에 대한 고민을 털어놓는다. 나머지는 그 친구의 고민을 잘 들은 후, '유쾌한 해결책'을 내려 준다. 이때, 친구의 고민을 가볍게 여기거나 장난스럽게 대하면 그로 인해 고민을 털어놓은 친구가 오히려 상처받을 수도 있다는 점에 유의해서 고민을 들어 줄 때나 해결 방법을 제시할 때는 반드시 진지한 태도를 유지해야 한다는 것을 꼭 강조하자. 그리고 가장 멋지게 고민을 해결해 준 친구에게는 사탕 한 알의 보상이라도 해 준다. 친구를 도와준 후 맛본 달콤한 기억이 앞으로도 그 아이를 멋진 고민 해결사로 만들지도 모르니까. 만약 개인적인 프라이버시를 고려해 익명으로 진행하고 싶다면, 각자 종이를 나눠 준 후 그곳에 익명으로 자신의 고민을 적도록 한다. 적은 종이를 접어서 보이지 않는 상자에 넣은 후, 무작위 추첨을 통해 하나씩 소개하고 함께 해결 방법을 찾으면 된다. 해결 방법을 「고민 책방」처럼 책으로 처방해 주는 방법으로도 진행할 수 있다.

❷ 나도 그랬어!

　신문이나 잡지 기사에 소개된 아이들이 좋아하는 연예인이나 유명인들의 단점 극복 이야기를 해 준다. 아무리 멋진 사람이라 해도 단점이 있으며, 단점도 열심히 노력하면 그 사람의 개성이나 장점으로 바뀔 수 있다는 것을 알려 준다.

　예) 아이유 : 친구들과 다른 허스키한 목소리 → 열심히 노래 연습 → 자기만의 목소리 완성

Tip

그룹 2ne1의 'Ugly', 인순이 '거위의 꿈', 태연 'I', GOT7 '딱 좋아'를 듣고 함께 불러 보자. 백 마디 말보다 노래 가사를 따라 부르며 의미를 떠올리는 것이 더 감동적이다.

함께 읽기

『너는 특별하단다』 (맥스 루카도 글 / 세르지오 마르티네즈 그림 / 아기장수의 날개 옮김 / 고슴도치)

『암소 로자의 살빼기 작전』 (크리스텔 데무아노 글·그림 / 유정림 옮김 / 사계절)

『고민 해결사 펭귄 선생님』 (강경수 글·그림 / 시공주니어)

『나는 빵점!』 (한라경 글 / 정인하 그림 / 토끼섬)

『나에겐 비밀이 있어』 (이동연 글·그림 / 올리)

『콧물끼리』 (여기 최병대 글·그림 / 월천상회)

『고민이 고민이야』 (송조 글·그림 / 킨더랜드)

정말… 틀려도 괜찮을까?

『틀려도 괜찮아』
마키타 신지 글
하세가와 토모코 그림
유문조 옮김
토토북

주제 진짜 틀려도 괜찮아!
대상 틀리는 것을 무서워하는 아이들

마음의 흔들림 💗

항상 그런 마음이었다. 학교를 다닐 때 발표를 잘하지 못했던 나는 '이러다 또 틀린 답이면 어쩌지?' 하며 결국 손을 들지 못하던 학생이었다. 얼마나 발표를 안 했던지, 기억나는 발표가 초·중·고별로 하나씩밖에 생각나지 않을 정도다. 그중 초등학교 다닐 때 한 발표는 내 인생 최초로 교실 뒷벽에 전시까지 되었지만. 6학년 때 담임선생님이던 김인숙 선생님께서(성함을 또렷이 기억하는 건, 내가 그 선생님을 보면서 선생님의 꿈을 키웠기 때문이다.) 숙제로 내 주신 '가상의 가족도'였다. 지금도 흐뭇하게 기억나는 건 영화를 좋아했던 내가 가상의 아버지로 존 웨인 사진을 붙였고, 어머니로는 마릴린 먼로, 형들은 제임스 딘과 성룡, 누나들은 브룩 쉴즈, 소피 마르소, 피비 케이츠였지 아마. 아, 삼촌들도 있었다. 스티브 맥퀸과 알랭 들롱, 그리고 율 브리너였던 것 같다. 고모로는 비비안 리와 오드리 햅번, 마지막으로 동생도 있었던 것 같은데 잘 기억이 나지 않는다. 아! '내 이름은 튜니티' 시리즈의 주인공인 테렌스 힐(독자 여러분도 기억 나시나요? 그 귀여우면서 반항적인 캐릭터의 배우). 그렇게 사진을 오려서 가족도를 만들어 발표했는데 선생님께서 칭찬하시며 뒷벽에 붙여 주셨다. 즐겁게 했던 숙제가 보상받는 것 같아 기분 좋았던 기억이다.

이 책 『틀려도 괜찮아』를 처음 만난 건 소나기 오는 날, 어느 지하 서점에서였다. 이 책 저 책을 보다가 만난 제목. '뭐? 틀려도 괜찮아? 정말 괜찮아? 뭐가?' 하는 약간의 호기심과 '어디 보자' 하는 반항심으로 꺼내서 읽게 되었다. 책을 다 읽은 후, '아……. 그렇구나. 정말 틀려도 괜찮구나. 그래, 그래.' 하는 생각이 들었다. 정말 그랬다. 너무나 속 시원한 기분이었다. 그동안, 틀릴까 봐 용기 내지 못했던 과거의 자신이 부끄러워졌다. 그리고 교사로서도 이런 선생님의 모습을 닮아야겠다는 다짐도 생겨났다. 이 책은 발령 난 선생님들이 아이들을 만나기 전에 꼭 읽어 봐야 하는 목록에 넣어도 손색이 없겠다. 그리고 초등학교에 아이를 보낸 학부모님도 반드시 읽기를 또 한 번 권한다.

책 속으로 풍~덩

표지를 보여 주면 아이들은 "와하하하~" 하며 웃는다. 제목이 꽤나 신선해서 그런가 보다. 자기들의 마음을 알아 주고 있다는 공감의 느낌이랄까.

"여러분, 뭐가 틀려도 괜찮을까요?" 하고 물으니,

"숙제가 틀려도 괜찮아요!" 그러거나 "시험지 답이 틀려도 괜찮아요!" 하는 아이들이 있는가 하면, 조금 황당하게 "남자와 여자가 틀려도 괜찮지요, 뭐." 하고 대답하는 아이들도 있다.

책을 펼치면 아주 당돌해 보이는 아이가 독자를 반긴다. 환영을 받으며 속표지를 넘기면 수십 개의 손이 번쩍, 번쩍, 들려 있다. 이런 글과 함께.

"틀려도 괜찮아, 교실에선. 너도 나도 자신 있게 손을 들고 틀린 생각을 말해. 틀린 답을 말해."

'어엇? 이래도 되나?' 하는 생각으로 또 한 장을 넘겨 본다.

"틀리는 걸 두려워하면 안 돼. 틀린다고 웃으면 안 돼. 틀린 의견에 틀린 답에 이럴까 저럴까 함께 생각하면서 정답을 찾아가는 거야. 그렇게 다 같이 자라나는 거야."

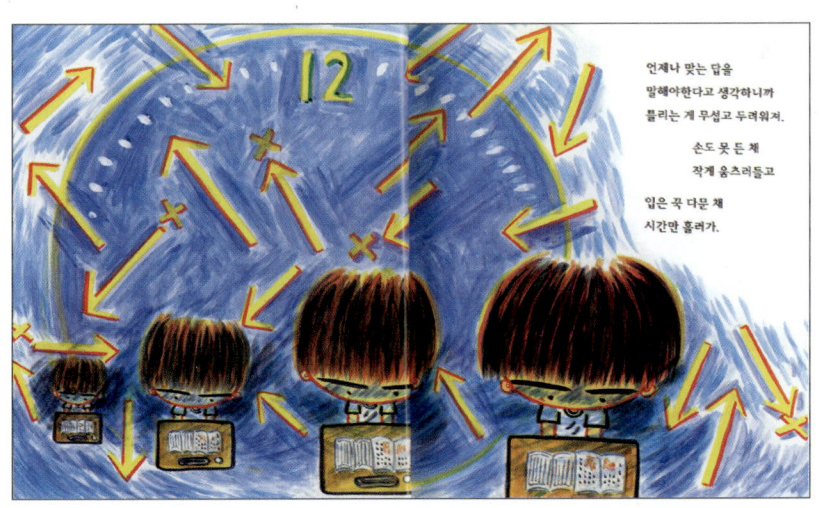

'아, 이건 하나의 시구나.' 하는 생각이 들 정도로 감동적이다.

틀릴까 봐 손도 못 들고 움츠러든 아이의 표정이 너무나 진지하지만, 그러면 시간만 흘러가고 조금도 자랄 수 없다는 말에, 신령님도 틀릴 때가 있다는 말에, 틀리는 건 당연하다는 말에 나조차도 자신감이 스멀스멀 생겨난다.

"자꾸자꾸 말하다 보면 자꾸자꾸 틀리다 보면 하고 싶은 얘기의 절반 정도는 말할 수 있게 되는 거야. 그리고 가끔 정답을 말할 수도 있지."

이 얼마나 놀라운 생각인가. 이 대목에선 아이들도 환호하고 좋아라 한다. 바로 자신들의 생각을 잘 표현했기 때문이리라.

맨 마지막에 교사와 학생 모두가 일어나 춤을 추며 "이런 멋진 교실을 만들자."라고 말하는 대목은 나에게도 아이들에게도 멋진 자극이 된다!

이렇게 책을 다 읽어 주면 아이들은 신난다는 표정으로 떠들어대기 일쑤다. 마치 지금 우리 반에서 그런 일이 일어난 것처럼.

이런 멋진 교실을 만들자.

"그럼, 우리가 그동안 무엇인가를 했는데 틀렸던 것이 있다면 한번 발표해 볼까요?" 하면 참 다양한 발표가 나온다. 유치원 때 발표를 틀리게 해서 창피했던 기억, 틀릴까 봐 조마조마해서 결국 손을 들지 못했던 기억, 시험문제를 많이 틀려서 엄마한테 혼났다는 기억 등.

하지만 이 책에 나온 이야기처럼 긍정적인 마음을 가지고 편안하게 생각하는 습관을 갖자고 말해 보고 연습을 한다. 두 손바닥을 포개어 가슴에 대고 눈을 감았다가 손을 하늘로 쭉 펴면서 눈을 크게 뜨고 소리치는 거다.

"틀려도 괜찮아~~~!!!"

함께 해 보기

❶ 나를 알아보는 시간 – 자기 분석하기

종이를 주고 반으로 접으라고 한 후에, 왼쪽에는 자신의 좋은 점(잘하는 것)을 쓰고 오른쪽에는 나쁜 점(노력할 것)을 쓰게 한다. 활동지를 만들어서 줘도 좋다. 충분한 시간을 주어 자신의 좋은 점과 나쁜 점을 알아 가는 소중한 시간을 가져 본다. 이때 부모님이나 선생님도 같이 활동지를 이용해 자신을 분석해 본다. 서로 바꿔서 읽어 본 후에 접은 부분을 반으로 찢게 한다. 찢은 오른쪽(나쁜 점) 부분은 땅속에 묻거나 안전하다면 불에 태워도 좋다. 이제 우리에겐 좋은 점만 남았으니 훌륭한 인물로 재탄생함을 축하한다!!(다음의 예는 4학년 학생이 쓴 글이다.)

★ 나의 좋은 점(잘하는 것)과 나쁜 점(노력할 것)을 아래에 나누어 써 보세요. 아주 작은 것까지 자세히 적어 봐요.

〈좋은 점 – 잘하는 것〉	〈나쁜 점 – 노력할 것〉
눈물 연기를 잘해요. 아빠를 되게 감격하게 해 주기를 잘해요. 훌라후프 2개를 1시간 동안 할 수 있어요. 악보 안 보고 피아노 치기 식물 예쁘게 키우기 줄넘기 X자 뛰기 인라인 뒤로 타기 초상화 따라 그리기를 잘함 신발 가지런히 놓는 것 다른 동생과 놀아 주기 철봉에 오래 매달리기 잘함	자전거 타기를 못합니다. 눈물 참기를 못해요. 글씨 바르게 쓰기 음식 하나도 남기지 않고 먹기가 힘들어요. 이쁘게 웃기가 어려워요. 줄넘기 쌩쌩이 하기 준비물 챙기기 대답 잘하기 게임 시간 잘 지키기 어려워요. 머리 예쁘게 더 잘 묶기 텔레비전을 많이 보지 않는 것이 힘들다.
축구 골키퍼를 잘 봄 동요 부르기 잘해요.	자전거 타기 연습이 필요해요. 마음이 약함

다 적었으면 나쁜 점을 오려서 찢어 버리세요. 이제 당신에겐 좋은 점만 남았네요. 축하해요~!!

❷ 영화에서 멋진 말 찾기

그림책의 대상은 '0세부터 100세까지'다. 유아용처럼 그린 그림책이라고 유아만 읽는 책이 아니라는 말이다. 이 책은 6학년이 읽어도 재미있어 하고, 나와 같은 어른들도 통쾌해 하는 부분이 있다. 고학년일 경우에는 다음과 같은 영화의 멋진 대사 부분을 보여 줘도 좋고, 아예 시간을 내어 같이 한 편의 영화를 감상해도 좋다.

〈라이언 킹〉: 하쿠나 마타타~!! ('괜찮아, 모두 잘될 거야'라는 뜻. "No problem!")

〈쿵푸 팬더 2〉: inner peace~!! (내면의 평화)

〈세 얼간이〉: 알 이즈 웰~!! ('All is well'의 인도식 발음)

Tip

< 아이들을 이해하려는 선생님과 학부모님께 꼭 권하고 싶은 책 목록 >
『얼굴 빨개지는 아이』 (장 자크 상뻬 글·그림 / 김호영 옮김 / 별천지)
『마지막 거인』 (프랑수아 플라스 글·그림 / 윤정임 옮김 / 디자인하우스)
『속 깊은 이성친구』 (장 자크 상뻬 글·그림 / 이세욱 옮김 / 열린책들)
『비밀의 화원』 (프랜시스 호즈슨 버넷 글 / 타샤 튜더 그림 / 공경희 옮김 / 시공주니어)
『자전거를 못 타는 아이』 (장 자크 상뻬 글·그림 / 최영선 옮김 / 별천지)

아이들 글 맛보기

"재미있게 답을 말해!"

『틀려도 괜찮아』라는 책을 읽고 나는 틀려도 괜찮다는 것을 알았다. 그리고 이 책은 너무너무 재미있다. 왜냐하면 배울 게 아주 많고 내 기분이 좋아지는 책이라서다.

나는 『마법 천자문』이나 『WHY?』 같은 학습만화를 많이 보는데 이 책은 그런 책보다 더욱 신나고 재미있다.

"누구든지 처음부터 맞는 답을 말할 수 있는 건 아니고! 처음부터 멋진 말이 나올 수 있는 건 아니에요." 이 말은 책 속에 있는 선생님이 한 것이다. 나에게 상쾌한 느낌을 준 말이다. 또 어느 쪽에서는 "자꾸자꾸 말하다 보면, 자꾸자꾸 틀리다 보면, 하고 싶은 얘기의 절반 정도는 말할 수 있게 되는 거야."라고 말한다. 이렇게나 멋진 말이 너무 많고 그래서 나에겐 정말 좋은 책이다.

우리 선생님도 좋은 말을 할 때가 많으시다. 내가 밥을 다 먹을 땐 선생님이 "밥을 잘 먹었다."고 칭찬해 주신다. 공부를 잘하거나 선생님 말씀을 잘 들었을 때도 "참~ 잘했어요."라며 부드럽고 힘찬 목소리로 말씀해 주신다.

나는 이 책에서 배운 것이 있다. 바로 '틀려도 괜찮다.'는 것이다. 나는 이 책이 세상에서 제일 좋다. 왜냐면? 나에게 자신감을 배우게 해 준 책이라서다. 나는 친구들이 『틀려도 괜찮아』 책을 많이 읽고, 좋아하고, 재미있어 해 주면 아주 좋겠다. 그리고 친구들도 나처럼 이 책을 읽고 책 속 아이들같이 기죽지 않고 멋진 답을 씩씩하게 말하면 좋겠다.

내가 이 글의 제목을 '재미있게 답을 말해!'로 정한 이유는, 친구들과 재미있게 이야기하면서 답이 나올 때까지 틀리는 걱정을 하지 말고 계속 말하면서, 답이 나오면 씩씩하게 손을 들고 말하라고 하고 싶어서다.

"친구들아~! 2학년 3반 우리들의 교실에서 두려워하지 말고 마음 놓고 손을 들자! 틀려도 괜찮아~ 파이팅!" (김정엽 – 2학년)

함께 읽기

『방귀 만세』 (후쿠다 이와오 글·그림 / 김난주 옮김 / 미래엔아이세움)

『그래도 엄마는 너를 사랑한단다』 (이언 포크너 글·그림 / 서애경 옮김 / 베틀북)

『씩씩한 마들린느』 (루드비히 베멀먼즈 글·그림 / 이선아 옮김 / 시공주니어)

『넌 할 수 있어!』 (마리나 지오티 글·그림 / 김인경 옮김 / 책과콩나무)

『아빠, 사랑은 몇 개예요?』 (자비네 볼만 글 / 에밀리아 지우바크 그림 / 김인경 옮김 / 책과콩나무)

내 인생의 키다리 아저씨는 있을까?

『루비의 소원』
시린 임 브리지스 글
소피 블랙올 그림
이미영 옮김
비룡소

주제 우리는 혼자가 아니야
대상 힘이 되어 주는 든든한 멘토를 찾는 사람

마음의 흔들림 ♥

어릴 때, '여자애들은 좋겠다.' 하고 생각한 적이 많았다. 바로 '키다리 아저씨'를 보고 나서부터 그랬던 것 같다. 여자 주인공이 힘들 때나 외로울 때 "짜잔~!!" 하고 나타나서 온갖 도움을 주고 소리 없이 사라지는 키다리 아저씨. 그 정체불명의 비밀을 간직한 사람이 내 주위에도 있다면 얼마나 좋을까. 그런 생각을 많이 하다가 중학교 때쯤, 나에게 알맞은(?) 인물을 찾아냈다. 바로, 우렁각시!! 얼마나 설레고 낭만적인 인물인가? 내가 없을 때 나타나서 밥도 차려 놓고, 청소도 해 주고, 나를 위해 모든 일을 해 주는 우렁각시……. 이렇게 전래동화에서라도 찾고 싶었다, 나의 후원자를.

이 그림책에 나온 루비가 만약 용기가 없었더라면, 아니 든든한 후원자이자 멘토인 할아버지가 없었더라면, 과연 자신이 원하는 삶을 살 수 있었을까. 정신적인 유대관계가 있었던 할아버지와의 교류가 없었다면 많이 힘들었을 것이다.

그럼 '루비에게만 이런 정신적 후원자가 있는가.' 하는 고민을 해 보게 된다. 나에겐 누가 있었을까? 내 인생에서 그런 후원자를 꼽는다면 누구일까. 내 인생의 힘이 되어 준 인물, 멘토 같은 인물. 여기에 떠오르는 나의 후원자는 언제나 아버지와 어머니다. 책을 좋아하시고 항상 유쾌하게 사셨던, 자식이 보기엔 선비같이 고고하셨던 아버지. 그리고 아들이 바깥에서 돌아오면 온갖 얘기를 신나게 떠들어대도 다 들어 주시고 대화 상대를 해 주신 어머니. 그런 관계는 초등학교 때부터 교사가 된 지금까지 이어지고 있다. 시간이 지나 지금의 나이가 되니 깨닫게 되는 것 같다.

요즘에는 또 다른 멘토를 정해 본다. 교사로서 꼭 본받고 싶은 인물들. 거기에는 선수들을 발굴해 그 선수만의 장점을 살려 최고의 결과를 만들어 낸 히딩크 감독을 비롯해 겸손함과 결단력을 가르쳐 주는 링컨, 운동장의 작은 유리조각도 손수 줍는 솔선수범의 교본인 페스탈로치, 상상력의 힘을 가르쳐 주는 아인슈타인, 베르나르 베르베르, 쥘 베른, 조앤 롤링, 인간의 심리를 『로마인 이야기』로 풀어서 보여 준 시오노 나나미가 있다.

"지금 여러분의 멘토는 누구인가요? 학생들은 앞으로 찾으면 될 것이고, 어른이라면 과거를 잘 돌아보세요. 분명히, 필요한 순간에 누군가 있었을 것입니다!"

책 속으로 풍~덩

아무런 설명 없이 다짜고짜 그림책을 읽어 준다(가끔 이런 방식은 놀라운 호기심을 유발한다.). 아이들은 깜짝 놀라서 주의를 집중하기 시작한다. 도대체 뭘 보여 주시나 하면서. 그런데 이 그림책은 목소리 톤이 상당히 중요하므로 특별히 주의해서 할아버지의 음성을 흉내 내도록 한다.

『루비의 소원』에는 주인공 루비가 나온다. 시대는 아주 옛날, 봉건적인 사고방식이 널리 퍼져 있었던 때로 거슬러 올라간다. 루비의 할아버지는 골드러시의 붐을 타고 미국 캘리포니아까지 가서 금광을 채굴하여 젊은 시절에 아주 많은 돈을 번 인물이었다. 그래서 그 당시에는 부의 상징이었던 커다란 집과 많은 식구들을 거느리고 살았다. 그런 집안에서는 손녀로 태어난 여자애들이 손자들에 비해 많은 혜택을 받지 못하고 자라는 게 당연하게 여겨졌다. 하지만 그런 불공평한 대우를 계속 받은 루비는 '왜, 여자들은 남자들에 비해 차별을 받아야 하지?'라는 생각이 머릿속에서 지워지지 않았다.

그러던 어느 날, 자신이 쓴 시 때문에 할아버지와 이야기할 기회가 생겼다. 루비는 조금 겁도 났지만 용기를 내서 이야기했다. 등 축제가 열렸을 때 손자손녀들이 모두 등을 들고 축제를 즐겼는데 남자애들의 등은 여자애들의 평범한 등에 비해 더 화려하고 컸으며, 게다가 자신이 좋아하는 빨간색의 등이었다고. 가만히 이야기를 듣고 있던 할아버지가 그랬냐고 말씀

하셨다. 그리고 루비에게 열심히 공부하라고 했다.

세월이 흘러 어느덧 남자애들은 대학교에 가게 되었고, 여자애들은 시집을 가거나 했다. 하지만 루비는 남자애들보다 더 많이 공부하고 더 노력을 쏟아부었다. 그리고 맞이한 새해 첫날, 루비는 할아버지에게 인사를 하러 갔는데 할아버지가 행운의 빨간 봉투를 주셨다. 과연 그 봉투에는 어떤 행운이 들어 있었을까.

이 책의 화자는 말한다. 그 루비는 중국 최초의 여자 대학생이 되었다고. 그리고 그분이 바로 자기의 할머니였다고 말하며 사진까지 그림책에 실었다. 아…… 그랬구나.

'루비의 소원'을 다 읽어 준 후, 느껴지는 것이 있으면 '하이쿠'(俳句, 아주 짧은 일본의 시 형식으로, 5·7·5의 구조를 가지고 있다.) 형식으로 써 보게 한다. 이는 삼행시와 비슷하게 하는 것으로, 책을 다 보고 느낀 점을 시적으로 표현하는 것이다.

| 1. "루비의 소원 그 아이는 앞으로 무엇을 할까" | 2. "처음부터 난 그 아이가 누군지 너무 궁금해" | 3. "루비의 소원 들어준 할아버지 공감과 경청" | 4. "배움의 길은 환경과 상관없이 나만의 의지" |

위의 예처럼 각자 쓴 하이쿠를 발표해 보고 서로의 의견을 들어 본다. 같은 그림책을 봤지만 느끼는 것은 모두 다르다는 것을 깨닫게 됨으로써, 관점의 차이를 이해하는 시간도 될 수 있다(특히 위의 예에서 세 번째 시는 공감과 경청이란 것을 배운 다음에 마음속에 오래 남아서, 재치 있게 쓴 것 같다.).

"루비가 소원을 이루는 데 큰 도움을 준 사람은 누구인가요?" 하는 질문에 아이들은 당연히 "할아버지요."라고 한다. 할아버지의 후원과 관심 덕분에 루비는 대학을 갈 수 있었던 것이다. 그럼 다시 우리들한테 시선을 돌려서 "우리 인생에 이와 같은 후원자는 누구일까요? 각자 생각해 보세요." 하고 생각할 겨를을 준다. 그리고 서로 이야기 나누기를 한다. 그러면 비슷하지만 약간은 다른 자기만의 후원자가 조금씩 나오게 된다. 하지만 여기에 또 하나 중요한 사실이 있음을 알려 줘야 한다. 바로 '루비 자신의 용기'다. 본인의 용기가 없었다면 인생에 변화는 오지 않았을 것이고, 여느 주위 사람들처럼 비슷한 인생을 살고 말았을 것이다.

'스스로 하고자 하는 용기, 그것은 인생의 후원자만큼이나 중요하다!!'

함께 해 보기

❶ 나의 꿈 책받침 만들기

현재 나의 소원이나 꿈은 무엇인지 예쁜 편지지에 쓰고 코팅한다. 그런 다음 이것을 책상 위에 붙여 놓고 매일 볼 수 있도록 지도한다.

1. 나의 꿈(소원) :

2. 그 꿈(소원)을 정한 이유 :

3. 그 꿈(소원)을 이루기 위한 나의 노력(자세히 쓰기) :

4. 내 꿈(소원)의 롤모델 :

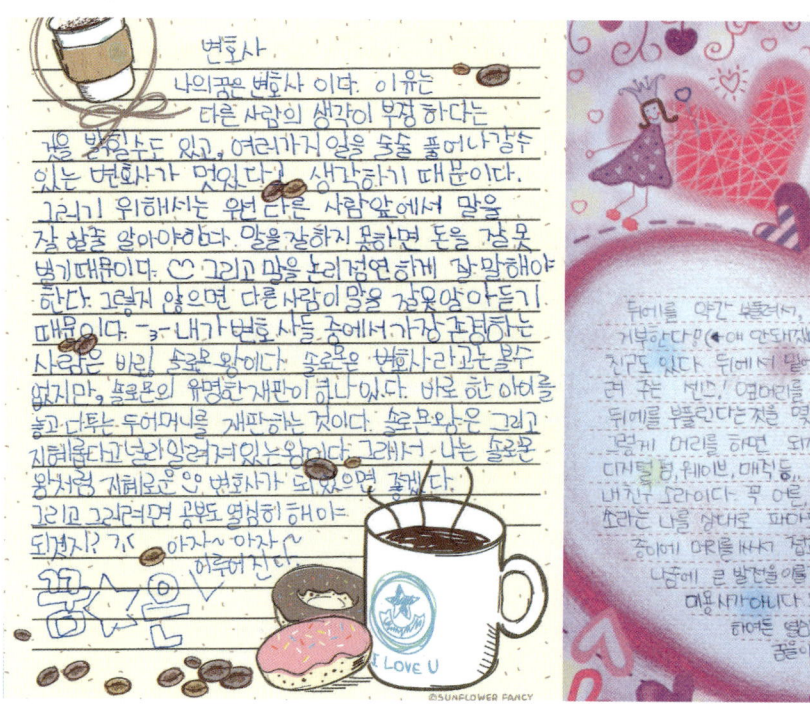

❷ 3년마다 미래의 자신에게 편지 쓰기

3년 후 미래의 자기에게 '꿈을 이루기 위해 열심히 노력하는지' 편지를 쓰게 한다. 그리고 3년 전부터(현재) 너는 이런 꿈을 위해 노력했는데 지금도 잘하고 있는지, 힘들더라도 네(자신) 꿈을 위해 더욱 노력하라는 응원의 내용을 쓴다.

이 편지는 담임선생님이나 부모님이 3년 동안 가지고 있다가 쓴 날짜에 맞추어 우체통에 넣어 준다(우푯값이 올랐으면 오른 만큼 더 붙이고, 주소가 바뀌었으면 고쳐서 보낸다.).

힘내라고 3년 후 자기 자신에게 용돈으로 1,000원을 동봉한 아이들도 있다. 혹은 과거를 추억하라고 스티커 사진이나 좋아했던 가수 사진을 넣어도 좋다. 3년이 지나도 과거의 자신과 소통하는 재미가 있으니까.

Tip

나는 10여 년 넘게 아이들에게 '미래의 자신에게 편지 쓰기' 활동을 하고 있다. 미래의 자신에게 자유롭게 쓰라고 했는데 정말 다양하고 재미있는 내용들이 많았다. 처음 편지쓰기를 하고 아이들에게 그 편지를 부칠 때, 교사인 내가 느낀 것을 적은 글을 일기장에서 찾았다(1997년도임). 쑥스럽지만 여기에 소개하고자 한다.

〈 미래로의 편지 〉

'만약 과거의 나한테서 편지를 받는다면?'

나는 물론이고 사람은 누구나 미지의 누군가를 상상해 보려 하는 것뿐만 아니라, 미래의 제 모습을 상상해 보려고도 한다.

'미래의 나는 어떤 모습일까?' '어디서 무엇을 하고 있을까?'

그런 상상들은 미래의 자신을 만나려는 시도로 이어지기 쉽다. 상상의 대화, 미래의 모습 그리기 등등. 특히 아동들에겐 더욱 궁금한 모습일 것이다. 그래서 이런 생각을 해 보았다. '이 아이들과 미래의 자신들을 만나게 해 줄 수 있을까?' 하는…….

오늘 난 36개의 편지를 부쳤다. 2년 동안 내 책상 속 구석에 숨어 지내던 편지들을. 그 편지들의 주인은 지금 중학교 1학년생이 되어 있다. 이들은 지난 초등학교 5학년 5월에 2년 후의 자신에게 부치는 편지를 썼었다.

아주 짧게 쓴 아이도, 장난으로 쓴 아이도 있었다. 반면, 매우 꼼꼼하게 미래의 모습을 상상해 보고 대화를 하는 아이들도 많았다. 간단히 소개한다면 아래와 같다.

"지금은 중학생이 되어 단발머리를 하고 있겠구나. 넌 예쁘니까 단발머리도 잘 어울릴 거야."

"재한아, 너 요즘도 농구 잘해? 넌 커서 분명히 농구선수가 될 거야."

"원석아, 너 용수랑 효은이 잊지 않았지? 항상 나보다 공부를 잘하던 애들 말야. 지금도 그러니? 원석아, 공부 열심히 해서 그 아이들을 꼭 이겨 보자."

"얘, 교복은 잘 어울리니? 빨리 네 아니, 내 모습을 보고 싶다. 그런데 궁금한 게 하나 있어. 너 아직도 그렇게 눈부실 정도로 예쁘니?"

"잘 먹고 잘 살아야 돼! 꼭이야!!"

"요즘 공부하느라 힘들지? 중학생은 공부할 게 많아서 많이 힘들겠구나. 하지만 걱정 마. 내가 응원해 줄게. 고은정 화이팅!"

"희정아, 너의 과거의 꿈이 뭔지 아니? 바로 소설가가 되는 거야. 그래서 책도 많이 읽고 있단다. 그런데 지금도 넌 꿈이 소설가겠지? 설마 바뀌진 않았겠지? 책 많이 읽어라. 너와 나의 꿈을 위해!"

2년이 지난 지금, 과거의 자신들로부터 받는 편지. 어떤 느낌일까? 그걸 아는 건 어렵지 않을 것이다. 곧 메아리처럼 되돌아올 테니까.

그땐, 5학년 아이들이라 2년 후 중학생이 되었을 때의 모습을 많이 궁금해해서 2년 후로 정했나 보다. 상황에 맞게 기간을 정하는 것도 요령!

혹시, 연락이 안 되는 아이나, 주소가 바뀌었을 아이들이 있을 경우를 대비해서 편지봉투에 반송될 주소를 붙여 준다.

지금 내 방에는 아직도 주인을 못 만나고 되돌아온 편지가 몇 통 있다. 매년 한두 명씩은 연락이 안 돼서 편지를 못 받은 것 같다. 하지만 크게 걱정은 하지 않는다. 10년이 지나 우연히 만나는 제자들도 많으니까, 그때 그 편지를 전해 주면 기쁨 두 배~!!

이와 비슷한 소재의 영화가 나왔다. 'Dear me'(With love from the age of reason, 2011, 얀 사무엘 감독, 소피 마르소 출연) 어른이 된 어

느 날, 완벽한 그녀에게 일곱 살의 행복설계도가 배달된다. 'Dear, 마그릿! 이 편지를 읽을 때면 너도 근사한 생일을 맞았겠지?'로 시작되는 과거의 자신으로부터 받은 편지. 과연 어떤 일이 일어날까.

함께 읽기

『검피 아저씨의 뱃놀이』 (존 버닝햄 글·그림 / 이주령 옮김 / 시공주니어)
『제랄다와 거인』 (토미 웅거러 글·그림 / 김경연 옮김 / 비룡소)
『비 오는 날의 소풍』 (가브리엘 뱅상 글·그림 / 햇살과나무꾼 옮김 / 황금여우)
『기억의 풍선』 (제시 올리베로스 글 / 다나 울프카테 그림 / 나린글 편집부 옮김 / 나린글)
『검피 아저씨의 코뿔소』 (존 버닝햄 글·그림 / 이상희 옮김 / 시공주니어)
『삶이 머무는 자리, 그네』 (브리타 테켄트럽 글·그림 / 김서정 옮김 / 길벗어린이)

당신이 줄 수 있는
가장 특별한 선물은 무엇입니까?

『소피의 달빛 담요』
에일린 스피넬리 글
제인 다이어 그림
김홍숙 옮김
파란자전거

주제 베푸는 삶
대상 마음 표현이 서툰 아이들

마음의 흔들림 💚

쨍쨍 맑은 날, 기분 좋게 길을 걷다가 미처 못 본 거미줄이 몸에 닿으면 그 끈적이는 느낌에 진저리가 쳐진다. 하지만 새벽녘, 이슬이 채 마르지 않아 물방울이 촉촉이 맺혀 있는 거미줄은 보석처럼 빛나서 '아, 멋지다!' 하는 탄성이 절로 나온다. 해충을 잡아먹는 고마운 곤충이건만 영화 속 괴물을 떠오르게 하는 생김새 때문에 사람들에게 좀처럼 환영받지 못하는 거미.

이 책은 바로 그런 거미가 주인공이다. '소피'라는 이름을 가진 이 거미는 뛰어난 패션 감각과 함께 다른 사람의 부족한 부분을 채워 주고 싶어 하는 따뜻한 마음을 지니고 있다. 소피는 『샬롯의 거미줄』이란 동화 속 거미처럼 누군가를 돕기 위해 멋진 거미줄을 만든다. 겨울날의 눈 결정처럼 빛나는 그녀의 거미줄에는 누군가를 위한 진심 어린 마음이 담겨 있어 더욱 아름답다.

부유한 환경에서 자랐지만 내가 가진 것을 누군가에게 나누어 주거나 힘든 상황에 처한 친구를 돕는 일에 선뜻 나서지 못하는 아이들이 소피의 이야기를 통해 기꺼운 마음으로 자신의 것을 내어 주는 마음을 배울 수 있으면 좋겠다. 한낱 작은 거미 한 마리가 가난한 여인을 축복하기 위해 마지막까지 혼신의 힘을 다하여 아름다운 선물을 만들어 가는 모습을 통해 아이들 스스로 누군가에게 자신의 마음을 나눠 주는 일이 얼마나 기쁘고 멋진 일인지 알려 주고 싶다.

책 속으로 풍~덩

"이 책에 나오는 거미는 평소 우리가 보는 집거미가 아닌 '육아거미(학명: 피사우리나 미라)'야."

"육아거미가 뭐예요?" 난생 처음 듣는 거미 이름에 아이들의 궁금증이 커진다.

"육아거미는 먹이를 잡아먹기 위해 거미줄을 만들지 않고 자신의 아기를 보호하기 위해서만 거미줄을 짜는 거미래."

뭔가 남다른 거미라는 생각에 아이들은 소피를 조금은 사랑스럽게 받아들였다. 소피가 만든 다양한 거미줄 작품, 소피의 옷차림 등을 살펴보며 제법 마음에 들어 한다. 곁들여 그리스 로마 신화 속 아라크네 이야기도 해 주었더니 와~ 하며 폭 빠져서 이야기를 듣는다.

아름다운 거미줄을 만드는 멋진 소피지만 삶은 좀처럼 평탄치 못하다. 친구들이 한껏 부러워하던 실력을 발휘해 커튼, 새 옷, 슬리퍼 같은 멋진 작품을 만들어도 사람들은 하나같이 끔찍하게 여길 뿐이다. 그렇게 비이크 맨 씨의 하숙집에서 만난 사람들에게 세 번의 시련을 겪은 소피는 어느새 할머니 거미가 되어 지칠 대로 지친 몸으로 젊은 여인이 사는 뜨개질 바구니 속에 숨어든다. 그곳에서 소피는 가난한 동양 여인이 앞으로 태어날 자신의 아기를 위해 담요를 짜 주지 못해 슬퍼하는 모습을 보고 안타까워 마지막으로 담요 하나만 더 짜기로 결심한다.

달빛과 별빛을 재료로 담요를 짜기 시작한 소피는 그녀 인생의 아름다운 기억뿐 아니라 자신의 몸 자체를 그곳에 담는다. 잠시도 쉬지 않고 몸을 놀려 겨우 완성한 담요를 이제 막 잠든 아기에게 덮어 준 소피. 그녀 생애 최고의 작품에는 달과 별, 눈송이, 솔잎 등 세상의 아름다움이 촘촘하게 새겨져 있다. 그 안에 가득 담긴 소피의 진심이 그 아이의 삶을 환하고 향기롭게 지켜 주지 않을까 싶다.

"너희가 소피의 마지막 선물을 받았다면 어땠을 것 같아?"
"저렇게 소중한 선물인 줄 알면 영원히 소피를 잊지 못할 것 같아요."
"거미줄이지만 소피의 마음이 담겨서 담요가 엄청 따뜻할 것 같아요."

소피가 남긴 선물보다, 사람들을 돕고자 했던 소피의 아름다운 마음을 오래도록 기억하면 좋겠다.

함께 해 보기

❶ 소피를 추모하는 글 써 보기

외국 영화를 보면 사람이 죽은 후 그를 사랑했던 사람들이 모여 떠난 이의 죽음을 슬퍼하며 그의 삶에 대해 이야기 나누는 것을 볼 수 있다. 그와 관련된 일화를 소개하면서 그가 자신에게 어떤 사람이었는지를 다른 사람들에게 말해 주는 것이다.

비록 우리가 소피의 친구는 아니지만 소피의 일생을 알고 있으므로 그녀의 친구가 되어 소피가 살았던 삶에 대해 소개해 주면 어떨까? 짧게 몇 마디로 압축하여 소개할 수도 있고, 책에 소개된 이야기에 살을 붙여 새로운 이야기를 만들어도 좋겠다.

❷ 내가 만약 소피라면?

비이크맨 씨의 하숙집에서 만난 주인아줌마, 선장 아저씨, 요리사는 소피의 호의를 모른 채 소피의 겉모습만 보고 무서워하거나 욕을 한다. 물론 착한 소피는 그들을 원망하지 않고 바로 그 집을 떠났지만 말이다.

만약 이때 소피가 영화에서처럼 말을 할 수 있었다면 어떤 일이 벌어졌을까? 친구들끼리 역할을 나누어 주인아줌마, 선장 아저씨, 요리사, 소피가 되어 자신의 마음을 이야기해 보자. 처음 만났을 때는 소피의 외모를 보고 싫어할 수 있지만 소피의 진심을 알게 된다면 사람들의 태도가 어떻게 바뀔지 자신들의 입으로 다른 이야기를 펼쳐 보는 것이다.

역할을 번갈아 하며 미워하는 사람도, 미움을 받는 사람도 되어 본다. 누군가에게 오해를 사거나 미움을 받으면 기분이 어떤지 소피 입장을 대신하면서 알 수 있을 것이다. 그런 소통을 통해 오해가 풀려 주인아줌마의 집에 근사한 커튼이 펄럭이고, 선장 아저씨의 다락방에 고운 빛깔의 셔츠가 걸리며, 요리사가 튼튼한 슬리퍼를 신게 되면 좋겠다. '그 덕에 소피가 유명해지고 세상 사람들에게 사랑받으며 그 예술혼을 불태우며 행복하게 살게 된다면?' 하고 다른 결말도 상상해 보자.

❸ 오해를 풀어 드립니다!

거미처럼 생김새나 잘못된 오해로 '비호감'을 사는 동물들이 많이 있다.

도서관에 가서 다양한 동물 이야기를 찾아보며 그들에게만 있는 놀라운 능력을 찾아 소개해 보는 것은 어떨까?

예) 하이에나, 피라냐, 생쥐, 뱀, 그리마 등

함께 읽기

『까만 나라 노란 추장』 (강무홍 지음 / 한수임 그림 / 웅진닷컴)
『아낌없이 주는 나무』 (쉘 실버스타인 글·그림 / 이재명 옮김 / 시공주니어)
『안녕, 거미야!』 (베르벨 오프트링 글 / 이자벨 뮐러 그림 / 한윤진 옮김 / 다섯수레)
『행복을 선물해요 : 친절』 (안젤라 발세키 글 / 조샤 드지에르자브스카 그림 / 이현경 옮김 / 라임)
『사랑을 주면 줄수록』 (마시 캠벨 글 / 프란체스카 산나 그림 / 김지은 옮김 / 미디어창비)

본능적으로 느껴야 해~!

『느끼는 대로』
피터 H. 레이놀즈 글·그림
엄혜숙 옮김
문학동네 어린이

주제 느끼는 대로 표현하는 게 가장 아름답다.
대상 그림 그리기를 싫어하는 아이들

마음의 흔들림 ♥

학생일 때 가장 괴로웠던 건 당연히 '시험'이었다. 초등학교 때는 쉬는 시간마다 다음 시간에 대비해서 교과서를 들고 계속 외웠던 기억이 있다. 중·고등학교 때도 일주일이 시험이면 거의 일주일 내내 독서실에서(지금 생각해 보니 '독서실'은 결코 '독서'를 하는 곳이 아니었다. 참고서와 문제집을 눈으로 잡아먹어야만 내보내 주는 감옥이었다.) 밤을 새웠던 것 같다. 특히 암기과목은 이해도 오해도 없이 무조건 외워야 했다. '왜?' 그랬는지는 필요 없었다. 그냥 외워서 다음날 시험에 맞히면 끝이었다. 그리고 그 순간, 외웠던 모든 내용은 소리 없이 머릿속에서 빠져나간다. 그 순간.

대학교에 가면 그런 낭비적인 시험은 없을 줄 알았다. 굉장히 이성적이고, 탐구적이며, 이해를 바탕으로 긍정적인 방향을 모색하는 그런 시험이 나올 줄 알았다. 그런데 별 차이가 없었다. 여전히 외우지 않으면 쓸 수 없는 시험들이 대부분이었다. 여전히 시간적, 육체적 낭비가 있는 시험문제들. 비단 나만의 생각은 아닐 것이다.

그러다가 교사가 된 후에 '독서치료'에 관심이 많아져 사회교육원에서 독서치료사과정 연수를 찾아서 배우게 되었다. 평소부터 관심이 많던 터라 아주 알찬 공부를 했다. 책을 보고 내가, 나 자신이 느끼기만 하면 되는 거였다. 정답도 없었다. 내가 받은 감동과 느낌을 머리로 이해하고, 가슴으로 품어 내면 되었다. 자연스러운 체득, 그게 다였다. 약간 애매할 수도 있지만 그림을 보고 느끼는 것은 사람마다 다르기에 '틀리는 것'이 아니라는 거다. 그것이 중요하다. 이 책은 그런 나의 마음에 콕~ 하고 박힌 하나의 응원이었다.

선생님이 된 지금, 아이들에게 무엇을 보여 주고 '정답'만을 얘기하라고 하지 않는다. 세상에 한 가지 답만 있으면 너무 재미없지 않은가.

"내가 느끼는 대로 그림을 그리게 해 주신 첫 번째 미술 선생님께 이 책을 바칩니다."

이 문구는 작가인 피터 H. 레이놀즈가 이 그림책을 만들 때 헌사로 쓴 것이다. 작가가 처음 미술을 배울 때 '느끼는 대로' 그려 보라는 허용적인 분위기를 만들어 준 미술 선생님. 정말 훌륭하신 것 같다.

우리가 살면서 몇 분의 선생님을 만날지 모르지만, 한 아이의 미래를 바꿔 줄 말씀을 해 주실 선생님들은 또 얼마나 계실까? 아니, 그런 선생님들이 안 떠오른다면 이렇게 생각해도 좋을 듯하다. 수많은 선생님들이 1년 동안 수많은 말씀을 해 주신다. 그중에 내 마음에 탁~ 와서 꽂히는 말씀이 있는지 항상 마음을 열고 느낄 준비를 하라. 본능적으로 느껴지는 말이 있다면, 당신도 행운아!!

책 속으로 풍~덩

이 책은 미술과 관련된 이야기다. 주인공 레이먼은 그림 그리기를 좋아했다. 언제나, 어디서나, 무엇이든 그렸다. 심지어 화장실에서도 그림을 그렸다. 그렇게 매일 열심히 그림을 그리고 있는데 형이 와서 (사물과 똑같이 안 그렸다고) 비웃어 버린다. 그

후로 레이먼은 무엇이든 '똑같이' 그리려고 했지만 쉽지 않았다. 그림이 마음에 들지가 않아 계속 구겨 버리고 만다. 스트레스도 쌓이고 자기 그림에 자신이 없어지고 점점 의욕을 잃어 갈 때, 동생 마리솔이 그런 레이먼을 지켜보고 있었다. "넌 뭐야?" 레이먼은 괜히 심통을 부렸다. 그 순간 마리솔은 구겨진 종이를 들고 도망간다. 레이먼이 그 종이를 되찾으려고 동생 방에 뛰어든 순간, '아……' 레이먼은 아무 말도 할 수가 없었다. 거기에는 망쳤다고 생각되어서 구겨

버린 자신의 그림들이 벽면 전체를 장식하고 있었던 것이다.

꽃병처럼 보이지 않는다고 버렸던 그림에서 동생은 '꽃병 느낌이 난다.'고 말한다.

"정말…… 그렇구나."

그 후로 레이먼은 꼭 사실적이지 않아도, 마음 가는 대로, 즉 느끼는 대

로 그림을 그리기 시작한다. 그 열정적인 몰입의 장면을 보면 손에 땀이 날 정도다. 그렇게 완성된 그림들은, 그 자연스러움이 작품에(이제 이렇게 불러도 좋으리라) 고스란히 나타나 있는 것이다.

그래, 내가 느끼는 게 남들과 다르다고 틀린 것은 아니다. 그 '다름'을 오히려 감사하며 더욱 느끼는 대로 붓을 놀려야 한다. 자기만의 생각, 느낌, 상상이 본능적으로 표현된 그림! 이보다 멋진 예술품이 있을까?

함께 해 보기

❶ 포르멘(선 그리기)

다양한 직선과 곡선으로 이어진 선을 한 번에 그린다. 선 그리기를 통해 창의력과 상상력을 기를 수 있다. 기초적인 선부터 그려 보고 점점 복잡한 선을 그려 본다. 그리고 포르멘 위에 창의력을 더하면 다음과 같은 '작품'이 나온다.

〈 2학년 학생들의 그림 〉

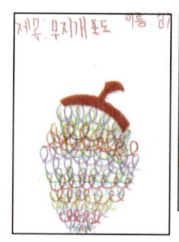   

〈 6학년 학생들의 그림 〉

❷ 사물의 느낌을 살려 그림 그리기

　해, 나무, 산, 바다 등 다양한 그리기 소재를 제시하고 사실적인 그림이 아닌, 자신의 느낌을 살려서 표현해 본다. 그린 후에 같은 소재끼리 모아서 감상을 하고, 같은 소재라도 개인의 느낌에 따라 다양한 그림이 나올 수 있다는 것을 보여 준다. 교실 뒤편에 전시하면 더욱 효과적으로 확인할 수 있다.

〈 '해'를 생각하고 그린 그림 〉

〈 '꽃'을 생각하고 그린 그림 〉

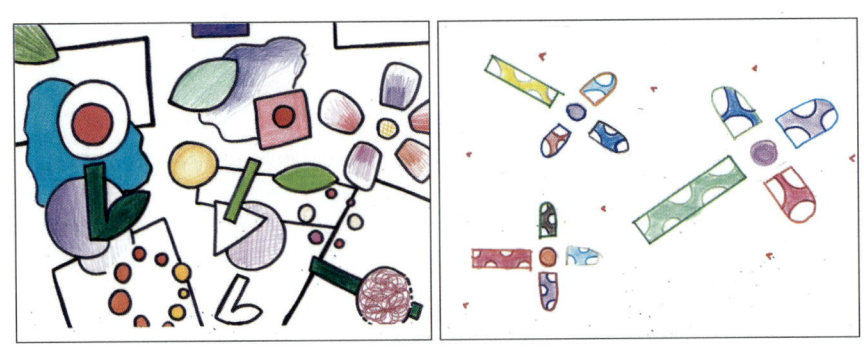

❸ 음악 들으며 느낌 표현하기

실제 음악이나 미술 교과서에도 음악을 들으며 느낌을 즉흥적 그림으로 나타내기가 있다. 가요, 민요, 클래식 등 다양한 장르의 음악을 들으며 즉흥적으로 그림으로 표현하는 것이다. 다 그린 그림을 교실 앞의 실물화상기로 보여 주며 같은 반 아이들한테 자신이 음악을 듣고 느낀 점을 이야기해 본다.

Tip

이 책은 처음 미술시간을 시작할 때 읽어 주면 좋다. 그림 그릴 때 중요한 것은 사실적인 표현만이 아닌 느낌이 있는 그림을 그리는 것, 자신만의 개성을 살리는 것도 중요하다고 알려 주는 이 책의 주제는, 미술에 부담감을 가지고 있는 아이들도 조금은 부담감을 덜어 내고 즐거운 마음으로 임할 수 있지 않을까 하는 생각이 들기 때문이다.

정말 좋은 것은 자신의 느낌을 담아서 표현하는 것이다. 그리고 다른 친구들의 느낌을 존중할 수 있는 아이들이 되자고 말해 주는 것도 잊지 말자. 그리고 이 책은 자연스럽게 『점』과 이어진다. (개인적으로 표지의 '느끼는 대로' 글자체가 꽤나 마음에 든다.)

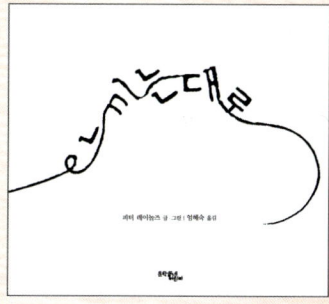

함께 읽기

『점』 (피터 H. 레이놀즈 글·그림 / 김지효 옮김 / 문학동네)

『고맙습니다, 선생님』 (페트리샤 폴라코 글·그림 / 서애경 옮김 / 미래엔아이세움)

『나의 미술관』 (조안 리우 글·그림 / 단추)

『나의 독산동』 (유은실 글 / 오승민 그림 / 문학과지성사)

『마음을 사로잡는 동물의 색』 (캐스 아드 글 / 그리어 스토더스 그림 / 장혜진 옮김 / 키다리)

『기분 가게』 (도키 나쓰키 글·그림 / 김숙 옮김 / 주니어김영사)

이게 작품이라고? vs 이것도 작품이야!

『점』
피터 H. 레이놀즈 글·그림
김지효 옮김
문학동네

주제 우연한 발견(칭찬)이 나를 변화시킨다.
대상 그림에 소질이 없다고 생각하는 아이들

마음의 흔들림 ♥

길을 가다가 가끔 하늘을 본 적이 있는가.

하얀 뭉게구름이 떠 있기도 하고, 먹구름이 몰려오기도 하고, 태양과 함께 낮에 나온 반달도 있다. 그러다가 또 한 번 올려다본 하늘을, 여러 갈래로 나눈 전깃줄이나 나뭇가지를 볼 때도 있다. 거 참, 신기한 풍경이다.

'누가 하늘을 저렇게 갈라놨지?'

전봇대 밑이나 나무 밑에서 보면 온통 하늘을 갈라놓은 모습이 나름 예술적으로 보일 때가 있다. 그래서 가지고 있던 디지털 카메라로 찍어 보기도 한다.

길을 가다가 가끔 지나온 길을 되돌아본 적이 있는가. 좁은 골

목길을 볼 수도 있고, 넓은 대로를 되돌아볼 수도 있다. 그리고 거기에 서 있는 나무들, 벽들, 사람들. 앞만 보고 갈 때는 모두가 나를 등지고 서 있거나 걸어가는데, 내가 서서 뒤를 돌아보면 그 모든 것이 나를 향해 쳐다보고 다가온다. 약간은 가슴 벅찬 느낌도 든다. 이런 설렘을 하루에 한 번이라도 느낀다면 좋겠다.

살다 보면 나는 잘 못 느끼는데 다른 사람이 보고 알려 줄 때가 있다. 그럴 때마다 깜짝 놀라며 깨닫는 경우가 많다. 그래서 '자기 집에 잘못된 것이 무엇인지 알고 싶으면 손님을 초대해 보라.'고 했는가. 내가 모르는 나의 장단점을 누군가가 깨우쳐 준다면, 그리고 그런 깨우침을 받아들일 자세가 되어 있다면 우리는 새로운 비전을 볼 수 있을 것이다. 이 책은 '우연한 발견'을 칭찬한 선생님이 아이의 무한한 잠재력을 깨우쳐 준 이야기다. 나도 그런 멋진 발견을 우리 반 아이들에게서 많이 하고 싶다.

책 속으로 풍~덩

"미술 시간은 벌써 끝났지만
베티는 꼼짝도 하지 않고 의자에 앉아 있었어요.
도화지는 하얀색 그대로였지요."

책상을 등지고 앉아 있는 여자 아이의 화난 모습이 옆에 그려져 있다. 정말 화가 많이 난 듯한 얼굴이다. 선생님이 농담을 던졌지만 아이는 아무 것도 못 그리겠다고 더욱 큰 소리로 대답한다. 하지만 선생님은 빙그레 웃으시며 말한다.

"어떤 것이라도 좋으니 한 번 시작해 보렴. 그냥 네가 하고 싶은 대로 해 봐."

아이는 반항하듯이 도화지 위에 연필을 내리꽂았다.

"여기요!"

하지만 도화지를 한참 살펴보던 선생님은 베티 앞에 내려놓으며 말씀하신다.

"자! 이제 네 이름을 쓰렴."

아, 이 얼마나 멋진 말인가. 아이가 그린 것을 '작품'으로 인정하는 순간이다. 그리고 일주일 뒤, 선생님의 책상 위 금테 액자 안에는 작은 점 하나만 있는 베티의 작품이 들어 있었다. 그날 이후부터 베티는 더 멋진 점을 그릴 수 있다며 온갖 점들을 그리기 시작한다. 노란 점, 빨간 점, 큰 점, 작은 점, 그리고 두 색을 섞어서 다른 색을 만들 수 있다는 것도 알게 되고 심지어는 색칠을 하지 않고도 커다란 점을 만드는 경지까지 이른다. 선생님의 '인정'과 작은 '칭찬'(베티의 작품을 액자에 넣어 준 것이 바로 칭찬의 표현)이 베티 안의 무한한 가능성을 열어 준 계기가 된 것이다. 아이 스스로 무언가를 하게 만드는 동기유발. 부모님이나 선생님이 가져야 할 가장 중요한 교육기술이 아닐까 생각된다.

그림책의 마지막 장면에 베티는 "누

나처럼 그림을 잘 그렸으면 좋겠다."는 아이를 만난다. 그때, 베티가 빙그레 웃으며 한마디 한다.

"한 번 그려 봐."

베티는 그 아이가 그린 비뚤비뚤한 선을 한참 바라보다가 말한다.

"자! 이제 여기에 네 이름을 쓰렴."

자기가 발전하게 된 계기를 기억하는 베티는 또 다른 아이의 잠재력을 일깨워 주기 위해 같은 방법을 사용한다. 이것이야말로 누군가에게 베푸는, 처음은 미약하였으나 그 끝은 창대해지는 '우연한 칭찬'의 시작이라고 말할 수 있지 않을까(더욱 재미있는 것은 그 아이가 『느끼는 대로』의 레이먼을 꼭 닮았다는 것이다! 그 아이는 정말로 좀 더 어렸을 적 레이먼이 아니었을까?).

함께 해 보기

❶ 뿌리기 표현기법으로 협동 작품 만들기

화가 잭슨 폴록의 유명한 작품들을 보여 주고 우리도 할 수 있다는 자신감을 갖게 한다. 그의 작품은 단순한 활동(물감 뿌리기)으로 새로움을 창작하여 명화가 된 것이 많다. 우리도 유명한 화가가 된 기분으로 비슷한 작품을 만들어 낸다면 이런 경험을 통해 베티만큼의 잠재력을 끌어낼 수 있을 것이다.

운동장에 나가 놀이기구(철봉, 늑목, 늘임봉, 정글짐 등)나 벽(철망)에 두꺼운 전지를 붙여 놓고 큰 붓에 물과 물감을 묻혀서 힘껏 뿌려 본다. 이때 고함도 지르면서 다양한 각도와 모양으로 뿌리게 한다. 실수로 던져진 붓의 모양이 찍혀도 통쾌하고 웃음이 나온다. 이 모든 과정이 하나의 작품으로 승화됨을 경험해 보는 것이 아이들에게는 자신감과 즐거움을 느끼게 할 수 있어 좋다(이때는 꼭 물감으로 더럽혀져도 괜찮을 옷을 겉에 입고 오게 한다.).

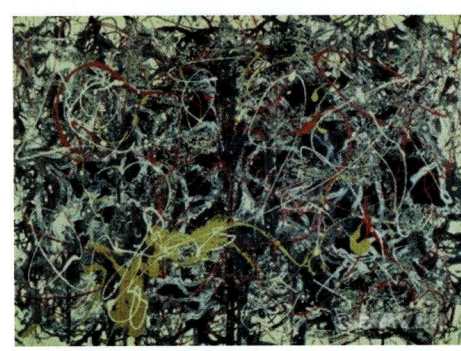
잭슨 폴록의 작품 '넘버 6'

운동장에서 뿌린('그린' 것이 아님) 작품을 교실에 전시했다.

❷ 손가락 도장으로 표현하기

손가락에 인주를 묻혀서 도화지에 자유롭게 찍고 그것으로 그림을 완성한다. 예쁜 엽서를 만들 수도 있고 화사한 꽃밭을 만들 수도 있다. 창의력을 키우기에는 제격이다.

Tip

이 그림책의 앞부분에 '추천의 말'을 쓴 화가의 글이 있다. 아이들에게 이 부분을 읽어 주는 것도 '우연한 발견과 칭찬'을 소중히 생각하는 계기가 될 것이다(미술실이나 교실에 이 글을 붙여 놓고, 하루를 시작할 때 읽으면 마음의 폭이 넓어질 것이다.).

키워드: 따뜻한 시선 하나, 자신감, 즐거움, 작은 칭찬 하나.

함께 읽기

『난 토마토 절대 안 먹어』 (로렌 차일드 글·그림 / 조은수 옮김 / 국민서관)

『나의 프리다』 (앤서니 브라운 글·그림 / 공경희 옮김 / 웅진주니어)

『하루 종일 미술시간』 (하세가와 요시후미 글·그림 / 김소연 옮김 / 천개의바람)

칭찬은 고래도 춤추게 한다고요~!

『혼나지 않게 해 주세요』
구스노키 시게노리 글
이시이 기요타카 그림
고향옥 옮김
베틀북

주제 칭찬받고 싶어요!
대상 만날 혼나는 아이들, 자주 혼내는 부모님·선생님

마음의 흔들림 💚

어디에나 단골로 혼나는 말썽꾸러기가 있다. 친구를 약 올리다 기어코 싸우고, 장난을 치다 와장창 남의 물건을 깨부순다. 어른들에게 혼날 적마다 "또 너냐?"라는 소리를 듣기도 하고, 괜히 억울한 마음에 입술을 꾹 깨물며 서럽게 울기도 한다.

혼내는 어른들 입장에서는 이런 녀석들이 여간 골칫거리가 아닐 수 없지만, 종일 주변 사람들에게 싫은 소리를 들은 아이의 입장에서 생각하면 "에휴~" 하는 안쓰러운 한숨이 새어 나오기도 한다.

이 책은 무엇보다 나를 돌아보게 했다. 혹시 나도 『지각대장 존』 속의 무시무시한 선생님처럼 아이들의 말에 귀 기울이지 않고 무조건 혼부터 내고 있지는 않을까? '쟤는 안 돼!' 하며 고정관념이나 편견으로 아이의 마음에 상처를 주는 못난 어른은 되지 말아야겠다는 다짐을 다시 한번 더 하게 됐다. 책 속 선생님과 엄마처럼 너무 멀리까지 가 버려 아이 마음에 딱지가 앉은 후에 미안해하지 말고, 너무 늦기 전에 지금부터 시작해 보자. '까짓 거 칭찬은 고래도 춤추게 한다는데 그게 뭐 어렵겠어.'라는 생각으로 마음만 먹으면 어른들은 누구나 아이들을 싱글벙글 웃게 만들 수 있다. 사소한 일이라도 칭찬하기 위해 아이들 하나하나의 모습을 유심히 살피다 보면 진심으로 칭찬하고 싶은 모습이 보인다. 다정한 말 한마디로 아이들을 신나게 만들자. 그렇게 어른과 아이의 관계가 돈독해지는 그 날까지, 아자아자!

책 속으로 풍~덩

제목을 보면서 "너희들은 언제 '혼나지 않게 해 주세요.'라는 생각을 해?" 하고 물어보았다.

"매일이요~." 장난꾸러기 녀석들이 빙글빙글 웃으며 대답한다.

"혼나고 싶지는 않은데……. 나도 모르게 자꾸만 혼날 짓을 하게 돼요."

"그런데 이 아이, 표정 좀 봐 봐. 기분이 어떤 것 같아?"

"단단히 골난 것 같아요."

"저러고 있다가 엄마한테 등짝 한 대 맞을 것 같아요. 큭큭큭."

아이들 말처럼 잔뜩 화가 난 채 고개를 돌려 버린 주인공 아이. 혼나지 않게 해 달라는 제목과 달리 잔뜩 골난 표정을 보니 무슨 일이 단단히 있었나 보다.

아이들은 어깨가 축 처진 채 땅바닥만 바라보며 집으로 돌아가는 주인공의 모습에 "학교에서도 혼났나 봐~" 한다.

녀석은 일하다 늦는 엄마를 대신해 동생이랑 열심히 놀아 준다. 하지만 떼쟁이 여동생은 녀석의 마음과 달리 엄마가 올 때까지 울어 대다 기어코 오빠를 혼나게 만든다. 억울한 마음에 변명을 할 만도 한데 '그래 봤자 엄마가 더 화낼 게 뻔하다.'며 녀석은 아무 대꾸도 않는다. 그저 묵묵히 혼날 뿐이다.

"내 동생도 저러는데……. 저럴 때 아주 얄미워 죽겠어요."

"맞아, 맞아! 엄마한테 일러서 꼭 혼나게 한다니까~"

학교에서도 상황은 별반 다르지 않다. 단지 친구들과 잘 지내보려고 한 일인데 그게 족족 말썽이다. 게다가 선생님은 앞뒤 상황도 정확히 안 듣고 무조건 자기부터 혼낸다. 그러니 억울한 마음에 눈물부터 난다. 요 녀석은 그저 '참 착하구나.'라는 칭찬이 듣고 싶었을 뿐인데 주변엔 온통 자기한테 화난 사람뿐이니 얼마나 속이 상할까.

"너무 불쌍해요." 상황을 알게 된 아이들이 제 일처럼 안타까워했다. 아마도 이런 억울한 마음을 한 번쯤 겪어 봐서 이 아이의 심정이 누구보다 잘 헤아려지는 것이리라.

교실에서 소원 쓰기 활동이 있던 날, 소원 쪽지를 읽은 선생님은 참 좋은 소원이라며 아이를 칭찬해 주고, 엄마 또한 아이를 꼭 안아 준다. 맞춤법이 틀려서 더 귀여운 아이의 소원. 모처럼 받은 칭찬에 자면서도 행복한 웃음을 감추지 못하는 녀석의 모습이 귀엽다. 그 얼굴이 아른거려서 한동안 말썽꾸러기들을 혼내지 못할 것만 같다.

함께 해 보기
❶ 칭찬 나누기

누군가에게 칭찬받는 일은 아이나 어른이나 참 기분 좋은 일이다. 주로 부모님이나 선생님 등 어른들께 칭찬받기만 했다면, 오늘은 자신이 직접 주변 사람들을 칭찬해 주는 것은 어떨까? 빤히 얼굴을 보고 칭찬하는 것이 조금 쑥스럽기는 하지만 그 사람의 얼굴이나 모습을 관찰하며 칭찬거리를 찾아 기분 좋게 만들어 주는 것은 몹시 즐거운 일이 될 것이다. 단, 억지스럽거나 장난스러운 말로 상대방의 기분이 상하지 않도록 해야 한다는 것을 잊지 말자.

Tip

학부모 상담 주간이나 학예회가 있을 때 꽤 많은 학부모가 교실에 찾아온다. 그럴 때, 이 책에서처럼 작은 소원 쪽지를 붙여서 알려 주면 어떨까? 소원 쪽지의 내용은 책 속 주인공처럼 엄마나 아빠에게 바라는 마음을 담으면 좋겠다. 예를 들어, '하루에 한 번씩 안아 주세요.'나 '하루 10분씩 내 얼굴을 보고 이야기를 나눠 주세요.' 같이 정서적인 교감을 나눌 수 있는 소원으로 말이다. 이때는 게임기나 최신 휴대폰을 사 달라는 물질적인 소원을 적지 않도록 미리 알려 주자.
쪽지 아래 아이들의 이름을 써 놓으면 누가 적은 소원인지 쉽게 알아볼 수 있다.

함께 읽기

『엄마, 누가 제일 좋아?』 (바버러 슈크 헤이젠 글 / 메리앤 코발스키 그림 / 노은정 옮김 / 달리)
『엄마를 화나게 하는 10가지 방법』 (실비 드 마튀이시윅스 글 / 세바스티앙 디올로장 그림 / 이정주 옮김 / 어린이작가정신)
『칭찬받고 싶어요.』 (레베카 패터슨 글 / 메리 리스 그림 / 노은정 옮김 / 미래아이)
『에드와르도 : 세상에서 가장 못된 아이』 (존 버닝햄 글·그림 / 조세현 옮김 / 비룡소)
『혼나기 싫어요!』 (김세실 글 / 폴린 코미스 그림 / 나무말미)
『꼬마 두더지 칭찬이 필요해』 (아나 예누스 글·그림 / 손영인 옮김 / 청어람아이)

누구나 꿈꿀 수 있다!

『프레드릭』
레오 리오니 글·그림
최순희 옮김
시공주니어

주제 꿈꿀 수 있는 인생
대상 꿈꾸기를 희망하는 모든 아이들

마음의 흔들림 ♥

　우리 가족이 그림책에 푸욱~ 빠지게 된 계기는 (대부분의 부모들이 그렇겠지만) 아기를 낳고 키우면서부터다. 그림책과는 거리가 멀었던 우리들이 자녀의 양육에 눈을 뜨면서 정서와 지식, 경험까지 한 방에 해결해 주는 '그림책'이라는 보물을 만나고 눈이 휘둥그레졌기 때문이다. '아, 이거야!' 하는, 그리고 참 다양한 그림책을 접했다. 내가, 혹은 아들이, 혹은 엄마가 도서관을 찾아다니며 만났던 보물들!! 자주 그러다 보니 나름의 기호가 생기게 되었다. 하지만 누군가 가장 좋아하는 작가나 캐릭터를 물어본다면, 우리 가족은 한목소리로 대답할 것이다. 레오 리오니의 '프레드릭~!!!' 추운 겨울에 읽었는지는 기억나지 않지만 그 책을 생각하면 항상 따스함이 배어난다. 콜라주 기법은 그림이 아니라서 그런지 더 따스하게 느껴지나 보다.

　아무튼, 내 눈에는 너무 쉽게 쭉쭉~ 찢어서, 탁탁!! 붙여 놓은 듯한 레오의 솜씨는 귀엽고, 아담하고, 또한 섬세하다. 게다가 보는 나로 하여금, 최초로 그림책 작가에 도전할 수 있는 희망을 안겨 준 사람이다~!! 꼭 그리지 않고도 그림책을 완성할 수 있다면, 우리 같은 미술 전공자가 아니더라도 할 수 있지 않을까? 뭐, 아직은 희망사항이지만 말이다.

또한 레오의 작품에는 왠지 선생님 같은 냄새가 있다. 난 그게 좋았다. (남들은 너무나 교훈적이어서 초등학교 교장선생님의 훈화 같다는 느낌도 있다지만) 오히려 설교 같은 외침이 아니라 잔잔하게, 그리고 부드럽게 내용만을 전해 주는 그의 성품이 좋았다. 느끼는 건 오로지 독자의 몫인 것이다.

"넌, 시인이야!"라고 친구들이 말해 주었을 때,

"나도 알아."라고 수줍게 말하는 주인공 프레드릭의 모습은 작가가 꿈꾸는 모습이고, 우리가 꿈꾸고 싶은 모습이다.

누구나 꿈꿀 수 있다면, 그 소중한 꿈을 이루기 위한 환경을 만들어 주는 것은 부모와 교사의 몫이다.

책 속으로 풍~덩

표지를 보여 주며 "이 그림책처럼 종이를 찢어서 만든 그림을 본 적이 있나요?" 물어보면,

"아니요~~!!" 혹은 "네~~!! 어떤 그림책에서 보았어요."라고 말한다.

"이 그림책은 '레오 리오니'라는 할아버지가 그리셨는데, 처음에는 손자들을 위해 종이를 찢어서 이야기를 해 주다가 나중에 그림책 작가가 되셨대요.

그럼 이 할아버지가 만드신 그림책 속으로 들어가 볼까요?"

(그림책을 읽어 줄 땐 다양한 목소리로 읽어 준다. 하지만 주인공 프레드릭만은

처음엔 무덤덤한 목소리로 읽어 주는 게 좋다. 나중에 들쥐 가족에게 이야기해 주는 부분에서는 점점 감정을 넣어서 읽어 준다.)

헛간과 곳간에서 가까운 돌담에 수다쟁이 들쥐 가족이 살았다. 겨울이 다가오자, 작은 들쥐들은 옥수수와 나무 열매, 밀과 짚을 모으기 시작했다. 단 한 마리, 프레드릭만 빼고 말이다. 들쥐들이 왜 일을 안 하는지 물어보자 엉뚱한 대답들을 한다.

"나도 일하고 있어. 추운 겨울날들을 위해 햇살을 모으는 중이야."

"색깔을 모으고 있어."

"이야기를 모으고 있어."

드디어 겨울이 되자, 작은 들쥐 다섯 마리는 돌담 틈새로 난 구멍으로 들어간다. 처음엔 먹이가 넉넉해서 행복하게 지냈지만, 먹이가 떨어지자 누구 하나 재잘대고 싶어 하지 않았다. 그러던 들쥐들은, 햇살과 색깔과 이야기를 모은다던 프레드릭에게 어떻게 되었는지 묻는다. 이때부터 마법 같은 일들이 벌어진다. 프레드릭이 햇살 얘기를 하자 정말 몸이 따뜻해지는 것이 느껴지고, 색깔 얘기를 하자 그 색깔들을 또렷이 볼 수 있게 된다. 마지막으로 이야기를 해 준 프레드릭에게 들쥐들은 박수를 치며 감탄한다.

"프레드릭, 넌 시인이야!"

프레드릭은 얼굴을 붉히며 인사를 한 다음, 수줍게 말한다.

"나도 알아."

책을 다 읽어 주고 간단하게 내용을 확인해 본다. 친구들이 일하는 동안 프레드릭은 무엇을 하고 있었는지 물으면, 아이들은 그림책 속 이야기에서 본 것들을 되새기며 대답한다.

"햇살을 모으고 있었어요." "색깔을 모으고 있었어요." "이야기를 모으고 있었어요."

"겨울이 되자, 프레드릭은 친구들한테 어떤 이야기를 들려주었죠?" 하면, "찬란한 금빛 햇살을 느끼게 해 주었어요." "여러 가지 색깔의 꽃 이야기를 해 주었어요." "계절에 대한 이야기를 해 주었어요."

"프레드릭의 이야기를 듣고 들쥐 가족은 어떤 느낌을 받았을까요?"

"프레드릭 덕분에 추운 겨울에 따뜻한 느낌을 받았어요."

"프레드릭이 게으른 짓만 한 줄 알았는데 우리를 즐겁게 해 줘서 고마워해요."

"멋진 시인 친구를 두어서 자랑스러워해요."

"그래요. 친구들이 처음엔 프레드릭을 이상하게 생각했지만 프레드릭은 나름대로 '시인' 같은 모습을 꿈꾸며 여러 가지 이야기들을 모았어요. 그리고 친구들한테 '이야기'로 도움을 주었지요. 이렇게 누구나 다양한 방법으로 자신의 꿈을 이루어 나갈 수 있다는 걸 잊지 말아요." 하고 말한다.

함께 해 보기

❶ 우리가 들려주는 이야기

"혹시, 여러분도 프레드릭처럼 친구들에게 재미있는 이야기를 들려준 적이 있나요? 어떤 이야기를 해 주었나요?" 하면, 옛날이야기부터 웃긴 이야기, 책에서 읽은 이야기 등 다양하게 많다고 한다.

"여러분이 만약 프레드릭이라면, 친구들한테 어떤 따뜻한 이야기를 들려줄까요? 한 번 써 보고 옆 짝꿍에게 속삭여 볼래요?" 하며 프레드릭이 그려진 예쁜 종이를 복사해서 나누어 준다.

❷ 콜라주 기법으로 나만의 프레드릭 만들기

"여러분도 작가 할아버지처럼 여러 가지 종이와 재료를 가지고 나만의 프레드릭을 만들 수 있나요? 한 번 만들어 볼까요?" 하며 다양한 재료를 가지고 새로운 프레드릭을 만들어 보게 한다.

준비물로는 다양한 종류의 종이들, 예를 들어 골판지, 색종이, 신문지, 잡지, 한지, 검은 도화지, 종이 상자 등을 활용한다. 그리고 털실, 리본 테이프, 돌멩이, 흙, 씨앗, 과자봉지, 스티커 등 다양한 재료들도 붙여 본다.

Tip

『프레드릭』의 속면지를 보면 어지러운 낙서 같은 것이 쓰여 있다. 뭐라고 쓰여진 것일까? 바로 'Frederick(프레드릭)'이다. 아이들에게 보여 주면, 관찰력 좋은 아이들은 잘 찾아내고 자신 있게 얘기한다.

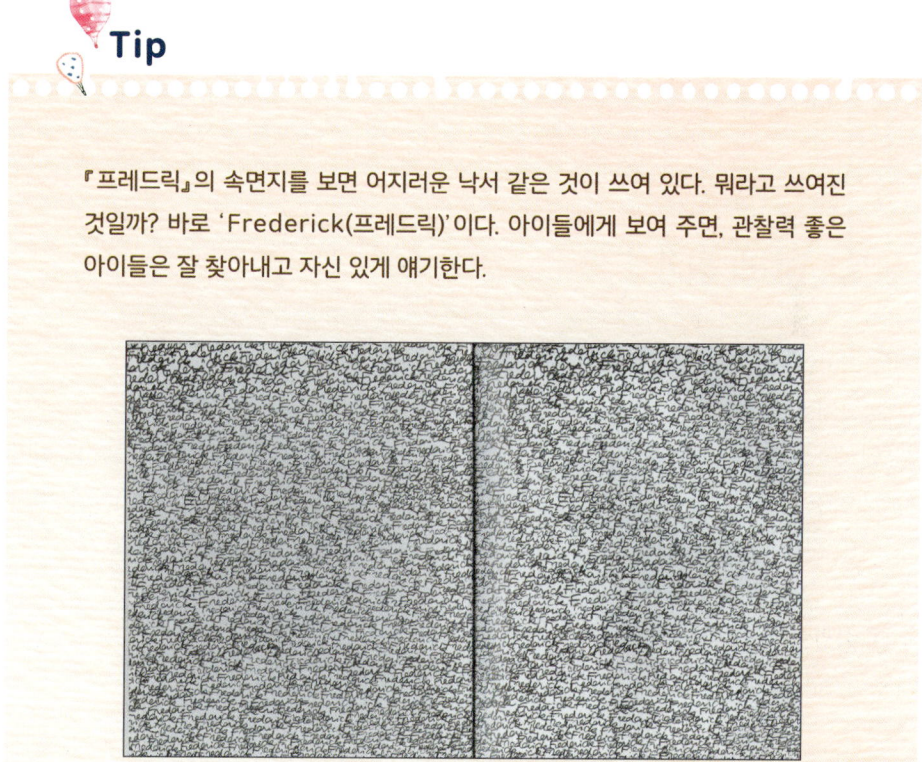

또 하나, 이 책의 앞뒤 표지를 펼쳐 보면 앞표지는 프레드릭이 앞을 보고 있고, 뒤표지는 그런 프레드릭의 뒷모습이 그려져 있다. 그림책을 펼쳤을 때 느낄 수 있는 또 다른 작가의 장치를 찾는 재미도 잊지 말고 아이들에게 찾아보라고 한다.

함께 읽기

『그리미의 꿈』 (레오 리오니 글·그림 / 김서정 옮김 / 마루벌)
『물고기는 물고기야!』 (레오 리오니 글·그림 / 최순희 옮김 / 시공주니어)
『앤서니 브라운의 행복한 미술관』 (앤서니 브라운 글·그림 / 서애경 옮김 / 웅진주니어)
『신기한 우산 가게』 (미야니시 다쓰야 글·그림 / 김수희 옮김 / 미래아이)
『다른 길로 가』 (마크 콜라지오반니 글 / 피터 H. 레이놀즈 그림 / 김여진 옮김 / 우리학교)
『악어의 비밀 가방』 (정경숙 글·그림 / 길벗어린이)

part 4
신나는 상상 속으로

마법 같은 책이 여기 있어요~!

『에르베 튈레의 감성 놀이책 색색깔깔 : 책 놀이 – UN LiVRE』
에르베 튈레 글 · 그림
김효나 옮김
루크북스(LÜKbooks)

주제 마법 같은 장난감, 책!
대상 책은 단지 책일 뿐이라고 생각하는 모든 사람들

마음의 흔들림 ♥

누군가와의 만남은 그냥 우연일까, 아니면 정해진 운명일까.

2010년 서울 코엑스에서 열린 '서울국제도서전' 때 주빈국 프랑스에서 작가를 초청하여 강연과 좌담회 프로그램을 열었는데 그것이 바로 '그림책 작가 에르베 튈레의 일러스트레이션 강연'이었다. 내 인생에 꼭 한 번 만나 뵙고 싶었던 작가라서 무작정 찾아갔다.

약 한 시간 반 정도의 시간에 작가의 책 이야기와 본인이 작가가 된 사연, 앞으로 하고 싶은 일에 대해 강연을 하고, 마지막으로 질문시간을 가졌다.

처음 에르베 튈레를 만났을 때 내 느낌은, '귀엽다!'였다. 얼굴 생김 자체가 정말 귀엽고 익살스러워 보였다. 그 역시 우리들과 마찬가지로 아빠가 되면서부터 아이들 책에 관심을 갖기 시작했고 그것에 올인하기로 마음을 먹었다고 한다. 당시 그의 기본 아이디어는 책에 구멍이 있는, – 그

때는 아무도 시도하지 않았던, 차별이 된 책—그래서 아이들이 놀랄 만한 그림책을 만들고자 했다. 학교에 강연을 자주 갔는데 거기서 교사들이 책을 재미있는 도구로 활용하는 것을 보고, 구멍이 뚫린 책이면 더 자유로운 도구가 될 수도 있겠구나 하는 생각이 들었다고 한다. 참으로 멋진 아이디어다.

"그런 아이디어는 어디서 오는가?" 하고 누가 질문을 했었는데, 그는 "사방에는 날아다니는 다양한 생각들이 있다. 나는 낚시꾼이다! 특히 학교 아이들의 순진무구한 그림에는 넘치는 아이디어가 많다. 나는 계속 아이들에게 미끼를 던지고 기다리는 낚시꾼이 된 느낌이다! 그리고 나는 계속 놀라움(재미)이 나타나기를 기대한다. 이미 많이 노출되었지만······. 그리고 앞으로도 다양한 작업을 하고 싶다. 예를 들어, 코뿔소랑 작업을 하고 싶고, 하하하. 아무튼 나는 시스템이 되고 싶지 않다!"고 했다. 참 멋지게 사는 사람이다.

강연 마지막에 자신의 최근 책을 한 권 꺼내서 (한국어로 되어 있기 때문에) 자기 대신 읽어 줄 사람을 한 명 지원받는다고 했다. 어느 분이 무대로 나가고, 에르베 튈레는 책만 넘겨주고 읽는 것은 지원자가 했다. 거기서부터 마법 같은 일이 일어난다. 그 누구도 쉽게 예측하지 못할 상황들이 계속 발생하는 것이다. 엄지손가락으로 노란 점을 다섯 번 "꾹꾹꾹꾹~꾸욱" 누르는 순간, 오우~~ 신기한 일이!!

"여러분, 이런 마법 같은 책을 아이들과 함께 읽어 보세요. 정말 마법이 일어난답니다~!!"

책 속으로 풍~덩

집에서 온 가족을 모셔 놓고 앞쪽에 식탁의자 두 개를 놓은 후, 책을 소개해 주겠다고 알린다(사회자는 작가의 역할을 하면 된다.). 책 표지를 보여 주고 그 제목을 읽어 준다. "에르베 튈레의 감성 놀이책 색색깔깔!! 시리즈 중 책 놀이-UN LiVRE." "그런데 이 책을 큰소리로 읽어 줄 사람이 필요한데, 지원자?" 하면서 아들이나 딸을 지목한다. 서로 하려고 한다면 양쪽에 앉히고 번갈아 해도 좋다. 표지를 넘기면 작고 노란 점이 하나 나타난다. 자녀에게 그 밑에 있는 글을 읽게 한다. 그리고 그대로 행동하라고 귀띔해 줘야 함을 잊지 말자. "세게~ 누르세요."(센스 있는 진행이 더욱 즐거운 책 놀이를 만든다.)

책을 흔들라고 하는 부분에는, 조금 장난스럽게 "어우~ 좀, 살살 흔드세요." 하고, 왼쪽으로 기울이라고 할 때는, 책 읽는 사람의 입장에서 왼쪽인지, 보는 사람의 입장에서 왼쪽인지 잘 판단해 보라고 한다(물론 사회자는 미리 어느 쪽인지 알고 있어야 한다. 그래야 마법이 통하니까).

그러는 동안 처음의 노란 점은 다양한 형태로 변한다. 점점 책에 빠져들 때 어둠이 찾아오면 책을 기울여서 입에 대고 어둠을 불어 보라고 한다. "후~!!" 할 때 사회자는 약간의 장난으로 더 세게 불라고 한다. "후우~~!!!"

하고 부는 순간, 찡그리며 코를 막고 한마디, "어우~ 냄새. 아까 뭘 먹은 거야?"

점점 화려하게 변하는 점들의 춤사위가 끝나갈 즈음에 마지막 한 장면을 놔두고 어떻게 될지를 상상해 보라고 한다. 과연, 변화무쌍함의 마지막은 어디일까? 이 책은 직접 겪어야만 하는 그림책이므로 자세한 설명은 하지 않으려 한다. 직접 "누르고, 흔들고, 돌리고, 놀자!"

함께 해 보기
❶ 작은 책 만들기
① A4종이를 8칸으로 접었다 펴고 가운데 2칸을 가위로 자른 후,
② 십자 모양으로 접고, ③ 누르면 4장짜리 작은 책이 만들어진다.
여기에 자신이 상상하는 것들을 작가처럼 흔들고, 만지고 돌릴 수 있는 재미있는 장난감 같은 책을 만들어 보라고 한다. 부모님과 선생님은 놀라고 말 것이다.

"아이들의 상상력은 그야말로 상상초월이다~!!"

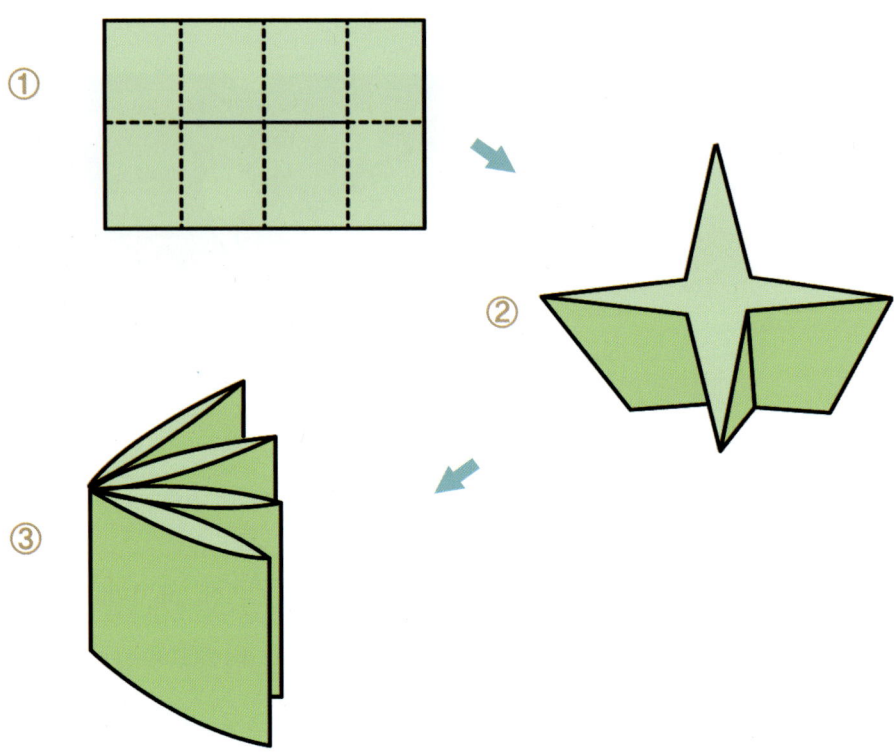

 **Tip**

'아이 때의 상상력을 어른이 되어서도 간직한 사람이 있다면, 대부분 그림책 작가일 것이다.' 에르베 튈레를 만나고 든 생각이다. 어릴 때의 그 순수함과 호기심을 잃지 않은 사람은 행운아일 것이다.

도서전의 강연에서 에르베 튈레의 정말 유쾌했던 장난 한 가지를 더 소개하면, 동시통역사와의 농담 주고받기였다. 질문시간에 약간의 (어색한) 틈이 생기자 작가가 통역사에게 질문을 한다.

에르베 : 통역사님은 질문 없나요?

통역사 : 통역사님은 질문 없나요?

에르베 : 아니요, 대답을 해 주셔야지요.(미소)

통역사 : 아니요, 대답……. 아, 없습니다.

에르베 : 통역사님은 자기 말을 통역하는 일이 종종 있나요?

통역사 : ……아니요. 아, 통역사님은 자기 말을 통역하는 일이 종종 있나요? 아니요.

에르베 : 하하, 통역사님은 주로 대답하고 통역하나요? 통역하고 대답하나요?

질문하는 사람이 나올 때까지 이런 장난스런 대화는 강연장을 한껏 고무시켰다. 정말 센스 있는 사람이다, 에르베 튈레는 그야말로 '유쾌, 상쾌, 통쾌'한 작가! 그는 내가 사인 받기 위해 내민 책의 속면지에 '내 이름'으로 예쁘게 사인해 주고, 자신이 가장 좋아한다는 한글로 된 이름 도장을 찍어 주었다(오른쪽 상단 끝부분을 보면 '튈레의 인'이라는 한글 도장이 찍혀 있다. 한글의 예쁜 모양이 너무나 마음에 들어서 다른 나라에 가서도 항상 저 도장을 찍어 준다고 한다.

〈작가의 예쁜 사인과 낙관〉

함께 읽기

『에르베 튈레의 감성 놀이책 색색깔깔』 시리즈 (에르베 튈레 글·그림 / 루크북스 LÜKbooks)

『이상한 나라의 앨리스』 팝업북 (루이스 캐럴 글 / 존 테니얼 그림 / 로버트 사부다 만듦 / 홍승수 옮김 / 넥서스주니어)

『이상한 놀이공원』 팝업북 (앤서니 브라운 글·그림 / 김향금 옮김 / 미세기)

『고무줄은 내 거야』 (요시타케 신스케 글·그림 / 유문조 옮김 / 위즈덤하우스)

『뭐든 될 수 있어』 (요시타케 신스케 글·그림 / 유문조 옮김 / 위즈덤하우스)

『집 안에 무슨 일이?』 (카테리나 고렐리크 글·그림 / 김여진 옮김 / 올리)

『그럼, 오렌지는?』 (이호백 글 / 이석연 그림 / 재미마주)

『나는 오, 너는 아!』 (존 케인 글·그림 / 이순영 옮김 / 북극곰)

『사람은 무엇으로 사는가?』 (이호백 글 / 이호연 그림 / 재미마주)

『호박 목욕탕』 (시바타 케이코 글·그림 / 황진희 옮김 / 위즈덤하우스)

첫사랑은 잘 살고 있을까?

『낱말 공장 나라』
아네스 드 레스트라드 글
발레리아 도캄포 그림
신윤경 옮김
세용출판

주제 내 인생에 소중한 것은?
대상 작은 것은 소중하지 않다고 하는 아이들

마음의 흔들림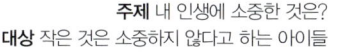

이 책을 읽고 처음 떠오른 건 첫사랑에 대한 추억이었다. 아, 아름답구나 하는.

이 책을 나에게 소개해 준 사람은 아들이었다. 도서관에서 공부한 책인데 나한테 반납을 해 달라는 것이다. 그전에, "아빠도 한 번 읽어 봐요, 재밌어요." 하고 슬쩍 권하는 것이 아닌가. 어쭈?

약간 자존심도 상하고 반납하기도 귀찮아서 그냥 문 앞에 내버려 둔 지 이틀이 지나자, 아들은 마치 선생님이 학생에게 확인하듯이 읽어 보았냐고 내게 물었다. "어?…… 아니. 지금 읽어 보려고." 당황하며 슬쩍 집어 든 책. 반납하려고 도서관에 가서 바닥에 털썩 주저앉아 읽기 시작한 책. 우선 그림은 마음에 들었다. 사람마다 좋아하는 그림체가 있는 게 아닐까 하며 읽어 내려가는데, '어? 이거 봐라? 재밌는데…….' 하는 느낌이 들었다. 이야기 전개도 좋았다. 우울한 분위기의 낱말 공장 나라로 시작된 이야기지만, 점점 밝아지는 모습은 읽는 독자로 하여금 희망과 재미를 주기에 충분했다. 중간에 설렘과 소년의 계획, 그리고 소녀와 연적의 등장, 극적인 클라이맥스와 반전 등 이야기 구조의 탄탄한 줄기는 사람을 이끄는 힘이 있었다.

세 사람이 길을 가면 반드시 그 안에 스승이 있다고 했던가. 이 날, 나는 아홉 살짜리 스승을 만나서 무척 기뻤다. 그리고 그날 밤 좋은 책을 소개해 줘서 고맙다고 엄~청난 아부를 했다.

책 속으로 풍~덩

이 책은 두 가지 의미로 다가온다. 어른에게는 첫사랑의 추억 속으로 빠져들기 쉬운 그림책이고, 아이들에게는 자신의 인생에 소중한 낱말은 어떤 것이 있을까 생각해 보게 해 주는 그림책이다.

먼저, 교실 가운데에 매트를 깔아 놓고 아이들을 앉힌다. 편안한 의자를 하나 놓고 앉아서 선생님이 첫사랑 이야기를 해 준다고 한다. 아이들은 벌써부터 흥미진진!

"그녀는 고등학교 때 선생님이 짝사랑하던 아이였어. 그러니까 고등학교 1학년 때였지, 아마. 그녀를 처음 보고 첫눈에 반해 버렸지. 그때부터 선생님은 열심히 연애편지를 쓰고 장난전화를 했어. 왜 장난전화를 했냐고? 원래 좋아하면 장난부터 치게 돼. 하하! 지금 너희들 주변에서 자꾸 장난치는 아이가 있으면, 좋아서 그런 거라고 생각해도 돼. 크크." 하면서 첫사랑 이야기를 해 주고, 그때 쓴 연애편지도 가지고 있다면 살짝 공개해도 효과 만점이다.

그 후에 "여기 또 한 명의 첫사랑을 간직한 소년이 있었어. 우리 같이 볼까?" 하며 빔으로 쏜 그림책을 감상하게 한다(이때, 먼저 준비한 음악—뒤의 Tip에 소개함—을 틀고 책을 읽어 준다.).

주인공 소년 '필레아스'는 참 신기한 나라에 산다. 바로 '낱말 공장 나라'. 그 나라 사람들은 낱말을 돈 주고 사서 낱말을 삼켜야만 말을 할 수 있는 것이다. 그래서 돈이 없는 가난한 사람들은 쓰레기통을 뒤지기도 했다. 하지만 사람들이 버린 낱말은 모두 시시한 것들뿐이었다. 봄이 되면 낱말을 싸게 팔기도 했다. 하지만 별로 쓸모없는 낱말뿐이었다. '복화술사'나 '등나무' 같은 낱말을 도대체 어디에 쓸 수 있겠는가. 그러다 가끔 바람이 불면 날아오는 낱말들도 있어서 사람들은 곤충망으로 낱말을 잡는다. 필레아스도 오늘 낱말을 세 개나 잡았다. 그리고 이를 소중한 누군가에게 쓰려고 아껴 두는데, 바로 필레아스가 사랑하는 소녀 '시벨'이다. 계단에서 그녀를 만났지만 위기의 순간이 닥쳐오고—연적의 물량공세를 받은 그녀!—결정은 그녀의 손에 달렸다. 이미 자신감이 없어 실의에 빠진 소년은 그래도 용기를 내어 아껴 둔 낱말을 말하는데, "체리, 먼지, 의자……." 이런 낱말들이었다.

아……. 과연 그녀는 어떤 선택을 할 것인가. 그런데 이게 웬일? 소녀가 필레아스를 택한 것이다. 이내 살며시 다가와 필레아스의 뺨에 뽀뽀를 하

는데(아마 그 소녀는 가진 낱말이 하나도 없었나 보다), 마지막 비장의 낱말카드를 꺼낸 필레아스. 과연 그 낱말은 무엇일까? 이 마지막 부분에 필레아스가 꼭꼭 숨겨 두었던 낱말 하나, 그것을 읽어 주기 전에 아이들에게 맞혀 보라고 하면 참으로 다양한 생각들을 만날 수 있다. 정말 멋진 낱말을 말해 주는 아이도 있었다. 이 책을 읽을 때 부모님이나 선생님도 맞혀 보는 기회를 갖기 바란다.

함께 해 보기

❶ 내 인생에 소중한 낱말 3개 찾기

"여러분들이 이 낱말 공장 나라에 산다면, 어떤 낱말이 가장 소중할까요? 여러분이 단 3개의 낱말만 가질 수 있다면 그 낱말이 무엇일지 생각해 봐요. 그리고 이 쪽지에 적어 볼래요?" 하면서 작은 쪽지를 3개씩 나누어 준다. 부연 설명으로 평소에 잘 활용할 수 있는 낱말이면 어떨까 하고 말해 준다. 남들에게 말해 주면 좋아할 낱말들, 그러면서도 나에게 소중한 낱말이라…….

모두가 적었으면 몇 명을 발표시키고, 나중에 교실 뒤편에 모두 전시한다. 왜 이 낱말을 적었냐고 물어보면, "응, 이유는 말이야~." 하며 서로를 이해하게 되기도 한다.

❷ 오린 낱말로 이야기 만들기

신문지나 잡지, 혹은 전단지를 가져오게 해서 낱말들을 오리고 모아 보게 한다. 다 모으면 그것으로 하나의 이야기를 만드는 것이다(이때 다른 그림책 『낱말수집가 맥스』에서 맥스가 만든 이야기를 참고로 보여 주면 좋다.).

『낱말 수집가 맥스』
(케이트 뱅크스 글, 보리스 쿨리코프 그림, 신형건 옮김, 보물창고)

❸ 쓸모없는 낱말 재치 있게 활용하기

별로 쓸모없는 듯한 낱말들을 나누어 주고 이 중에서 어떤 낱말을 골라 누구에게 외치고 싶은가, 그 이유는 무엇인가를 말하게 하는 활동이다. 의외로 아이들의 창의적이고 재치 있는 답변이 나온다.

예) 찜 : 엄마에게. 엄마의 사랑을 빼앗기지 않게 내가 '찜'했으니까.

아야 : 이성친구에게. 작은 무관심에도 내 마음이 아플 수 있다고 말해 주려고.

여기요! : 엄마에게. 시험에서 100점을 맞은 날, 당당하게 시험지를 꺼내며 말하겠다.

여보세요 : 친구에게. '힘들면 전화해~.' 라는 뜻에서 말한다.

❹ '낱말 낚시' 하고 짧은 글쓰기

저학년의 경우는 작은 바구니에 여러 가지 낱말들을 적은 카드를 넣어 놓고 모둠별로 낚시를 하는 것이다. 각자 낚시로 건진 낱말들을 펼쳐 놓고 짧은 글쓰기를 한다(낱말 카드는 투명 테이프로 감싸고 낚싯대 끝에는 양면테이프를 붙여서 낱말 카드를 건질 수 있게 해 둔다.).

 **Tip**

이 책은 처음 부분이 너무 우울해서 약간의 부담이 있는 책이었다. 그래서 배경 음악으로 어울리는 것을 틀어 놓으면 좋을 것 같아서 많은 음악을 접했는데, 딱 알맞은 음악을 찾았다. 뉴에이지 음악 중에서 'Robin Spielberg - Remembering You'란 것이었다. 그런데 문제가 생겼다. 책 읽는 속도는 7~8분 정도 되는데 음악은 약 3분 11초 정도였다. 그래서 할 수 없이 음악 하나를 더 찾게 되었다. 간신히 찾은 4분짜리 음악 'S.E.N.S. - Your Scene'을 이어 붙여서 내가 읽는 속도에 맞춰 보니 잘 맞았다.

아이들에게 발표하기 전에 음악교육과를 나오신 선생님들을 모셔 놓고 읽어 보았다. 음악이 그림책 몰입에 방해가 되는지 어떤지를 알아보기 위해서였는데 의외의 대답이 나왔다. "그림책의 흐름이 어둠에서 점점 밝아지는데, 음악이 그 흐름에 맞춰서 점점 밝아지는 게 좋았다."는 평가였다. 휴, 다행이다. 국어과를 나온 내게 음악은 아직 어려운 분야지만, 점점 친해져야 할 것 같은 기분이다. 그렇게 여러 번 연습한 후 아이들에게 들려주었다. 스스로도 만족스러운 경험이었다.

부모님이나 선생님이 첫사랑 이야기를 약간 뻔뻔하면서도 아련하게 할 수 있으면 좋다. 그리고 '소중한 낱말 3개 고르기'를 할 때는 어른도 같이 해 보자. 그림책은 아이뿐만 아니라 어른의 마음도 보듬어 주니까.

아이들 글 맛보기

이 책을 읽고 나는 이런 '낱말 공장 나라' 같은 세상이 정말 존재하면 어떨까 하는 생각이 들었다. 낱말을 사서 말해야 하고 부잣집과 가난한 집의 말할 수 있는 차이…… 상상만 해도 끔찍한 일일 것이다. 난 이 나라의 정부도 잘못이라는 생각이 든다. 낱말 공장에서 낱말을 생산하여 똑같이 나누어 주면 될 것을 왜 사게 만들어서 가난한 사람들은 말을 못하게 만드는 것일까 하는 의문도 들었다.

그런데 이런 일들이 현실 세계에서도 일어나면 어떨까? 언제나 말할 수 있는 말이 돈 주고 사야 되는 상황이라면? 아니면 내가 이제부터 딱 3가지의 말만 할 수 있다고 가정해 보자. 음……. 내가 선택한 말은, '사랑해' '살려 줘' '고마워'이다. 먼저 '사랑해'는 이 책처럼 정말 사랑하는 사람이나 아껴 주는 사람에게 하는 것이고, '살려 줘'는 내가 정말 위급할 때나 물에 빠졌을 때 그런 상황에 할 말이다. 마지막으로 '고마워'는 정말 고마운 사람에게 할 말이다. (박정현-6학년)

• • •

낱말을 사서 말을 하는 것이면 굉장히 답답하고 짜증 날 것 같다. 내가 하고 싶은 말도 하지 못하고 꼭 해야 하는 말도 잘 전하지 못할 것이다. 필레아스는 시벨에게 진심으로 전하고 싶은 말을 못했지만 그 전에 먹었던 말, '체리, 먼지, 의자'로 마음을 전하는 것이 감동적인 것 같다. 필레아스의 마음을 알았는지 자신의 마음을 행동으로 표현해서 전한 시벨도 기억에 남는다. 필레아스가 시벨의 뽀뽀를 받고 '한 번 더'란 말을 한 것이 웃기다. 예전에 '한 번 더'라는 말을 먹었었나? 갑자기 '사랑해' '고마워', 그것도 아닌데 왜 '한 번 더'라는 말이 나왔을까? 필레아스의 그 상황을 미리 알았으면 책이 더욱 재밌었을 것 같다.

이 책에서 느낀 것은 사랑을 전할 때는 말이나 행동이 아니라 진심으로 '마음'을 전해야 한다는 것이다. 만약 내가 살면서 가장 소중한 말이 있다면, '① 사랑해,

② 고마워, ③ 안녕'일 것이다.

'사랑해'는 사랑하는 사람에게 사랑한단 말을 해야 할 때, '고마워'는 친구가 나를 도와줬을 때, '안녕'은 처음 만난 사람과 헤어질 때 쓸 수 있다. (윤지유-6학년)

함께 읽기

『낱말 수집가 맥스』 (케이트 뱅크스 글 / 보리스 쿨리코프 그림 / 신형건 옮김 / 보물창고)

『생각만 해도 깜짝벌레는 정말 잘 놀라』 (권윤덕 글·그림 / 재미마주)

『마법의 낱말 딱지』 (세실 루미기에르 글 / 바루 그림 / 이희정 옮김 / 한울림어린이)

『이게 정말 천국일까?』 (요시타케 신스케 글·그림 / 고향옥 옮김 / 주니어김영사)

『말들이 사는 나라』 (윤여림 글 / 최미란 그림 / 위즈덤하우스)

『이게 정말 마음일까?』 (요시타케 신스케 글·그림 / 양지연 옮김 / 주니어김영사)

글이 먼저일까? 그림이 먼저일까?

『오늘의 일기』
로드 클레멘트 글·그림
김경연 옮김
풀빛

주제 상상, 그 이상의 상상!!
대상 여름방학이 끝나고 개학을 맞은 아이들

마음의 흔들림 ♥

몇 년 전에는 1학년을 맡으면서도 참 많은 일을 벌였다. 학교도서관사서 직무연수와 시립도서관에서의 인문학 강좌를 두 달씩 듣고, 중간에 도서관활용수업경선제 준비까지……

직무연수를 시흥교육청까지 같이 다니고 도서관활용수업경선제 준비를 같이 한 김숙영 선생님이 아니었더라면 힘들었을지도 모른다. 고마워요! 도서관사서 직무연수 때 참 많은 걸 배웠다. 독서교육이 주가 되어서 다양한 수업과 방법들을 알 수 있는 소중한 시간이었다. 그때 알게 된, 마음에 쏘옥 든 그림책 세 권. 『메리 크리스마스, 늑대 아저씨』와 『어리석은 농부와 귀신들의 합창』 그리고 지금 소개하는 『오늘의 일기』가 그것이다.

『오늘의 일기』는 우리가 무엇을 상상하든, 상상 그 이상의 것을 보여 준 그림책이다. 평범한 한 아이의 일기장을, 그림과 함께 보면서 완전히 다른 세상으로 느낄 수 있게 해 준 최고의 걸작. '상상의 최고봉'이 아닐까 생각하게 만든 그림책이다.

이 그림책의 가장 큰 특징(매력)은 글과 그림이 주는 상반된 이야기에 있다. 평범한 일기글 옆에 상상도 못한 장면이 떡하니 버티고 있으니…….

그렇다고 전혀 생뚱맞은 그림도 아니고, 생각해 보면 글 내용과 맞아떨어지니 책을 읽는 사람의 쾌감은 이만저만이 아니다. 이 책은 『이상한 나라의 앨리스』처럼 교훈 따위는 잊어버리고 그냥 즐기면서 읽으면 된다.

조금 다른 이야기지만, 한때 모리스 샌닥의 『괴물들이 사는 나라』는 아이의 불손한 말투와 징그러운 괴물들 덕분에 미국에서 불온서적처럼 매도된 적이 있었다. 음, 괴물들의 모습은 가히 충격적이었다. 그래서 어떤 학자가 이런 종류의 그림책들은 비교육적인 역할을 한다고, 상상력을 키우려면 그림책을 읽지 말아야 한다고 말한 적이 있었다(지금은 말도 안 되는 이야기지만.). 하지만 과연 누가 샌닥의 괴물들만큼 상상력을 발휘할 수 있을까? 최고의 상상력이 깃든 그림책은 독자로 하여금 최고의 상상력을 펼 수 있게 이끌어 준다고 지금도 나는 믿는다.

우리 아이들도 이 그림책으로 인해 '상상'의 카타르시스를 느끼길 바랄 뿐이다.

상상. 이보다 즐겁고 흥분되고 짜릿한 단어가 있을까?

책 속으로 풍~덩

방학 동안 가장 힘들었던 방학숙제는 무엇이었냐고 물으면, 대부분 일기쓰기가 제일 힘들었다고 한다.

"그렇군요. 특히 밀린 일기 쓰느라 많이 힘들었지요? 선생님도 어렸을 때 고놈의 날씨 때문에 많이 힘들었답니다. 그럼, 일기는 과연 어떤 효과가 있길래 학교에서 쓰게 할까요? 여러분은 일기를 무엇이라고 생각하나요?"라는 질문과 함께 다음과 같이 써 보게 한다.

일기는 ☐ 이다.

왜냐하면, _____

예) • 일기는 화장실 이다.
　　　왜냐하면, 쓰고 나면 속이 후련해지니까.
　　• 일기는 추억 이다.
　　　왜냐하면, 내 과거의 추억이 거기 다 들어 있으니까.
　　• 일기는 괴롭 다.
　　　왜냐하면, 안 쓰면 선생님께 혼나고 쓰면 엄마한테 혼난다. 너무 짧다고.

　선생님이 그동안 쓴 자신의 일기장을 가져와서 아이들한테 공개한다고 하면 아이들은 까무라칠 정도로 놀란다. 선생님이 학생이었을 때 있었던 일, 사건, 사진 그리고 연애편지까지 살~짝 보여 주면 흥미만점이다. 이렇게 선생님의 일기장을 공개한 후 비밀을 얘기하듯 조용히, "그럼 이번엔 다른 아이의 일기를 한 번 훔쳐볼까요?" 하면 "예~~!! 좋아요."라며 신나 한다. "제목은 '오늘의 일기'입니다." 라고 말하면, "에휴~ 그 애도 저처럼 제목 정하기가 귀찮았나 봐요." 혹은, "아, 간단하고 좋네요." 등 다양한 대답이 나온다.

이제 책을 읽어 주는데, '절대로 절대로' 표지를 보여 주면 안 된다. PPT로 그림책의 글 부분만 보여 주고 읽어 준다. 특히 아이들을 3모둠 정도로 나누어서 모둠별로 돌아가며 크게 읽으라고 하는 것이 집중도가 좋았다.

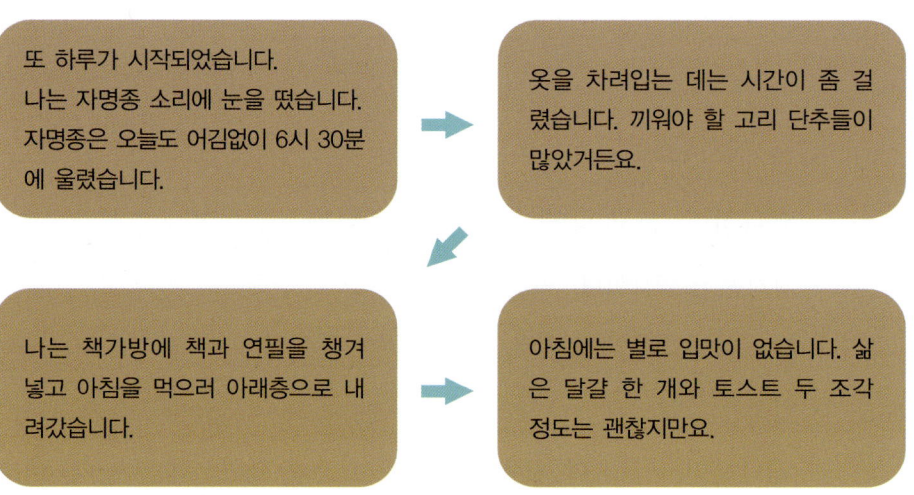

이렇게 글로 된 것만 다 읽어 준 후에, "어때요? 여러분의 일기와 비교해 보면?" 하고 물으면, "저랑 비슷하게 쓴 것 같아요." "매일매일이 비슷해서 저도 일기가 거의 똑같아요. 더 쓸 게 없어요." "저 아이도 하루하루가 힘들 것 같아요." 한다.

"이 아이처럼 여러분도 입맛 없다고 아침을 거르진 않았나요? 학교에 지각하지 않고 잘 왔나요? 수업 시간에 딴짓하지 않았나요?" 하고 물어보며, "어제도 오늘도 매일매일 반복되는 똑같은 날들이지요? 그런데 지금부터

이 아이의 일기와 함께 그림도 보면서 다시 일기를 감상해 볼 거예요. 여러분이 어떤 상상을 하든 이 아이만큼 엉뚱한 상상력을 발휘할 수 있을지 기대되네요?" 하며 그림과 함께 다시 일기를 읽어 준다.

이렇게 그림과 함께 다시 책을 읽어 주면 아이들의 탄성이 저절로 나온다. 글만 읽었을 땐 평범한 일기였는데, 그림과 함께 보니 그 어마어마한 상상력에 입이 다물어지지 않는다. 그러면서 왜 달걀을 하나만 먹었는지, 교문이 열릴 때 왜 난리가 나는지, 전학 온 친구는 어디서 왔는지, 모든 의문이 풀리게 된다. 반전이 있는 그림에 엄청난 통쾌함을 느낀다.

가장 마음에 드는 장면을 말해 보라고 얘기하면 너도 나도 얘기한다.
"전학 온 친구 얘기하는 장면이요." "밥 먹는 장면이요." "아래층으로 내려가는 장면이요." 하며. 왜 그 장면이 마음에 드는지 이유를 물어보면, "전학 온 친구가 외계인일 줄이야. 정말 놀랐어요!!" "그만한 달걀을 먹으려면 한 달은 걸릴 것 같아요~!!" "상상도 못하게 놀라운 방법으로 아래층으로 내려가서요!!" 한다.

"이 그림책의 아이는 참 대단한 일기를 썼지요? 여러분도 가끔 이런 엉뚱한 상상을 했으면 좋겠어요." 하고 마무리한다.

함께 해 보기
❶ 평범한 글과 엉뚱한 상상 그림

평소 일기장에 적는 내용들을 두세 줄 정도 적어 보고 그 밑에 아주아주 엉뚱한 상상을 그려 본다. 하지만 잊지 말아야 할 것은, 상상의 그림도 글 내용과는 맞아떨어져야 한다는 것이다. 나만의 엉뚱발랄 '오늘의 일기' 쓰기, 시작~!! (A4종이를 나누어 주거나 따로 활동지 틀을 만들어 줘도 좋다.)

아이들 글 맛보기

<선생님의 일기, 오늘의 일기>를 보고

누군가의 일기를 본다는 건 아주 재미있는 일이다. 그 사람의 일기에 나에 대해서 적혀 있거나 아니면 그 사람의 재미있는 하루 이야기가 적혀 있는 걸 보면 나도 모르게 미소가 번지고, 웃음이 피어오른다.

오늘, 선생님의 일기를 보았다. 선생님의 얇고 두꺼운 7권의 일기를 보자, 헉! 하는 탄성과 놀람이 일었다. 그리고 그 일기가 중·고등학생 때의 일기라고 했을 때는 '설마' 하고 너무 놀랐다. 초, 중, 고등학생 때의 일기를 모두 합쳐야만 나오는, 아니 나올 것만 같은 일기 수가 중 고등학생 때의 일기라니. 참 대단하고 부럽기도 했다. 그런데 초등학생 때의 일기를 버렸다는 게 아쉬우신지 계속 말씀하시는 선생님. 처음에는 왜 저렇게 일기를 좋아하시고, 버린 걸 안타까워하시나 생각했다. 그러나 선생님께서 일기를 읽어 주실수록 그 재미와 더불어 흥미, 그리고 부러움을 느꼈다. 난 일기 쓰는 걸 정말 싫어했는데 내 생활과 오늘을 글로 쓰고 검사받는 게 귀찮기도 하고, 감시받는 것 같아서 싫기도 했다. 그러나 선생님의 일기에는 짜증도 있었지만 선생님의 좋은 그림 솜씨와 유쾌하고 재미난 내용이 가득했다. 화목하고 행복한 사건과 선생님의 두근거림과 유머를 느낄 수 있었던 연애편지. 난 그렇게 일기를 재미있게 쓰시는 선생님을 보고 부러워서, 앞으로는 나도 나의 행복했던 추억의 증거를 남기기 위해 솔직하게 일기를 쓰겠다고 다짐했다.

그리고 『오늘의 일기』라는 책은 매우 놀랍고 상상력이 뛰어났던 책이었다. 글만 읽었을 때는 그저 평범한 책인 줄 알고서 '이게 특별한 건가? 우리와 다를 게 없네.'라고 생각했지만 그림과 같이 읽었을 땐, 호기심과 와! 헉! 대박! 등 놀람과 깔깔거리는 재미를 느꼈다. 글과 그림까지 있는 일기가 이렇게 다를지 몰랐다. 좀 더 상상력이 있어야 이해가 가능한 책이었다. (이유나 - 6학년)

📖 함께 읽기

『이상한 화요일』 (데이비드 위즈너 글·그림 / 비룡소)

『시간 상자』 (데이비드 위즈너 글·그림 / 베틀북)

『상상 이상』 (이스트반 바여이 글·그림 / 내인생의책)

『개구리 왕자 그 뒷이야기』 (존 셰스카 글 / 스티브 존슨 그림 / 엄혜숙 옮김 / 보림)

『두 사람』 (이보나 흐미엘레프스카 글·그림 / 이지원 옮김 / 사계절)

『드라랄라 치과』 (윤담요 글·그림 / 보림)

『로지의 산책』 (팻 허친스 글·그림 / 김세실 옮김 / 봄볕)

『오싹오싹 팬티!』 (에런 레이놀즈 글 / 피터 브라운 그림 / 홍연미 옮김 / 토토북)

『흰 고양이와 수도사』 (조 엘런 보가트 글 / 시드니 스미스 그림 / 한정원 옮김 / 비룡소)

나는 네가 지난밤에 한 일을 알고 있다!

「도대체 그 동안 무슨 일이 일어났을까?」
이호백 글·그림
재미마주

주제 상상의 즐거움 맛보기
대상 상상력이 부족한 아이들

마음의 흔들림 💚

　나는 고양이를 좋아한다. 그렇기에 인터넷에서 우연히라도 고양이 사진을 보면 나도 모르게 눈길을 멈추게 된다. 그러다 유난히 눈길을 끄는 고양이 사진을 보게 되었다. 자세히 보니 사진을 찍은 각도가 다른 고양이 사진들과 달랐다. 마치 고양이가 셀카를 찍는 것처럼 카메라를 위에서 내려다보고 있는 게 아닌가. 사연이 궁금해서 자세히 읽어 보니, 주인이 스마트폰을 집에 놓고 나간 사이에 고양이가 셀카를 떡하니 찍어 놓았다는 것이다. 아마도 집에 혼자 남은 고양이가 여기저기 뛰어다니며 놀다 우연히 카메라 버튼을 눌러 버린 모양이다. 사진 찍을 때 나는 효과음에 화들짝 놀랐는지 커다란 눈을 동그랗게 뜬 채 찍힌 사진이 참 귀여웠다.
　몇 번 더 찍다 보면 요 녀석도 얼짱 각도에서 사진을 찍을 수 있게 되지 않을까? 지금도 검색창에 '고양이 셀카'를 입력하면 볼 수 있는 그 사진을 보면서 책 속 엉큼한(?) 토끼가 떠올라 빙그레 웃음이 났다.

이 책은 식구들이 모두 외출한 어느 저녁, 즐거운 일탈을 벌이는 토끼 이야기로 아이들에게 상상의 즐거움을 안겨 준다. 자신을 지켜보는 가족들이 하나도 없는 집 안을 맘껏 누비던 토끼는 얼마나 자유로웠을까? 토끼의 시선으로 바라보는 우리 집의 모습은 어떨지 상상하며 토끼의 멋진 하루를 따라가 보자.

책 속으로 풍~덩

현재 반려동물을 키우고 있거나 키워 본 경험이 있는지 물으면서 분위기를 조성한다. 표지를 넘기니 '도대체 그동안……'이란 글 밑에 무엇인가가 지나간 흔적이 낙서처럼 그려져 있다.

"이게 뭘까?" 물으니 아이들이 고개를 갸웃거린다. 뒷장을 넘기면 깡충깡충 뛰어가는 토끼의 뒷모습이 보인다. 그러자 아이들은 "아~ 토끼였구나!" 한다.

사람들이 있을 때는 얌전히 있다가 사람들이 사라지면 호기심 넘치는 모습으로 변신하는 토끼의 기막힌 이중생활은 보는 이로 하여금 우리 집 반려동물도 '혹시?' 하는 상상에 빠지게 만든다.

아파트 베란다에서 키우는 토끼가 혼자 집에 남겨진 상황, 과연 어떤 일이 일어날지 생각해 보라고 시간을 준 뒤 이야기를 읽어 준다. 자기가 상상한 것 중 책에 나오는 것이 있나 살피면서 들을 수 있게 말이다.

베란다 문 열기에 성공한 토끼는 집 안으로 들어와 맛있는 밤참을 먹고, 좋아하는 만화영화를 감상한다. 물론 영화를 보며 먹을 과자도 잊지 않는다. 엄마의 화장대에서 꽃단장을 하기도 하고, 옷장을 뒤져 가장 마음에 드는 옷을 입어 보기도 한다. 그 뒤에도 책상 앞에 앉아 주인아저씨처럼 독서에 빠져 보기도 하고, 장난감을 늘어놓고 한참 놀기도 한다. 그러다가 그동안 눈여겨보던 롤러 블레이드를 타는데 주방 도구 활용법이 너무 그럴 듯해서 아이들이 깔깔거린다. 침대에서 곤하게 단잠에 빠졌던 토끼는 가족들이 돌아오기 전에 제자리로 돌아와 아무 일도 없었다는 듯 시치미를 뚝 떼고 있다.

"너희가 생각한 것 중 책에 나온 게 있었니?"

"엄마 화장품 바르는 거요.", "컴퓨터 게임 할 줄 알았는데 만화영화만 봤어요."

"얘들아, 누군가 너희들의 하루를 지켜보고 따라 한다면 어떤 일들이 벌어질까?"

토끼의 완전범죄가 성공할 수 있을지 즐거운 기대에 빠져 읽게 되는 책. 그리고 자기 이야기를 상상하면 더욱 재미있게 읽을 수 있는 책이다.

함께 해 보기

❶ 나 홀로 집에 있다면?

크리스마스가 되면 TV에서 꼭 하는 영화가 있다. 바로 〈나홀로 집에〉다.

영화 속 주인공 케빈처럼 집에 혼자 남아 자유를 만끽하게 된다면 무엇을 하고 싶을까? 부모님이 평소 손도 대지 못하게 하셨던 소중한 물건들을 맘껏 꺼내 구경하거나 여자 친구라면 엄마의 화장품으로 기분을 내기도 할 것이다.

책 속 토끼처럼 부모님 몰래 하고 싶은 일들에 대해 친구들과 이야기를 나누어 보자.

❷ '토끼 똥'을 찾아라!

가족들이 돌아올 무렵, 토끼는 아무 일도 없었던 것처럼 얌전히 앉아 있다. 하지만 집 안 구석구석에 토끼 똥을 흘려 놓았으니 그걸 발견한 가족들에게 지난밤에 한 일을 들키지 않을까?

선생님이 들려준 책 내용을 떠올리며 책 속에 숨겨진 '토끼 똥'을 찾아보자.

❸ 가족 관찰기 쓰기

책을 보면 토끼가 베란다에서 가족들의 모습을 유심히 관찰한 뒤에 그들의 행동을 따라서 하는 것을 볼 수 있다. 집에서 키우는 반려동물이 가족의 모습을 흉내 낸다면 어떤 모습일지 짧은 글로 적어 보자. 가족들이 자주 먹는 음식(과자), 즐겨 보는 영화나 TV 프로그램, 자주 듣는 노래, 습관적인 행동 등을 떠올리며 쓰면 도움이 된다.

책을 읽어 주기 전에 미리 가족의 모습을 관찰해 오는 것을 숙제로 내주는 것도 좋다.

함께 읽기

『토끼 탈출』 (이호백 글·그림 / 재미마주)
『별 낚시』 (김상근 글·그림 / 사계절)
『달밤 수영장』 (간장 글·그림 / 보랏빛소어린이)
『엄마가 잠든 사이』 (신지아 글·그림 / 봄봄)
『단골손님 관찰기』 (강영지 글·그림 / 웅진주니어)

넌 꿈이 뭐니?

『노래하는 볼돼지』
김영진 글·그림
길벗어린이

주제 어떤 일이 있어도 좌절하면 안 돼!!
대상 꿈을 갖고 싶은 아이들

마음의 흔들림 ♥

몇 년 전에 김숙영 선생님이 나랑 똑 닮은 주인공이 나오는 그림책이 있다며 선물로 주신 책이 있었다. '오우~ 그림책 주인공이 나랑 닮았단 말이지~.' 하며 기쁜 마음으로 책을 본 순간, '헉~! 얜 뭐냐?' 할 정도로 웃음이 나는 캐릭터가 있었다. "얘 보니까 선생님이 딱 생각나는 거예요~."

칫, 하지만 너무나 닮은 구석이 있기에 수긍의 뜻으로 고개를 끄덕일 수밖에 없었다.

이렇게 만난 볼돼지는 밤마다 우리 가족의 잠자리에 불려 나왔다. 아들이 너무나 좋아해서!! 그리고 나도 좋았다. 한 가지, 볼돼지가 콘서트장에서 '슈퍼보드' 노래를 부르는 부분에서는—내가 그 노래를 끝까지 다 불러야 해서—너무 힘들었지만.

그렇게 거의 1년 동안 계속, 자기 전에 읽어 준 기억이 난다. 나중에는 요령이 생겨 중간의 노래는 CD로 틀어 주었더니 아들이 더욱 좋아했다.

그림책에 음악을 더하니 그림이 좀 더 살아나는 듯한 기분도 들었다. 그림 자체도 예쁘고 재미있었지만, 볼돼지가 꿈을 이루는 상상을 하는 장면이 더욱 감동이었다.

이 그림책을 본 후로 졸업한 제자들을 만나면 자주 묻는 말이 생겼다.

"넌 꿈이 뭐니?"

문득, 아이들은 '꿈이 뭐냐'는 질문을 얼마나 받으며 살아갈까 생각되었기 때문이다. 하루하루를 학교와 학원으로 돌다가 늦은 밤에 집에 와 잠이 드는 삭막한 생활의 연속. 여유로움이 없는 생활을 하는 아이들한테 미안해졌다. 처음에 아이들에게 꿈을 물어보면 생뚱맞은 표정으로, "몰라요, 없어요."라는 대답을 많이 했다. 그게 정말 꿈이 없는 건지, 생각할 시간이 없는 건지 몰랐다. 아니면 그런 질문을 받아 본 지 오래 되어서 낯설었는지도. 그래도 중학교에 들어간 아이들이 찾아오면 자주 묻는 편이다. "넌 꿈이 뭐니?" 처음엔 그냥 웃고 말다가 나중에는 얘기를 하는 아이들이 많아졌다. 수의사요, 선생님이요, 피아니스트요, 가수요, 축구선수요, 요리사요 등등. 초등학교 땐 여러 가지 꿈을 가지고 있던 아이들이 어느덧 자기 꿈이 무엇인지도 모른 채 생활하고 있음을 알게 되었다. 그래서 '나라도 물어보자. 네 꿈이 무엇인지 잊지 않도록 계속 물어보자.' 그렇게 결심했다.

솔직하게 자기 꿈에 대해 이야기를 나누는 것은 쉽지 않다. 당장 나에게 꿈이 무엇이냐고 묻는다면……. 얼굴이 빨개지고 약간 주저하게 될지도 모를 일이다. 그래도 꿈을 잊지는 말자. 하루에 한 번씩 거울을 보며 물어보자. "넌 꿈이 뭐니?"

책 속으로 풍~덩

책의 표지는 가게의 간판과 같다. 그래서 책 속으로 들어가기 전에 자세한 관찰이 필요하다. 앞에서 살펴보았듯, 이 책의 표지에는 정말로 즐거워 보이는 돼지가 한 마리 있다. 넓은 들판에, 파란 하늘을 배경으로 하얀 구름이 가득한, 그곳에서 볼돼지는 노래를 부른다. 보기만 해도 기분  이 좋아지는 그림책이다. 그런데 표지의 배경을 자세히 보면 하얀 구름 옆에 날개 달린 물고기가 보인다. 그리고 커다란 사과의 모습도 나온다. 물론 스탠드 마이크 기둥에 붙은 작은 요정도 있다. 이 책의 뒤표지를 보면 마치 앞표지의 뒷면을 보는 듯하게 그려 놓았다(레오 리오니의 『프레드릭』도 그런 형식이다.). 이것도 하나의 재미있는 장치다. 그런데 뒤표지에 달라진 게 하나 나온다. 뭘까? 좀 더 가까워진 물고기도 있지만, 사과라고 생각된 구름의 모양이 모자를 쓴 사람의 옆얼굴처럼 표현되었다. 김영진 작가가 자주 모자를 쓰고 다니는데, 이 구름은 작가의 카메오 출연이 아닐까 생각된다.

책의 내용으로 들어가 보자. 학교에서 노래 잘한다고 칭찬을 받은 볼돼지는 빨리 엄마에게 자랑을 하고 싶어 한다. 하지만 엄마는 전화통화에 집중해 계시고, 아빠는 쿨쿨 잠이 들어 버리신 것이다.

'아무도 내 이야기를 들어 주지 않아.' 볼돼지는 시무룩해졌다. 침대 위에 뒤돌아 앉아 있는 볼돼지의 모습은 정말 그랬다.

그러던 토요일 오후, 외가댁에 가는 날이 왔다. 볼돼지는 신이 났다. 자기에게 노래를 가르쳐 준 분이 바로 외삼촌이었으니까. 아무런 설명 없이 그림으로만 처리된 외삼촌과의 회상 장면은 그 자체로 풍성한 정보를 제공해 준다. 다양한 로봇 장난감을 수집하는 외삼촌의 취미까지. 그런데 외삼촌이 여행을 가고 없는 것이다. 그 얘기를 듣고 눈물이 날 뻔한 볼돼지. 맛있는 음식마저 입에 들어오지 않게 된다(돼지가 음식을 거부할 정도면 정말로 실망이 컸다는 걸 알 수 있다. 신나게 음식을 먹는 식구들에 비해 저 멀리 작게 그려진 볼돼지의 모습을 보라.).

그 상황에서 볼돼지가 갈 곳은 한군데다. 바로 외삼촌의 방. 그 문을 여는 순간 판타지가 시작된다. 마치 볼돼지를 기다렸다는 듯이 데리고 가는, 매니저 같은 어른 돼지!! 그리고 열여덟 번의 분장만에 선택된 볼돼지의 무대의상. 볼돼지는 가수가 된 것이다. 신나는 콘서트장, 목소리를 가다듬은 볼돼지는 노래를 시작한다.

"치키치키차카차카초코초코촉 나쁜짓을 하면은~ 치키치키차카차카초코초코촉, 치키치키차카차카초코초코촉 우리에게 들키지~ 밤에도 낮에도 느낄 수 있는 눈과 귀가 있다네 우리의 마음엔~ 치키치키차카차카초코초코촉, 치키치키차카차카초코초코촉 어려운 세상이지만~ 치키치키차카차카초코초코촉, 치키치키차카차카초코초코촉 사랑하며 살아요~"

이 부분은 아이들과 함께 노래하면 좋다. 노래는 CD로 틀어도 좋고, 음악파일로 틀어도 좋다. 간주 후에 또 나온다. 이 장면을 화면에 띄워 주고 같이 노래를 한다.

"와와~ 볼돼지! 볼돼지!"

관객들은 일어나서 박수를 보내고, 볼돼지가 인사를 하자 더 큰 박수 소리가 울려 퍼진다. 이때 볼돼지는 얼마나 감격스러웠을까?

"볼돼지야! 이제 집에 가야지." 하는 엄마의 목소리를 듣고 볼돼지는 상상 속에서 돌아온다. 흐뭇한 미소를 머금고.

이 그림책을 다 읽어 주면 아이들은 노래 한 번 더 불러 보자고 아우성이다. 그래서 볼돼지가 노래하는 장면을 보면서 같이 노래를 한다. 얼마나 신나게 부르는지, 책상 위에 뛰어 올라가 부르는 아이들도 생겼다. '그래, 그렇게 신나면 마음껏 발산해야지~!!' 하는 생각에 그냥 웃고 즐긴다.

아이들에겐 이런 시간이 필요할 것 같다. 마음속에 무언가를 폭발시키듯이 뿜어내는 시간~!! 그러고 나면, 신기하게도 모든 아이들 표정이 볼돼지의 상기된 표정과 겹쳐 보인다. 하하.

함께 해 보기
❶ 숨은 그림 찾기

김영진 작가의 그림에는 다양한 찾을 거리가 있다. 표지에서 찾아봤던 행운의 물고기와 아기 요정들을 책 중간에서 찾아보자고 한다. 한 장 한 장 넘기면서 가장 먼저 찾는 아이들을 발표시킨다. 의외의 인물이 집중력과 관찰력을 가지고 찾을 때도 많다. 모두에겐 놀라운 발견이다. 그 아이에겐 최고의 순간이고! (그리고 자세히 보면 거의 모든 장면에 나오는 것이 또 하나 있다. 무엇일까요? 아주 작게도 나오지만, 엄청 크게도 나오는 것! 과일의 한 가지!! 잘 찾아보세요.)

Tip

김영진 작가의 나중 책을 보면 이런 숨은 인물들이 더 많아진다. 펭귄과 고래, 양 등이 계속 나온다. 그런 소소한 재미를 추가시키는 일은, 작가에게도 독자에게도 즐거운 일이 아닐 수 없다! 참고로 작가가 말하길, 고래는 주로 어떤 한계를 넘어서는 모습을 보여 줄 때 많이 사용한다고 한다. 『두발자전거 배우기』(고대영 글, 김영진 그림, 길벗어린이)에서 주인공 병관이가 두발자전거를 혼자 타는 순간, 한강 다리를 뛰어넘는 고래의 모습이 인상적이다.

함께 읽기

『야, 우리 기차에서 내려!』 (존 버닝햄 글·그림 / 박상희 옮김 / 비룡소)

『괴물들이 사는 나라』 (모리스 샌닥 글·그림 / 강무홍 옮김 / 시공주니어)

『축구 선수 윌리』 (앤서니 브라운 글·그림 / 허은미 옮김 / 웅진주니어)

『적당한 거리』 (전소영 글·그림 / 달그림)

『다른 길로 가』 (마크 콜라지오반니 글 / 피터 H. 레이놀즈 그림 / 김여진 옮김 / 우리학교)

『난 잘 도착했어』 (김유림 글·그림 / 책빛)

『빠삐용』 (김선배 글·그림 / 호랑이꿈)

만화 이상의 상상초월 판타지~!

『구름 공항』
데이비드 위즈너 그림
베틀북

주제 상상은 이루어질 수 있다.
대상 상상은 상상일 뿐이라고 말하는 아이들

마음의 흔들림 ♥

가끔 하늘을 본다. 파란 하늘에 떠 있는 흰구름은 보기만 해도 미소가 번진다. 그러다 문득, 무언가를 닮은 구름을 발견하면 "꺄~." 하고 소리를 지른다. "저거 봐, 저거 봐! 사람 옆얼굴 닮았지?" "잘 봐 봐! 살짝 강아지 닮았잖아? 안 그래?" 또는 "모르겠어? 어휴~ 저기 봐 봐, 용 닮았잖아!!" 등등 친구들과 하늘을 볼 때면 서로 자기가 본 구름 모양을 가지고 심각(?)하게 이야기하기도 한다.

그런 이야기는 어른이 된 지금도 여전하다. 원미산 자락에 가족 소풍을 갔을 때 본 검은 토끼 구름, 할머니댁 가다가 산 너머로 사라지는 공룡의 뒷모습 같은 구름, 일산에서 '브레멘 음악대'를 보고 나오다 올려다본 고래 구름, 제주도에 갔다가 발견한 강아지 구름, 학교 옥상에서 우연히 보게 된 용 구름까지. 구름은 어른이 된 나에게 아직도 동심이 있다고 알려 주는 증표 같다.

지금도 길을 가다 하늘을 쳐다보면서 뭔가를 닮은 구름을 찾으려고 노력하는 나를 만난다. 그리고 내 가방 안에는 디지털 카메라가 항상 대기하고 있다!

『구름 공항』은 정말로 신나는 그림책이다. 말 그대로 글자가 하나도 없는 진짜 그림책~!! 모든 그림은 독자의 상상에 따라 해석되고, 대사까지 들리는 듯하다.

만화의 형식을 빌려 쓴 그림책. 그래서 더욱 친근하게 다가오는 그림책이다. 만화는 그림칸 사이가 이어져 있지 않아 보는 사람의 상상력을 더욱 키워 준다고 한다. 만화의 그러한 효과를 그대로 그림책에 살린 데이비드 위즈너는 우리 아이들과 부모님들에게 또 하나의 '선물'이다.

책 속으로 풍~덩

보통 그림책을 처음 읽어 줄 때 표지의 정보를 읽어 주면 좋다고 말했었다. 이 책이라면 "구름 공항, 데이비드 위즈너 그림, 베틀북." 하고. 그런데 여기서 책에 대한 힌트가 하나 있다. 바로 작가가 그림만 그렸다는 것이다. '어? 글이 없네? 뭐지……' 하는 호기심을 유발해 줄 수 있다. 이러한 힌트를 아이들한테 넌지시 알려 주고 책 속으로 뛰어든다, 풍덩~!!

속표지가 나오기 전에 이야기의 시작을 알리는 그림이 한 컷 들어 있다. 언뜻 보면 책 속 이야기와 연결이 안 되는 것 같지만 자세히 보면 버스를 타고 소풍을 가는 아이들이 있다는 걸 알 수 있다. 창틀에 조금씩 남아 있는 눈은 겨울을 알려 주고, 주인공 아이는 그림을 잘 그린다는 정보도 얻을 수 있다. 주로 물고기와 문어 등 바다생물을 차창에 그린 아이의 솜씨는 앞으로 일어날 일들을 암시해 준다.

그들이 간 곳은 엠파이어 스테이트 빌딩이다. 우리들에겐 영화 '킹콩'으로 유명한 건물이고, 미국 아이들에게는 마치 63빌딩만큼의 인기가 있는 장소인 것 같다. 엘리베이터를 먼저 타려고 서두르는 아이들의 표정에서 기대감에 한껏 들떠 있는 마음을 읽을 수 있다. 당연히 가장 가고 싶은 곳은 '전망대'. 구름 속에 싸인 전망대의 풍경은 신비함을 자아내고, 바로 거기서 아이는 개구쟁이 꼬마 구름을 만난다. 마치 영화 '캐스퍼'의 모습과 흡사한 게 더욱 친근함을 느끼게 해 준다. 아이의 빨간 모자와 목도리를 빼앗아 쓰고 장난을 하다가 둘은 친해진다. 꼬마 구름은 망원경으로 다른 구름 친구들을 보여 주고 놀다가 사람들한테 들킬 뻔한다. 이때 만화적인 기질이 발휘된다. 바로 꼬마 구름이 마치 의자처럼 변해서 위기를 넘기는 것이다. 기분 좋은 장면이다.

사람이 많은 빌딩에서 벗어나 둘은 구름 공항으로 날아간다. 이 장면은 미야자키 하야오의 영화 '천공의 성 라퓨타'를 연상하기에 충분하다. 모든 구름 친구들에게 환영을 받지만 그들(구름들)은 자기들 모습에 불만이 있는 듯하다. 구름 공항 관리자들이 너무나 따분하고 평범한 구름 모양만을 주기 때문이다. 이때부터 아이는 실력 발휘를 한다. 자기가 자신 있어 하는 다양한 물고기의 모양을 그려 주는 것이다. 그 뒤에서 꼬마 구름이 번호표를 뽑아 주는 장면이 우습다. 바로 만화적 재치가 보인다.

결국 공항 관리자에게 들켜서 구름 택시를 타고 빌딩으로 돌아오고 말지만, 밖으로 나온 아이와 같은 반 친구들은 하늘을 보고 깜짝 놀란다. 동네 고양이도 놀라고, 강가의 물고기도 놀라는 그 모습~!! 파란 하늘이 물고기 구름들로 인해 파란 바다로 변하는 순간이다. 얼마나 즐거운가.

마지막 장면은 아이의 방이다. 잠이 든 아이는 침대에 있지 않고 천장

밑 구름 속에 포옥 파묻혀서 잠이 들어 있다. 창밖으로는 아직도 물고기 구름들이 헤엄치고, 애완용 고양이는 밤새 잠을 못 이루고 구름과 아이, 그리고 물고기 구름을 쳐다본다.

데이비드 위즈너의 그림책은 마지막 장면에 그 상상의 근거를 잘 배치해 놓는다. 아이가 물고기 그림을 잘 그린 이유(아이의 방에는 어항과 물고기들이 있다. 침대 밑에는 다양한 물고기를 그린 스케치가 널려 있고, 심지어 물고기 뼈 모형도 있다. 벽면에는 문어를 크게 그려서 붙여 놓았다.)가 나타나 있는 것이다.

함께 해 보기

❶ 그림책의 줄거리를 자유롭게 말하기

『구름 공항』은 글이 없는 그림책이다. 그림만 보고 아이들이 이야기를 자유롭게 말하게 한다. 이렇게 해 보면 큰 줄거리는 같지만 작은 이야깃거리가 조금씩 다르게 나온다. 아이들의 상상력은 저마다 다른 구석이 있으니까. 이런 활동들은 아이들의 상상력 발달에 효과가 좋다.

❷ 내가 구름 공항에 간다면

자신이 구름 공항에 간다면, 어떤 모양의 구름을 그릴지 종이에 그려 보게 한다. 자신이 좋아하는 것들을 그림으로 그렸는데 실제 구름이 되어 나타나는 상상만으로도 웃음이 난다.

 Tip

데이비드 위즈너는 자연스러운 흐름의 상상력 대가이다. 화요일 저녁마다 다양한 종류의 동물들이 떠오르거나(『이상한 화요일』), 바닷속 비밀 풍경을 찍는 사진기가 아이들 손에서 손으로 전해지고(『시간 상자』), 하늘에서 거대한 야채들이 둥둥 떠내려오는데 이것은 문어 같은 우주인의 '당도리호'에서 떨어뜨린 것이 확인되고(『1999년 6월 29일』), 한 아이가 잠이 들어 계속 연결되는 꿈속 여행을 하기도 한다(『자유 낙하』).

특히 『자유 낙하』에서도 마지막 장면에 꿈속 여행의 모든 정보가 나열되어 있다. 네모 무늬 이불은 논밭이 되고 그것은 장기판이 되고, 다시 성과 용이 나타나고 책과 물고기, 새까지. 모든 등장인물이 이 아이의 방에 있던 것이었다. 이렇게 상상의 단서를 제공해 주는 것도 작가의 팁이자 장치가 될 수 있다.

함께 읽기

『이상한 화요일』 (데이비드 위즈너 글·그림 / 비룡소)

『시간 상자』 (데이비드 위즈너 그림 / 베틀북)

『자유 낙하』 (데이비드 위즈너 글·그림 / 이지유 해설 / 미래아이)

『머나먼 여행』 (에런 베커 그림 / 웅진주니어)

『바다와 하늘이 만나다』 (테리 펜, 에릭 펜 글·그림 / 이순영 옮김 / 북극곰)

『산타는 어떻게 굴뚝을 내려갈까?』 (맥 바넷 글 / 존 클라센 그림 / 서남희 옮김 / 주니어RHK)

『모기 잡는 책』 (진경 글·그림 / 고래뱃속)

『풍덩』 (권송이 글·그림 / 웅진주니어)

〈순간포착~!! 디카로 찍은 다양한 구름 디자인~!!〉

part 5
또 다른 세상 속으로

투발루는 누구의 이름일까?

『투발루에게 수영을 가르칠 걸 그랬어!』
유다정 글
박재현 그림
미래아이

주제 환경오염이 심각해요.
대상 환경에 관심이 필요한 아이들과 부모님

마음의 흔들림 ♥

'제목이 참 재미있는 그림책이네? 투발루가 누구이기에 저런 후회가 가득한 제목을 붙였을까?' 하는 호기심을 자극하는 책이다.

모래사장 같은 겉표지에 투박한 글씨체로 쓴 제목. 그림책이지만 표지에는 그림이 제대로 그려져 있지 않은 책. 이 낯선 장면을 하나하나 넘겨 읽으면서 한 이야기를 만난다. 그리고 책을 덮으면서 무거운 마음을 금할 길이 없게 된다.

지구 온난화로 인해 빙하가 녹으면서 매년 조금씩 바다에 잠기는 섬나라, 투발루. 그래서 결국은 이민을 가야 하는 나라, 투발루. 그런데 다른 나라에서는 말도 안 되는 조건을 내세워 그들을 막는다. 결국 자기 나라는 바닷물에 잠기는데 갈 곳조차 없는 '기후난민'이 된 것이다.

이 그림책의 내용은 짧고 단순하다. 하지만 피부로 느낄 수 없는 환경오염의 심각성을 실제 있는 나라의 사례를 들어 아이들에게 설명하기에는,

충분히 관심 가질 만한 책인 것 같다.

'관심', 그것은 모든 공부의 '시작'이다.

책 속으로 풍~덩

표지를 보여 주며 투발루가 누구일 것 같은지 물어보면, 아이들은 눈을 크게 뜨고 그림책을 노려본다. 왜냐하면 표지에 그림이 거의 없어 보이기 때문이다. 그러다가 글자 사이로 뭔가를 발견한 아이가 외친다. "어, 저기!! 여자아이가 있어요. 쟤 이름 아니에요?" "고양이 같은 것도 있어요!" 그 둘이 무엇을 하고 있는 것 같은지 물어보면, "작아서 잘 안 보이지만, 수영을 하고 있는 것 같아요." 한다. 표정을 살펴보고 둘은 어떤 사이인지 물어보면, 금방 주인하고 애완동물 사이이고 둘이 아주 친해 보인다고 한다.

책 표지를 넘기면 첫 부분에 지도가 나온다. "넓은 바다 한복판, 아홉 개의 작은 섬으로 이루어진 나라 투발루에 로자와 고양이 투발루가 살았어."라고 읽어 주며 "여기가 로자와 투발루가 사는 섬인가 봐." 하

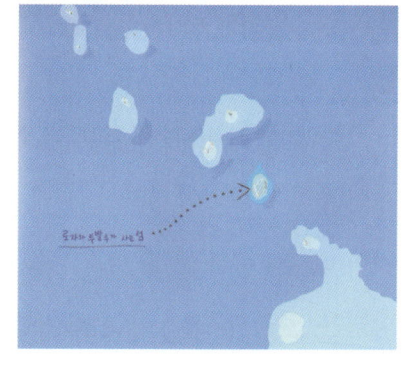

고 아이들한테 (섬나라라는) 약간의 인식을 시킨 후 책을 읽어 나간다.

로자는 수영을 좋아한다. 하지만 고양이 투발루는 물을 너무너무 싫어해서 야자나무 숲으로 들어가 버리고 만다.

"바닷물이 불어나잖아. 너도 수영을 배워야 해." 하며 로자가 투발루에게 수영을 가르치려 하지만 투발루는 발버둥을 치며 싫어한다.

"아빠, 바닷물이 왜 자꾸 불어나요?"
"지구가 더워져서 빙하가 녹아내리고 있거든. 그래서 바닷물이 불어나는 거야. 우리도 이제 투발루를 떠나야 한단다." 하는 아빠의 목소리에 뭔가 불안한 마음이 느껴졌다. '주인공 아이는 저렇게 좋아하는 자기 고향을 떠나야 하는구나, 안됐다.' 어? 그런데 고향을 떠나는 날, 고양이 투발루가 안 보이는 거다. 어쩌지? 아무리 찾아도 없다. 결국 비행기 시간 때문에 그냥 떠나 버리고 마는 주인공 가족……. 그 비행기 창문 너머로, 익숙한 야자나무 위에 있는 고양이 투발루가 보인다. "이럴 줄 알았으면 투발루에게 수영을 가르칠 걸 그랬어." 후회 섞인 아이의 독백이 책의 마지막을 채운다.

그리고 넘긴 마지막 장에 '지구는 왜 더워지는 걸까?'라는 주제로 지구 온난화의 이유와 '지구가 자꾸 더워지면 어떻게 되지?' 하는 심각성을 이야기하고, '북극곰을 살리고, 로자와 투발루가 다시 만날 수 있도록 도와줄 방법은 없을까?' 하며 온실가스를 줄이는 방법까지 친절하게 설명해 주고 있다. 현재 남태평양에 있는 9개의 섬나라 투발루. 하지만 '엘니뇨 현상'으로 2060년쯤이면 세계지도에서 사라질 나라 투발루.

책을 다 읽은 후, 투발루는 무엇의 이름이었는지 물어본다.
"고양이요." "나라 이름이요." 등의 대답이 나온다.
맞다. 투발루는 고양이의 이름이기도 하고 나라의 이름이기도 하다. 그리고 투발루는 실제로 존재하는 나라라고 알려 준다. 게다가 책에서처럼

점점 가라앉고 있는 것도 사실임을 말해 준다. "왜 그럴까?" 하면 "지구 온난화로 바닷물이 불어나서요." "엘니뇨 현상이 일어나서요."라며 수군댄다.

아이들과 책의 내용을 하나하나 짚어 가며 정리를 시켜 주고, 그림책을 읽고 난 후 어떤 생각이 들었는지 물어본다. 아이들은 로자와 투발루의 이별에 슬퍼하기도 하고, 환경오염으로 한 나라가 잠기는 것에 분개하기도 하며, 정말 저런 일이 실제로 있는지 궁금해하기도 한다.

함께 해 보기

❶ EBS 지식채널 ⓔ 투발루 편: 'Somewhere over the Rainbow' 보여 주기

아이들이 궁금해하는 바로 그때, 이어서 진짜 투발루라는 나라를 담은 5분짜리 영상을 틀어 준다. '기후난민'이라는 용어가 처음 등장함도 얘기해 준다. 이 영상은 완성도가 높아서 보여 준 후 여운을 길게 끌고 가기만 해도 괜찮다. 너무 자세한 설명을 일부러 할 필요는 없다. 느낌을 받은 아이들은 알아서 더 찾아보기 마련이다. 다만, 책 뒷부분에 나온 환경에 관한 자료를 함께 읽어 보는 것으로 마무리해도 좋다.

❷ '지구 온난화' 하면 떠오르는 말과 그림 찾기

 엘리뇨 현상, 환경오염, 이산화탄소, 기상이변, 폭염, 쓰나미 등

그림은 인터넷에서 직접 찾아보게 하자. 다양한 사진과 그림, 그리고 광고에서도 지구 온난화에 관한 경고의 메시지를 쉽게 찾아볼 수 있다. 이런 것들을 발표시킨 후 전시하는 것을 잊지 말자(예를 들어, 녹아내리는 지구 모양의 아이스크림 광고 같은 것).

Tip

다음 시간에 할 수 있는 활동으로 엘니뇨 현상의 이유와 개선방법에 대해서 간략하게 찾아보기를 해도 좋다. 예를 들어, 에너지 낭비, 산림자원 훼손, 무분별한 개발, 자동차 수 급증, 일회용품 과다사용 등이 이유이고, 대중교통 이용하기, 나무 심기, 냉·난방기 적정온도 유지, 친환경소재 이용, 재활용하기 등이 개선방안이 될 수 있다.
그리고 지구 온난화 체험 같은 환경관련 전시회를 가 보면 감동과 교훈이 배가 된다. 최근에 한 '지구 상상 사진전'만 봐도 많은 것을 느낄 수 있다.

📖 함께 읽기

『검은 땅에 핀 초록빛 꿈』 (클레어 A. 니볼라 글·그림 / 김정희 옮김 / 베틀북)

『난지도가 살아났어요』 (이명희 글 / 박재철 그림 / 마루벌)

『대머리 사막』 (박경진 글·그림 / 미세기)

『나를 세어 봐! 사라져 가는 야생 동물의 아름다운 초상』 (케이티 코튼 글 / 스티븐 월턴 그림 / 조은수 옮김 / 한울림어린이)

『잘 가, 안녕』 (김동수 글·그림 / 보림)

『마지막 섬』 (이지현 그림 / 창비)

『잘 가』 (고정순 글·그림 / 웅진주니어)

『거인의 침묵』 (바루 글·그림 / 기지개 옮김 / 북극곰)

『09:47』 (이기훈 글·그림 / 글로연)

달님을 부탁해~!

『달 샤베트』
백희나 글·그림
스토리보울

주제 우리 이웃과 환경에 대해 생각하기
대상 나눔, 환경에 대한 인식을 심어 주고 싶은 아이들

마음의 흔들림 💚

환경 문제는 중요한 만큼 가볍게 다루기 어려운 주제다. 그렇다고 지식이나 교훈적인 내용을 내세우면 아이들은 금방 흥미를 잃는다. 이 책을 처음 만났을 때, 환경 문제를 딱딱하고 재미없게만 여기는 아이들에게 쉽게 다가갈 수 있는 창이 되어 줄 것 같아 반가웠다.

몹시 더웠던 어느 여름밤, 자꾸만 뜨거워져 가는 지구를 걱정하다 떠오른 이야기를 책으로 만들었다는 작가의 말처럼, 아이들이 책을 통해 지구의 소중함과 환경의 중요성에 대해 생각하고 이웃을 돌아볼 수 있는 여유를 얻었으면 좋겠다.

환경을 위해 만들었다는 작가의 다짐이 담긴 책인 만큼 콩기름으로 인쇄되었으며, 표지에도 비닐코팅이나 화학적인 처리가 되어 있지 않다. 여느 책처럼 빳빳하고 반짝거리는 맛은 덜하지만 자연스럽게 묻은 손때가 멋스럽고, 시간이 지나면 썩을 수 있는(?) 지구에 무해한 책이 나온 게 더없이 반갑다.

책 속으로 풍~덩

"얘들아, 샤베트 먹어 본 적 있니?"

"네~."

"맛이 어땠는지 한 번 말해 볼까?"

"상큼해요!" "달콤한 맛이요~." "시원했어요."

"그럼 '달' 하면 무엇이 떠오르니?"

"보름달에 소원 비는 것이요." "달에 사는 옥토끼요."

샤베트와 달, 아이들에게 제법 친숙한 두 단어가 만나 어떤 이야기가 펼쳐질지 아이들의 얼굴에는 호기심이 가득 어린다. 과연 앞으로 어떤 일이 벌어질지 힌트를 얻어 보자며 표지와 책등 그림을 살펴본 후, 설레는 마음을 안고 이야기 속으로 들어간다.

후텁지근한 여름밤, 우리네처럼 책 속 주인공들도 에어컨과 선풍기를 시원스레 틀어 놓고 잠을 청한다.

그런데 이게 웬일인가! 갑자기 창밖에 환하게 떠 있던 보름달이 녹아내리기 시작한 것이다. 아이들은 큰일 났다며 야단이다. 다행히 반장 할머니가 득달같이 고무대야를 들고 나가 녹아내린 달물을 받는 데 성공한다. "휴~" 하고 안도의 한숨을 내쉬던 아이들은 반장 할머니가 노란 달물을 샤베트 틀에 담아 냉동실에 넣어 두자 "아, 저래서 달 샤베트였구나!" 한다.

집집마다 틀어 놓은 에어컨 때문에 정전이 된 아파트. 깜깜한 밤중에 반장 할머니네 집에서만 환한 빛이 새어 나온다. 그러자 동네 사람들이 하나 둘 반장 할머니네 집으로 모여든다. 할머니의 달 샤베트를 받아든 사람들이 더위를 잊고 잠을 청하자 이번에는 살 곳이 없어진 옥토끼가 찾아온다.

"너희가 생각할 때, 반장 할머니는 어떤 분 같아?"

"자기가 만든 달 샤베트를 아까워하지 않고 이웃에게 나눠 주는 마음씨 고운 분 같아요."

"집을 잃어버린 옥토끼를 도와준 방법이 참 근사해요."

"엄청 똑똑하고 다정해요."

아이들이 이 책을 통해 오염되어 가는 지구의 환경에 대해 진지하게 생각해 보면 좋겠다. 더불어 책 속 반장 할머니처럼 어려움에 처한 이웃과 달 샤베트를 나누고, 살 곳을 잃은 옥토끼에게 기꺼이 도움의 손길을 내미는 따뜻한 마음도 함께 배우길 소망한다.

함께 해 보기

❶ '더위' 하면 떠오르는 말은?

'더위' 하면 생각나는 단어를 찾아 그 의미를 알아본다. 찜통더위, 무더위, 불볕더위, 삼복더위, 가마솥더위 등 의미가 비슷한 말부터 지구 온난화, 불쾌지수, 폭염, 열대야 등 아이들에게 다소 어려운 말들의 뜻을 국어사전을 통해 정확하게 알아보자.

예) • 찜통더위 : 뜨거운 김을 쐬는 것같이 무척 무더운 여름철의 기운.
　　• 가마솥더위 : 가마솥을 달굴 때의 아주 뜨거운 기운처럼 몹시 더운 날씨를 비유적으로 이르는 말.

❷ 달맞이꽃 그려 보기

직접 눈으로 달맞이꽃을 본 아이도 있겠지만, 책에서 처음 들어 본 아이들도 제법 많다. 식물도감으로 달맞이꽃이 어떻게 생겼고, 언제 피는지 등 특징을 찾아본 후 직접 그림으로 그려 보자.

간혹 개망초(오랑캐꽃)를 달맞이꽃으로 착각하고 있는 아이들이 많다. 식물도감으로 개망초와 달맞이꽃을 각각 찾아서 확실히 짚어 보는 것도 좋겠다.

❸ 숨은 이야기 만들기

아이들 스스로 작가가 되어 '7층짜리 아파트에 사는 늑대 가족'의 숨은 이야기를 만들어 본다. 책 속에 총 12가구의 집이 나오니 그중 마음에 드는 한 집을 선택해 그 가족의 이야기를 만들어도 좋다. 자신이 고른 집을 유심히 들여다보면 가족 구성원, 가족들의 행동, 집에 있는 가구나 물건, 걸려 있는 옷 등을 통해 이야기를 만들 힌트를 얻을 수 있다.

❹ 환경을 지키는 방법 찾아보기

달이 녹아내리는 엄청난 일이 벌어졌을 때 반장 할머니가 했던 것처럼 환경오염에 대처하는 방법이나 지구를 지키는 방법을 찾아본다.

자신이 실천할 수 있는 내용을 찾거나, 선생님이 앞부분을 제시하고 아이들이 나머지를 채워 보는 방법으로 진행해도 된다.

예) 선생님 - 양치질을 할 때 / 아이들 - 물컵을 꼭 사용해요.

❺ 책표지 쇼핑백 만들기

책을 사 보면 표지와 똑같은 포장지로 싸여 있을 때가 있다. 때론 예쁜 광고지가 붙어 있기도 하다. 이런 책표지나 책 광고지를 재활용하여 나만의 멋진 쇼핑백을 만들어 본다. 누군가에게 담아 줄 쇼핑백이 필요할 때 이렇게 만들어 쓰면 환경을 사랑하는 마음과 받는 이를 위한 정성이 듬뿍 담겨 있어 좋은 선물이 될 것이다.

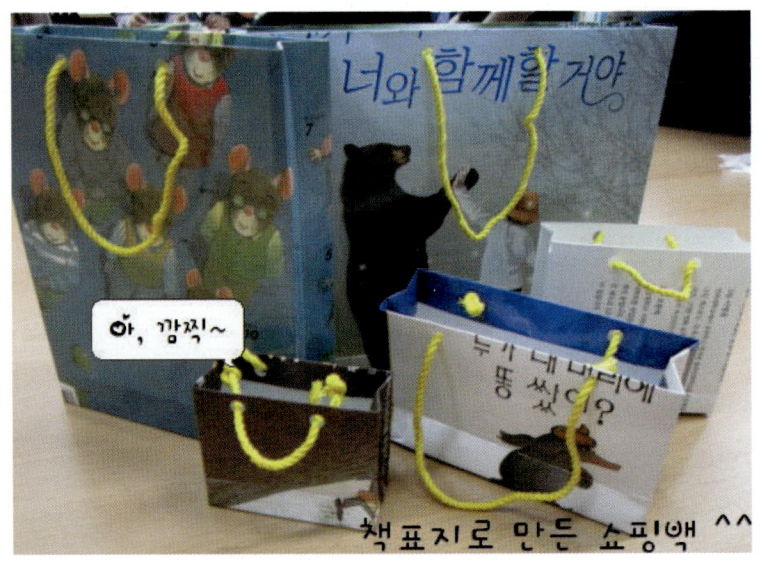

〈쇼핑백 만드는 방법〉
① 마음에 드는 책표지 준비 후 1cm 접기
② 1cm 접은 곳에 양면테이프 붙여 반으로 접기
③ 원하는 쇼핑백 옆선 폭만큼 앞뒤로 접어주기
④ 양쪽 똑같이 접은 모습
⑤ 쭉 편 상태로 상자 옆선 폭 재기
⑥ 옆선 폭 +1cm만큼 바닥 폭 접기
⑦ 바닥 꼼꼼히 접기
⑧ 바닥 접은 모습
⑨ 선 따라 접어 올리고 양면테이프 붙여 고정하기
⑩ 윗부분 원하는 만큼 접기
⑪ 접은 부분을 안으로 넣어 접기
⑫ 펀치나 송곳으로 손잡이 구멍 뚫기
⑬ 끈, 플라스틱 손잡이를 끼우면 완성!

Tip

삼계탕, 육개장처럼 한국 사람들이 즐겨 먹는 복날 음식의 유래나 정월대보름에 하는 더위팔기 풍습에 대해 알아보는 것도 좋다. (『내 더위 사려』 책을 읽어 주는 것도 괜찮다.)
계절 과일을 넣고 샤베트를 만들어 먹는 것도 추천!

함께 읽기

『꽃섬』 (정하섭 글 / 김세현 그림 / 웅진주니어)
『쓰레기 귀신이 나타났다!』 (백지영 글·그림 / 미세기)
『아기 거북이 클로버』 (조아름 글·그림 / 빨간콩)
『우리 집은 어디에 있나요?』 (진주니, 린산 글 / 리우잉 그림 / 펭귄랜덤하우스)
『태어납니다 사라집니다』 (유미희 글 / 장선환 그림 / 초록개구리)
『할머니의 용궁 여행』 (권민조 글·그림 / 천개의바람)

뭐 신나는 일 없을까?

『마법의 여름』
후지와라 카즈에, 하타 코시로 글
하타 코시로 그림
김정화 옮김
미래엔아이세움

주제 시골에서 여름나기
대상 시골에서의 추억이 없는 아이들

마음의 흔들림 💚

더운 여름이 되면 아이도 선생님도 지치기 마련이어서 모두 방학을 손꼽아 기다린다. 하지만 막상 방학이 되면 신나게 노는 아이들은 생각보다 적다.

꽤 오래전, 학교에서 RCY 단체에 속한 아이들을 모아 경기도 양평 인근의 '외갓집 체험 마을'로 여름방학 캠프를 떠난 적이 있었다.

아이들은 숙소 앞 냇가에서 뗏목을 타며 신나게 물장구를 치고, 우르르 몰려다니며 맨손으로 송어를 잡아 즉석에서 회를 떠먹었다. 덜덜덜 거칠게 시골길을 달리는 경운기를 타고 밭에 가 직접 캔 감자로 감자전도 만들어 먹고, 황토 놀이방에서 온몸이 흙투성이가 될 때까지 씨름도 했다. 깜깜한 밤에는 시원한 수박과 식혜를 먹으며 간담이 서늘해지는 공포 영화를 함께 보고, 떡메를 쳐서 인절미도 만들어 먹었다. 평소 도심에서는 즐기기 어려운 시골에서의 소소한 행복을 누리는 시간이었다.

도착하기 전까지만 해도 가기 싫다고 볼멘소리를 늘어놓던 아이들의 입에서 돌아올 때는 합창하듯 "정말~정말 즐거웠어요! 다음에 또 오고 싶어요!"라는 말이 쏟아졌다.

겨우 2박 3일로도 이렇게 즐거운데 책 속 주인공처럼 시골 외삼촌 댁에서 방학 내내 신나게 놀게 된다면 과연 아이들은 얼마나 신날까? 외삼촌 댁에 놀러가 마법 같은 여름을 보내고 돌아온 행복한 형제를 통해 아이들이 자연에서 뛰어노는 즐거움을 조금이나마 맛보았으면 좋겠다.

책 속으로 풍~덩

까까머리를 하고 밀짚모자를 쓴 두 형제가 바닷가를 앞에 두고 시원하게 불어오는 바람에 행복한 미소를 띠고 있다. 그 위에 당연한 듯 쓰여 있는 제목 『마법의 여름』.

"얘들아, 왜 제목이 '마법의 여름'일까?"

"신나는 일들이 계속 생기니까 '마법의 여름'일 것 같아요."

"학원도 안 가고, 만날 친구들이랑 놀기만 해서요!"

여름방학을 했지만, 특별한 일이 없어 심심하던 형제에게 시골 사는 외삼촌에게서 놀러 오라는 편지가 도착한다. 외삼촌 댁에 도착한 형제는 새까맣게 탄 동네 친구들과 금방 친해져서 그들과 온 숲을 헤매며 곤충 채집도 하고, 따끔거리는 아픔을 참아 내며 나무타기도 한다. 모기에게 왕창 물리기도 하고, 억수같이 내리는 소나기에 온몸이 홀딱 젖기도 하지만 그 모든 것이 그저 즐겁기만 하다. 드넓은 바닷가에서 뛰어놀고, 붉게 지는 저녁노을을 감상하고, 낚시의 즐거움에 빠지며 누구보다 멋진 시골 아이로 다시 태어난 형제를 보는 아이들은 "아~ 좋겠다!" "나도 저렇게 놀고 싶은

데……." 하며 부러움과 아쉬움 섞인 푸념을 한다.

학원도 안 가고, 공부도 안 하고 하루 종일 실컷 뛰어놀기만 하니 당연히 밥맛은 꿀맛이고, 자리에 누우면 쿨쿨 잠이 쏟아지겠지? 까까머리 형제에게 마법의 여름은 거창한 것이 아니라 '아침에 식구 누구보다 먼저 눈을 뜨고, 수박씨를 멀리 뱉고, 폭죽 막대를 전보다 훨씬 오래 들고 있을 용기를 얻는 것'같이 별것 아닐지도 모르지만 그때가 아니면 경험할 수 없는, 다른 무엇으로도 대신할 수 없는 천진난만하고 순수한 어린 시절이 아닐까.

시골 외갓집에서의 행복한 경험을 누리기 어려운 요즘, 아이들이 이 책을 통해 간접적으로나마 두 형제와 마법 같은 여름을 함께하길 바란다.

함께 해 보기
❶ 나는 말이지~
시골에 놀러 갔던 경험을 떠올려 그때 했던 즐거운 일들을 친구들에게 소개해 본다. 평소 먹지 않았던 음식을 먹어 본 경험이나 그곳에서만 할 수 있었던 일 등을 재미있게 친구들에게 전해 주는 것이다. 그때의 생생한 경험을 친구들이 잘 느낄 수 있도록 그 당시 사진을 준비해서 구체적으로 소개하면 좋겠다.

Tip

여름방학이 얼마 남지 않았을 무렵 이 책을 읽어 주고, 운동장에서 물총 싸움이나 수박씨 멀리 뱉기 대회를 열어 보면 어떨까?
물총 싸움을 하게 되면 온몸이 홀딱 젖게 되므로 물기를 닦을 수건과 갈아입을 옷을 챙겨오도록 한다. 수박씨 멀리 뱉기는 수박 한 통을 준비해 교실에서 함께 나누어 먹은 후, 각자 씨 세 개 정도만 모아서 한다. 나눠 먹을 시간이 없다면 집에서 수박씨만 가져와서 해도 된다.

함께 읽기

『파도야 놀자』 (이수지 그림 / 비룡소)
『나의 여름날』 (박성은 글·그림 / 책고래)
『모기와 춤을』 (하정산 글·그림 / 봄개울)
『호랭면』 (김지안 글·그림 / 미디어창비)
『여름 소리』 (박선정 글·그림 / 풀빛)
『여름이 오기 전에』 (김진화 글·그림 / 문학동네)

특별한 만남

『나의 를리외르 아저씨』
이세 히데코 글·그림
김정화 옮김
청어람미디어

주제 책을 아끼는 사람들
대상 책을 함부로 다루는 아이들

마음의 흔들림 💚

를리외르 아저씨가 정성껏 만들어 준 책에 얼굴을 묻고 행복해하는 소피의 모습을 보니, 꼬마 때 아빠에게 선물 받은 작은 그림책 생각이 났다.

다섯 살 무렵이었나, 우리나라 책은 아니었고 미국 꼬맹이들이 보는 향기 그림책이었던 것 같다. 여러 과일의 이름을 알려 주는 영어책이었는데 페이지를 넘기면 오른편에는 과일의 전체 모습이 나오고, 왼편에는 과일을 자른 모습이 있었다. 잘린 과일의 그림을 손바닥으로 살살 문지르면 향기로운 냄새가 솔~솔 풍겼다. 상큼한 향기가 코끝에 닿으면 마치 달콤한 과일을 한 입 깨무는 듯 맛있는 기분이 들어 아침에 눈을 뜨자마자 책을 펴 들고 손바닥으로 그림을 비벼 댔다. 그렇게 열심히 본 탓에 향기가 금세 날아가 버렸지만 책을 펼칠 때마다 아련한 과일 향이 퍼지는 것 같아 그 후로도 오랫동안 책을 펴 들고 코를 쿵쿵거리며 냄새를 맡곤 했다.

소피가 책을 끌어안고 있는 모습을 보고 있으면 그것을 소중히 여기는 마음이 잘 드러나는 것 같아 책을 함부로 다루는 요즘 아이들에게 꼭 읽어 주고 싶었다. 소피와 를리외르 아저씨와의 만남을 통해 책을 대하는 아이들의 마음가짐이 조금은 달라지기를 기대하면서.

책 속으로 풍~덩

속표지 속 간판을 보여 주면서 어떤 가게인지 물어봤다. 펀치 모양의 그림이 그려져 있어서일까, "책을 만드는 곳 같아요."라는 대답이 많다.

조용한 파리의 아침, 소피의 소중한 식물도감이 낱장으로 뜯어지는 슬픈 일이 일어났다.

"너희가 제일 좋아하는 책이 저렇게 되었다면 너희는 어떻게 할 것 같아?"라고 물어보니, 대번에 "엄마한테 새로 사 달라고 말할래요."라는 대답이 나온다.

간혹 "테이프로 잘 붙여서 볼래요."라는 반가운 대답도 들을 수 있다.

정말로 소중한 것은 똑같은 새것을 준다 해도 바꿀 수 없는 법. 손때 묻은 식물도감을 든 소피는 책방에 전시된 새 책에서 눈길을 거두고, 길에서 만난 사람에게 들은 '를리외르'를 찾아간다.

"얘들아, '를리외르'는 어떤 사람일까?"

낯선 이름의 등장에 눈만 휘둥그레질 뿐, 아이들의 입에서는 좀처럼 정답이 나오지 않는다. 앞으로 나올 이야기를 통해 답을 짐작해 보라고

말해준 뒤 이야기를 계속 들려준다.

를리외르 아저씨의 가게 찾기에 성공한 소피는 낯선 기계와 수북한 책, 여기저기 쌓여 있는 여러 색깔의 종이에 둘러싸인 아저씨에게 소중히 안고 있던 책을 조심스럽게 건넨다. 그러자 곧바로 이어지는 아저씨의 솜씨 발휘. 를리외르 아저씨의 책 살리기 작업을 진지하게 바라보던 아이들은 차츰 이분이 '책 의사 선생님'이라는 것을 알아챈다.

아저씨의 나무옹이처럼 거친 손은 "책에는 귀중한 지식과 이야기, 그리고 인생과 역사가 빼곡히 들어 있단다. 이것들을 잊지 않도록 미래로 전해 주는 것이 바로 를리외르의 일이란다."라고 말씀하셨던 그분의 아버지처럼 소피의 책에 새 생명을 주는 '좋은 손'이다.

아저씨의 손에 의해 다시 태어난 책을 받아 든 소피의 모습은 아이들에게 소피가 그 책을 얼마나 아끼고 사랑하는지 알 수 있게 한다. 아저씨가 소피에게 준 특별한 선물은 훗날 소피가 식물학 연구자가 되도록 이끌어 준다. 두 사람의 아름다운 만남을 통해 아이들이 따뜻한 감동을 맛보면 좋겠다.

함께 해 보기

❶ 식물도감 찾아보기

소피가 제일 좋아하는 나무는 '아카시아'다. 책을 읽다 보면 소피가 아저씨에게 말하는 내용을 통해 '아카시아는 꿀이 참 향긋하다.', '아카시아는 밤이 되면 이파리를 다문다.' 등의 정보를 알 수 있다.

그 밖에 소피가 좋아하는 아카시아 나무에 어떤 특별한 점이 있는지 식물도감을 펼쳐 알아본다. 또 자신이라면 어떤 나무를 나만의 특별한 나무로 삼을지 정해 보고, 그 나무에 대한 내용을 찾아보는 시간을 갖는다. 최숙희 작가의 「열두 달 나무 아이」를 읽어 주고 자신의 탄생목을 찾아보는 것도 좋다.

❷ 나만의 책 소개하기

소피는 식물도감을 가장 소중한 책으로 여긴다. 그 책을 통해 식물에 관심을 갖고 훗날 식물학자로 성장한 것을 볼 수 있다.

아이들에게 소피처럼 소중하게 여기는 책이 있는지 찾아보고 그 책에 얽힌 이야기를 나누어 보게 한다. 또 그 책을 통해 갖게 된 꿈을 글이나 그림으로 표현해 보게 한다.

❸ '를리외르' 체험하기

집에서 찢어지거나 낡은 책을 한 권씩 고쳐 보는 '를리외르' 체험을 해 보는 것도 좋겠다. 평소 책을 험하게 보는 아이들도 직접 구겨지고 접힌 페이지를 펴고, 찢어진 부분을 테이프나 풀로 붙이는 등의 기초적인 보수 작업을 해 봄으로써 책을 소중히 여겨야겠다는 마음가짐을 가질 수 있다.

❹ 망가진 책으로 팝업북 만들기

학교도서관에서는 매년 망가진 책을 폐기한다. 이렇게 폐기된 책을 오리고 자르고 붙인 후, 자신만의 이야기를 담아 새로운 팝업북으로 만들 수도 있는데 이를 '정크 아트'라고 부른다. 망가져 버려지는 그림책에게 새로운 생명을 불어넣어 주는 활동을 계획한다면 정크 아티스트 안선화 작가의 『팝업북 만들기: 기초편』을 참고하시라. 다양한 팝업북 만들기 방법이 쉽게 소개되어 있어 초등학생도 충분히 따라 할 수 있다.

Tip

책의 마지막 부분을 통해 소피가 식물학 연구자가 되었음을 알 수 있다. 그런 그녀가 놀랍게도 '이세 히데코'의 또 다른 그림책인 『커다란 나무 같은 사람』에 카메오로 등장해 즐거움을 주니, 그 책을 꼼꼼히 살피며 소피를 찾아봐도 좋겠다.
어른이 된 소피의 손에는 여전히 를리외르 아저씨가 만들어 준 '소피의 나무들' 책이 들려 있어 더욱 반갑다.

함께 읽기

『커다란 나무 같은 사람』 (이세 히데코 글·그림 / 고향옥 옮김 / 청어람미디어)

『낙서 괴물』 (저스틴 클라크, 아서 베이스팅 글 / 톰 젤레트 그림 / 노란상상)

『책 고치는 할아버지』 (김정호 글 / 김주경 그림 / 파란자전거)

『구름빵: 나는 책 의사 선생님』 (GIMC, DPS 글·그림 / 한솔수북)

『앙코르』 (유리 글·그림 / 이야기꽃)

『냉장고로 들어간 그림책』 (에즈기 베르크 글 / 에제 지베르 그림 / 최진희 옮김 / 라이브리안)

아, 사는 게 힘들어요, 선생님!

『The Blue Day Book(누구에게나 우울한 날은 있다)』
브래들리 트레버 그리브 지음
신현림 옮김
바다출판사

주제 누구에게나 우울한 날은 온다.
대상 부쩍 우울한 아이들, 어른들

마음의 흔들림 ♥

어린 학생이 이런 말을 하면 참 우습게 느껴진다. 하지만 그는 나름대로 자기 인생에서 가장 큰 고민과 맞닥뜨리게 된 것이다. 그게 친구와의 다툼이든, 부모님한테 혼났든, 시험 점수가 나쁘게 나왔든 간에 말이다. 그렇게 자신이 우울해지는 날, 그 누구도 쉽게 위로해 주지 못하는 날, 이 사진책은 엄청난 파장을 불러일으킬 것이다.

이 책을 서점에서 처음 봤을 때, '씨익' 하고 미소가 퍼졌다. '오랑우탄 주제에 뭔 고민을 하고 있는 거지?' 하는 생각과 함께. 그리고 펼쳐진 동물들의 우울한 모습들. 마치 나에게 '너도 우울하지? 누구에게나 우울한 날은 있는 거야. 자신이 하찮게 느껴지고, 비참해지고, 심술 나고, 외롭고 그렇지? 나도 그래.' 하고 말하는 듯한 표정과 동작들을 보며 나는 웃을 수도, 울 수도 없는 묘한 표정을 지었었다.

이 책을 다 읽으면 마치 영양제를 한 통 먹은 것 같은 힘이 생긴다. 그리고 몇 가지 실천할 것들을 정리하게 된다. 음, 무엇부터 할까? 일단 산책도 좋겠다. 그리고 항상 웃음을 잃지 말고, 명상과 요가도 괜찮겠다. 가끔 노래방도 가고 춤도 추러 가야겠구나 하고 나름대로 우울함에서 빠져나갈 방법들을 계획해 보게 된다.

이 책은 아이들뿐만 아니라 우울하다고 느끼는 어른들에게 읽어 주어도 효과가 좋은 책이다. 중요한 것은 자기가 읽는 것보다, 자기를 위해 책을 읽어 주는 누군가가 옆에 있다는 것이 더 큰 위로와 격려가 된다는 것이다. 오늘, 우리 주위의 가까운 누군가를 위해 책을 꺼내 드시라!

책 속으로 풍~덩

"짠~!" 하고 책의 표지를 보여 준다. 아이들은 "와하하하~" 웃음이 터진다. "표지가 어때요?" 하고 물으면 "오랑우탄이 웃겨요." 한다. "이 오랑우탄은 지금 무슨 생각을 하고 있을까요?" 하면 "저녁으로 뭐 먹을까 고민하고 있어요." "애인 생각해요." "졸려서 자는 거예요." 등등 다양하게 상상을 한다.

책표지를 한 장 넘기면 파란 종이가 나온다. 선생님은 "블루~ 페이퍼" 하고 농담처럼 말해 준다. 그리고 '파란색'에 대한 얘기를 좀 나눈다. "'파랑' 하면 떠오르는 것이 뭐가 있을까요?" "바다요." "하늘이요." "시원해요." "차가워요." 등등. "다 맞아요. 그리고 서양에서는 '파란색'을 우울한 색으로 보기도 한답니다. 그래서 '블루데이'는 '우울한 날'이란 뜻이래요.

이렇게 설명하고 책을 읽어 주기 시작한다. 이때 배경음악을 틀어 주면 더욱 집중이 잘 된다. 차분한 음악이 아이들에게 마음의 순화를 시켜 주는 역할을 하는 것이라 생각된다(추천 음악: 김광민 피아노 연주곡 3집 중

'보내지 못한 편지 part 1').

사진을 띄워 주고 약간의 시간차를 두고 글을 읽어 준다. 아이들이 느끼고 생각할 시간을 줄 필요가 있기 때문이다.

책을 다 읽어 준 후에 세 가지 질문을 해 보자. "이 책을 읽고 나니 기분이 어때요?" 아이들은 흡족한 표정으로 대답을 한다. "여러분의 우울증 탈출법이 있으면 얘기해 줄래요?" 하고 물어보면 책과 비슷한 내용도 있고, 독창적인 방법도 나온다. "어떤 사진이 가장 마음에 들어요?" 라고 물어보며 그 사진과 이유도 함께 대답하는 시간을 가져도 좋다.

함께 해 보기

❶ 『The Blue Day Book』 사진의 글 바꿔 보기
책 속 사진에 어울리는 다른 글을 아이들이 직접 지어 보게 한다. 같은 사진을 다르게 배치하여 다른 이야기를 만들어도 좋다.

❷ 인터넷 동물사진으로 나만의 책 만들기
요즘 인터넷을 보면 순간포착으로 올라온 다양한 동물들의 모습과 기이한 행동을 하는 동물사진이 많다. 이런 사진을 활용하여 나만의 책을 만드는 것이다. 재미있는 책을 만들어도 좋고 심각한 책을 만들어도 좋다. 선택은 아이들의 자유~!!

 **Tip**

작가인 브래들리 트레버 그리브의 직업은 몇 가지나 될까? 책날개를 보면 그는 화가, 만화가, 가구와 장난감 디자이너, 애니메이션 감독, 시나리오 작가 등 많은 직업을 가지고 있다. 또한 그는 자신이 찍은 영감 가득한 사진에 자신만의 독특한 감성을 표현하는 일을 즐겁게 하고 있다. 우리도 앞으로 우리가 직접 찍은 사진을 가지고 책을 만드는 순간까지 좋은 영상을 많이 찍어 두자고 한다. 좋은 자료를 많이 모아 두면 언젠가는 활용할 수 있다!

함께 읽기

『엄마 고마워요-디어 맘 1, 2』(브래들리 트레버 그리브 글·사진 / 신현림 옮김 / 바다출판사)

『곰아』(호시노 미치오 글·사진 / 진선북스)

『인생의 의미』(브래들리 트레버 그리브 글·사진 / 신현림 옮김 / 바다출판사)

『엄마, 안녕』(유키 모이라 글 / 후쿠다 유키히로 사진 / 이선아 옮김 / 웅진주니어)

『있으려나 서점』(요시타케 신스케 글·그림 / 고향옥 옮김 / 온다)

『어린왕자』(앙투안 드 생텍쥐페리, 이경혜 글 / 민혜숙 자수 / 문학과지성사)

『어느 날, 그림자가 탈출했다』(미셸 쿠에바스 글 / 시드니 스미스 그림 / 김지은 옮김 / 책읽는곰)

『농부 달력』(김선진 글·그림 / 웅진주니어)

『지금이 딱 좋아』(하수정 글·그림 / 웅진주니어)

셜록 홈즈 같은 추리로 사건을 해결하다~!

『누가 내 머리에 똥 쌌어?』
베르너 홀츠바르트 글
볼프 에를브루흐 그림
사계절

주제 똥의 종류를 알아보자~!
대상 똥으로 즐거움을 느끼는 아이들

마음의 흔들림 ❤

사건이 발생했다. 그것도 냄새를 풍기는 엽기적인 분뇨사건!! 사건이 일어난 날, 그 피해자이자 탐정인 우리의 두더지는 주변을 살펴보고 근처에 있는 용의자를 조사하기 시작하는데…….

이렇게 신나고 웃음이 넘치는 그림책은 실로 오랜만이다. 황당한 사건으로 시작되는 이야기 전개가 무척이나 재미있고 스릴 넘쳤다. 게다가 범인을 추적해 가면서 알게 되는 다양한 동물들의 똥 모양은 또 다른 즐거움을 선사해 주었다.

아들과 함께 찾아간 뮤지컬을 계기로 알게 된 그림책, 『누가 내 머리에 똥 쌌어?』. 원초적이고 자극적인 제목부터가 마음에 '탁!' 다가왔다. 부모인 나에게도 이렇게 재미있게 다가왔는데 가뜩이나 '똥'을 좋아하는 아들은 얼마나 행복했을까?

아기들은 자기가 최초로 창조(!)한 작품을 잊지 못하고 자신의 일부처럼 소중하게 생각한다. 그 인생 최초의 작품이 바로 '똥' 아닌가? 뭔가를 자기 스스로 만들어 냈다는 기쁨, 내 몸으로 일을 해냈다는 희열, 그 카타르시스는 오래 지속된다. 재작년에 1학년 담임을 했었는데 참 신기한 일을 경험하게 되었다. 교과서에 '똥' 이야기가 나왔는데 아이들이 그렇게 웃어 대는 것이다. '왜 웃지?' 하는 마음으로 계속 수업을 해 나가는데 한 아이가 "똥이래~!" 하는 소리를 하자마자 또다시 반 전체가 웃어 젖히는 것이다. 허……. 그래서 장난삼아 "똥이 그렇게 좋으냐?" 했더니 또 와그르르하며 웃는 거다. 재미가 들린 나는 "음……. 똥?" 와그르르르~ "또옹?" 크하하하하~ "똥또로똥똥 똥똥!!" 캬~하하하아~~ "선생님, 제발 그만 해요, 배 아파요~!! 크르르~" 하며 뒹구는 거다. 더 하면 정말 몇 명은 울 것 같아 그쯤에서 '똥장난'을 그만 두었던 적이 있었다. 그런데 이 효과가 1학년한테만 있는 것이 아니라는 것을 집에 와서 알았다. "정엽아, '똥!' 이 그렇게 웃겨?" 크크크크~ "뭐야? 똥! 똥! 설사똥, 뱀똥~~" "아빠!! 그만!!"

책 속으로 풍~덩

아이들에게 이 책을 읽어 줄 때는 표지를 보고 많은 상상을 하게 한다. "표지가 어때요?" 하면 참 다양한 이야기가 나온다. "머리에 똥이 있는 게 웃겨요." "표정이 나빠 보여요." "누가 똥을 쌌을지 궁금해요." 등(이 책을 이미 읽어 본 아이들이 있으면 말을 하지 말아 달라고 부탁하는 것도 잊지 말자. 친구들의 상상을 방해하지 말아 달라고 간곡히~ 부탁하면 흔쾌히 들어 준다.).

"그러면 책 속으로 들어가 볼까요?" 하며 책을 읽어 준다.

정체불명의 똥을 맞은 피해자, 두더지가 처음 만난 동물은 바로 비둘기이다. "네가 내 머리에 똥 쌌지?" 하고 물어보지만 돌아오는 대답은, "나? 아니야. 내가 왜?" 하는 소리와 함께 자신의 알리바이와 소지품을 증명하듯 똥을 싸 보인다. "이크, 이 똥은 내 머리 위의 것이랑 다르게 하얀 물똥이네?" 하며 또 다른 용의자를 추적한다. "네가 내 머리에 똥 쌌지?" 두 번째 만난 동물은 말이었다. "나? 아니야. 내가 왜?" 하는 순간, '쿠당탕' 소리를 내는 굵은 말똥이 떨어진다. 두더지는 그걸 보고 까만 사과 같다고 생각한다. 세 번째 동물은 토끼. 그의 똥은 '타타타' 소리를 내는 까만 콩 같은 똥. 그렇게 두더지는 여러 동물을 만나고 동물마다 개성 있는 똥을 싼다는 것을 알아낸다. 그 결과 자신이 마음에 들어 하는 똥의 종류와(오도당동당~~ 하며 떨어지는 염소의 똥을 흐뭇하게 바라보는 모습이 인상적이다.) 머리 위 똥보다 몇 배는 지독한 똥이 있다는 것도 알게 되었다. 그리고 오히려 이 똥이 머리 위에 있는 게 다행이라고 생각할 정도로 여유를 찾기 시작한다.

그렇게 수사를 계속하다가 하찮아 보이지만 드디어 자기를 도와줄 수 있는 친구들인 파리 두 마리에게 증거품인 머리 위 똥의 냄새를 맡게 하고 그 범인을 찾아내고야 만다. 그건 바로, 정육점 집 개 한스!! 범인을 알게 되고 씨익~ 웃는 두더지의 표정은 정말 셜록 홈즈나 명탐정 코난 못지않

았다. 이제 복수만 남은 것이다. 과연, 우리의 두더지는 어떻게 복수를 행할 것인가?

함께 해 보기

❶ 내가 좋아하는 똥은~!!

아이들이 가장 좋아하는 똥의 종류를 조사해 본다. 아이들은 순위를 매기는 것을 즐거워한다. 결과를 지켜보는 순간의 두근거림과 설렘도 좋은 경험이다. 그림책에서 가장 마음에 드는 똥과 그 똥을 만들어 낸 동물을 종이 위에 그려 보고 그 이유도 적어 본다. 똥 옆에는 그 똥이 만들어질 때 나는 소리(예: 찌익~, 오도당동당~)도 쓰는 걸 잊지 말자.

다양한 똥의 종류를 학교 도서관에 있는 책을 이용하여 조사해도 좋다. '똥'이라는 말이 들어간 온갖 종류의 책을 정해서 그 다양함을 직접 확인해 본다. 특히 그림책 『똥벼락』에 나오는 신기하면서 재미있는 똥 이름은 장관이라 할 수 있다.

❷ 새로운 동물들의 똥

나만의 책을 만들어 본다. 8절 도화지를 8칸이 나오게 접어서 작은 책 모양으로 만든다(작은 책 만드는 방법은 이 책 212쪽에 나와 있다.). 또 다른 동물들을 출연시켜서 새로운 똥을 알아 가는 탐정물을 만들어 보게 하는 것도 좋고, '똥'과 관련된 그림책 목록을 다 적어 보고 그 표지를 간단히 그려 보게 하여 또 다른 책에 관심을 갖게 하는 것도 좋다.

❸ 우리 가족의 똥 조사하기

가족들의 똥을 한 번씩 관찰하는 숙제를 내 본다. 가족들에게 물을 내리기 전에 한 번씩만 보여 달라고 한다. 기간은 일주일 정도가 적당할 것이다. 가족 앞에서 똥에 관한 시를 읽어 주고 부탁을 하면 더 효과적이다. 가족 관계를 주제로 한 일본의 초등학교 1학년 어린이의 재미있는 시를 한 편 감상하자.

학교에서 뛰어서 돌아와 똥을 누었다.
팬티를 벗자마자 쑤욱 똥이 나왔다.
길기도 하다 생각하고 보았더니 변기 끝까지 닿을 정도로 길고 커다란 똥이었다.
내가 여태까지 눈 똥 중에 제일 큰 것 같았다.
큰소리로 엄마 하고 불렀더니 엄마가 달려와 '아이고, 어쩜 이럴 수가!' 하고 깜짝 놀라며 엄마가 아빠를 불렀다.
아빠가 달려와서 아이고 아빠 고추보다도 더 크구만 하셨다.
그리고 누나가 달려 왔다. 누나도 놀라면서 자를 가지고 왔다.
내 똥이 30센티나 되었다.

— 초등학교 1학년 다카스미, '똥' —

자료 : 스포츠경향(2007. 8. 31.)

자신의 똥이 마냥 신기한 아이는 뒤처리(?)도 하지 않고 급한 마음에 가족을 불러 엄청난 크기의 똥을 자랑한다. 가족 중 누구도 아이에게 더럽다며 나무라지 않는다. 똥 하나로 따뜻한 마음을 주고받는 진짜 가족인 것이다.

서로를 믿어 주고 서로에게 귀를 기울여 주어야 할 가족이지만 현실은 살기 바쁘다는 핑계로 점점 가족의 본질에서 멀어지고 있다. 가족과의 대화 시간이 일주일 기준으로 1시간도 되지 않고, 가족들로부터 상처가 되는 말을 자주 듣는다는 통계를 볼 때 우리 시대의 가족들에게 가장 필요한 것은 서로에 대한 이해가 아닐까 싶다(황당한 숙제로 당황하지 않도록, 이런 내용의 가정통신문을 보내자.).

❹ 새로운 똥 모양을 그리고 기념촬영하기

직접 똥의 모양을 그려 보고 자신이 똥 이름을 만들어 본다. 그중 마음에 드는 것이 있으면 크게 그려서 색칠한 다음 오려서 두더지처럼 머리 위에 놓고 사진 한 방 찰~칵!!

 **Tip**

참고 '똥' 작품으로 『똥벼락』(김회경 글, 조혜란 그림, 사계절)의 한 장면을 미리 보여 줘도 효과가 좋다. 똥의 이름이 이렇게나 많다니~!!

함께 읽기

『누구 똥이야?』 (심조원 글 / 이우만 그림 / 호박꽃)
『샘과 데이브가 땅을 팠어요』 (맥 바넷 글 / 존 클라센 그림 / 서남희 옮김 / 시공주니어)
『집 안에 무슨 일이?』 (카테리나 고렐리크 글·그림 / 김여진 옮김 / 올리)
『누구 양말이에요?』 (쑨쥔 글·그림 / 이선경 옮김 / 소원나무)

고양이 띠는 왜 없을까?

『열두 띠 동물 이야기』
라이마 글·그림
박지민 옮김
예림당

주제 열두 띠에 얽힌 전설
대상 가족의 띠가 궁금한 아이들

마음의 흔들림 ♥

어렸을 때 자주 그런 생각을 했었다. 정말, 왜 없을까? 고양이 띠는……. 심지어 돼지 띠도 있으면서. 그런 고민은 초등학교 때까지만 했던 것 같다. 그러고 보면 초등학생일 때 가장 다양한 상상을 할 수 있는 게 아닐까. 그런 면에서 초등학교 선생님인 나는 참으로 중요한 시기의 아이들을 맡았다고 할 수 있겠다. 아이들의 상상력을 키워 줄 것인가, 소멸시킬 것인가.

내가 좋아하는 작가 중에 베르나르 베르베르가 있다. 몇 년 전 TV에서 그의 집을 처음으로 공개했는데 한쪽 벽면에 유일하게(그는 집 안에 그 어떤 액자도 걸지 않는다고 했다.) 어떤 한 인물의 초상이 있었다. 그리고 그 밑에는 "Imagination is more important than knowledge."라는 말이 새겨져 있었다. 즉, "상상은 지식보다 중요하다." 그 인물은 바로 아인슈타인이었다. 베르베르 작가가 생각하는 상상력의 대가. 그 초상과 글을 교실과 집 안 거실에 걸어 놓는 것이 아이들의 상상력에 힘을 불어넣어 줄 것 같다.

다시 책 이야기로 돌아가 보자. 지금 이 책을 읽고 있는 독자들은 과연 열두 띠를 순서대로 다 알고 있는가. 벌써 '자축인묘진사오미신유술해~' 하면서 속으로 외우고 있는 건 아닐지. 결론부터 말하면 이 글을 쓰고 있는 나도 저 십이지신의 한자는 외우지만 그것을 동물과 연결지어 순서대로 말하는 것은 못했었다. 내 띠의 앞뒤 두 개 정도는 외우고 있어도……. 그런데 이 책을 읽었을 때 그 이야기가 머릿속에 쏘옥~ 들어와서 이제는 잊을래야 잊을 수가 없게 되었다. 아이들에게 읽어 주게 되었을 때, 아이들도 그 이야기 흐름에 따라 자연스럽게 외우게 되었다. 해마학습법에 따른 효과를 본 것이다.

책 속으로 풍~덩

"여러분은 무슨 띠지요?" 하고 질문을 하면 신나게 자기 띠를 외친다. 그러면 아빠, 엄마의 띠를 알고 있는지 질문해 본다. 좀 더 넓혀서 "가족의 띠는?" 하고 물으면 정확히 아는 아이들도 있고, 잘 모른다는 아이들도 있다. 또 어떤 띠가 있는지 발표시키고 총 12띠가 있음을 알려 준다. 그 후에 그것을 순서대로 알고 있는지 물어보면 정확히 아는 아이가 6학년들도 한 반에 한 명 있을까 말까다. 뭐, 어른인 나도 그때까진 몰랐으니까.

"그럼, 그런 열두 띠의 순서가 어떻게 생겼을까요? 여기 그 전설 이야기를 담고 있는 책을 소개해 줄게요." 하면서 책을 읽어 준다.

아주 옛날, 사람들은 자기가 태어난 해를 잘 기억하지 못해서 자기가 몇 살인지 알지 못하는 사람들이 많았다. 그것을 답답히 여긴 옥황상제가 해마다 대표 동물을 정하면 쉽게 기억할 수 있을 것이란 생각에, 땅신에게 열두 동물을 뽑을 대회를 열라고 분부한다. 여러 동물들에게 강 건너기 시합을 제안하고 그중 12마리의 동물에게만 띠를 주어 사람들에게 알려 주기로 한다. 모든 동물들이 열심히 참가하지만, 거기에는 치열한 경쟁이 있었으니.

협동을 하면서 앞서나가다가 마지막에 배신하는 쥐와 고양이, 그것도 모르고 묵묵히 헤엄을 치던 소, 바쁜 일을 하다 급하게 달려와서 조금 늦게 도착한 용과 호랑이, 너무 열심히 달려서 다리마저 닳고 부러진 뱀과 닭, 열심히 노를 저어 호수를 건너다 엉덩이마저 빨개진 원숭이, 목적지를 뚫어지게 쳐다보다 시력이 나빠진 양, 영리한 토끼와 뱀을 무서워한 말, 노는 걸 너무 좋아하다가 뒤늦게 도착한 개구쟁이 개, 결승선에서 먹을 것부터 찾는 먹보 돼지까지. 그 다양한 사건과 사연을 예쁜 그림으로 보는 맛이 굉장한 그림책이다. 마지막엔 순서대로 들어온 동물들이 깃발을 들고 기념사진을 찍듯이 서 있는 모습이 웃음을 자아낸다. 그리고 읽는 독자들에게 그 순서를 한 번 더 복습시키는 효과도 있는 장면이어서 좋았다.

이렇게 이야기를 읽고 나면 띠별로 그 순서가 자연스럽게 생각난다. 그리고 '푸훗~' 하고 웃음도 같이 난다.

함께 해 보기
❶ 가족의 동물 띠로 '가족도' 만들기

가족의 띠를 알아오는 숙제를 한 다음 날, 띠별 동물 그림으로 가족도를 만든다. 동물 그림 옆에 가족의 얼굴을 같이 붙이면 한결 재미있는 작품이 된다. 이때 저학년일 경우에는 미리 색칠할 수 있는 열두 띠의 그림을 복사해 주면 좋고, 고학년이면 그림책의 순위표를 들고 있는 그림에 대고 그려도 좋다.

 **Tip**

이 그림책을 다 읽으면 약간의 부작용(?)이 생긴다. 모두들 쥐띠를 미워하게 된다. 그러니 이 이야기가 전설에 기인한 것이란 걸 다시 한 번 꼭 알려 줘야 한다.
"전설은 전설일 뿐 오해하지 말자~!!"

 **함께 읽기**

『열두 띠』 (한태희, 신명희 글 / 한태희 그림 / 초방책방)
『열두 띠 동물 까꿍 놀이』 (최숙희 글·그림 / 보림)
『엄마, 나는 무슨 띠야?』 (심상우 글 / 강명근 그림 / 창작나무)
『연이와 버들 도령』 (백희나 글·그림 / 책읽는곰)
『한 장 한 장 그림책』 (이억배 글·그림 / 사계절)

아, 참으로 곱구나!

『설빔, 여자아이 고운 옷』
『설빔, 남자아이 멋진 옷』
배현주 글·그림
사계절

주제 아름다운 우리 옷
대상 한복 입는 것을 싫어하는 아이들

마음의 흔들림 💚

후배네 아들이 어린이집에 다니는데 한 달에 한 번은 한복을 입고 간다고 했다. 어쩌다 한 번 입고 마는 게 아니라서 큰맘 먹고 멋진 한복을 한 벌 사 줬는데 옷을 입을 때마다 안 입겠다며 한바탕 실랑이를 벌여 여간 힘든 게 아니라고 했다. 녀석 눈에는 한복 입은 자신이 도무지 멋져 보이지 않았던지 "한복 입은 모습이 근사한 도련님 같다!"고 아무리 칭찬을 해 줘도 영 못마땅한 얼굴을 한다는 것이다.

문득 요 녀석이 책 속에서 멋지게 한복을 차려 입는 꼬마 도련님을 먼저 만난 후, 한복을 선물 받았다면 어땠을까 하는 생각이 들었다. 자기 혼자서도 척척 옷을 갖춰 입고 배시시 웃는 주인공 녀석의 모습을 보았더라면 아마도 자기도 한복이 입고 싶다며 엄마를 조르지 않았을까 하고 말이다.

아름다운 우리 옷을 만날 수 있는 책 『설빔』을 통해 아이들에게서 고운 우리의 한복을 멋지게 입어내고 싶은 마음을 한껏 부추기고 싶다.

책 속으로 풍~덩

설레는 새해 아침 창문을 활짝 열고 새침한 여자아이와 개구진 남자아이가 나타났다. 하늘을 올려다보며 새해 첫눈을 기다리던 아이들이 엄마가 지어 주신 설빔을 꺼내는 장면을 보며 아이들과 설빔 이야기를 나누어 본다.

"선생님은 한복을 좋아해서 새해에 꼭 한복을 입고 세배를 하는데 너희들은 어떠니?" 하자,

"저도 설에 엄마가 사 주신 색동 한복 입어요."라며 싱긋 웃는 아이들도 있고,

"형이 입던 거 물려받아서 제 한복은 너무 커요. 그래서 별로 입고 싶지 않아요."라며 투덜거리는 녀석들도 있다.

혼자서 설빔 입는 게 쉬울 리 없는지 여자아이가 솜버선을 당겨 신다 발라당 넘어지자 남자아이들이 깔깔, 남자아이의 바지가 훌러덩 벗겨지자 여자아이들이 깔깔 웃음을 터트리며 신나 한다.

치맛자락의 겉자락이 어느 방향을 향하게 입어야 하는지, 알록달록 예쁜 색동저고리의 매듭을 어찌 지어야 하는지, 제 몸집보다 품이 큰 바지는 어떻게 입는 것인지, 비단 저고리의 긴 고름을 어떻게 매듭짓는지 책 속 주인공과 함께 한복을 갖춰 입는 아이들의 마음이 분주하다.

그래도 콧노래를 흥얼거리듯 옷 입는 방법을 쉽게 설명하며 부지런히 설빔을 입는 두 아이의 모습이 친근하게 느껴지는지 버선코, 바짓부리, 고름, 배자, 조바위 등 익숙하지 않은 어려운 명칭도 아이들이 큰 어려움 없이 익히는 것 같다.

마지막 장면에서 주인공들이 근사한 설빔을 무사히 갖추어 입고 세배를

하겠다고 공손히 서 있는 모습을 보고는 너나 할 것 없이 '멋지다'고 탄성을 질렀다. 설이나 추석 같은 우리 명절에도 똑딱 단추만 채우면 입을 수 있는 편리한 한복만 입던 아이들에게는 책 속 주인공들의 설빔 차림새가 다소 복잡하게 보일지도 몰라 걱정했는데 참으로 다행이다.

부록에 적힌 설빔에 담긴 옛 어머니들의 정성 어린 마음에 대해서도 꼭 알려 주어, 이 책을 통해 아이들이 우리 옷의 아름다움뿐 아니라 설빔의 의미도 제대로 알 수 있으면 좋겠다. 책을 만들기 위해 우리 옷을 고증하고, 고운 색감을 유지하기 위해 고생했다는 작가의 노력을 생각해서라도 우리 스스로 한복을 아끼고 사랑하는 사람이 되었으면 좋겠다.

함께 해 보기
❶ 설날 풍속 배우기

설날의 대표적인 풍습으로 새해 아침 어른들께 절하며 좋은 말을 주고받는 세배를 어떻게 하는 것인지 책이나 동영상을 찾아 배워 본다. 절할 때 남자와 여자가 어떻게 다른지 자세히 살펴본다.

배운 방법으로 짝끼리 서로 절해 보며 잘못된 부분이 있다면 서로 알려

줘 고쳐 본다. 그 밖에도 책에 소개된 풍속에 대해 알아보는 것도 좋겠다. 연날리기, 윷놀이 같은 전통놀이 방법을 배워 친구들과 직접 해 보거나 고학년이라면 모둠 떡국 만들기 대회를 열어 봐도 좋다.

❷ 한복 명칭 알아보기

남자아이의 설빔이 소개된 책의 마지막 장에 온 가족이 설빔을 차려입은 모습이 소개되어 있다.

책 속 장면처럼 가족이 함께 한복을 차려입은 사진을 가져와 차림새를 비교해 보자. 온 가족이 한복을 입은 사진이 없다면 결혼식 사진처럼 가족 중 일부가 한복을 입고 있는 사진을 준비해서 보는 것도 괜찮다.

사진을 A4 용지나 두꺼운 색상지에 붙여 책에서 차림새를 소개한 것처럼 명칭을 써 보자. 책에서 소개된 차림새와 같은 것을 먼저 찾아 해당 부분에 명칭을 쓰고, 책에 소개되지 않은 부분은 민속도감이나 한복이 소개된 책을 찾아 알맞은 이름을 달아 친구들에게 소개해 본다.

Tip

'설빔'이란 주제로 여자아이, 남자아이의 고운 옷을 두 권의 책으로 소개하고 있어 한번에 다 읽어 주기에 다소 버거울 수 있다.
여자아이 책이 먼저 나왔으므로, 책이 나온 순서대로 누나의 한복을 먼저 본 후에 남동생의 한복을 보여 주거나, 원하는 성별의 책을 먼저 읽고 다른 책을 나중에 읽어 준다.

함께 읽기

『사시사철 우리 놀이 우리 문화』 (이선영 지음 / 최지경 그림 / 백희나 닥종이 인형 / 한솔수북)
『색동저고리』 (이승은 / 허헌선 글·인형 / 파랑새)
『연이네 설맞이』 (우지영 지음 / 윤정주 그림 / 책읽는곰)
『우리 옷 고운 옷 한복이 좋아요』 (김홍신, 임영주 글 / 김원정 그림 / 노란우산)
『설날』 (김영진 글·그림 / 길벗어린이)
『맨드리 고운 고까옷』 (박수연 글 / 강효진 그림 / 키즈엠)
『덕담』 (서정홍 글 / 곽수진 그림 / 다림)

바람이 분다

『내가 라면을 먹을 때』
하세가와 요시후미 글·그림
장지현 옮김
고래이야기

주제 눈을 돌려 세상을 바라봐요!
대상 세상 일에 관심이 적은 아이들

마음의 흔들림 ♥

 마법 같은 지난해 여름, 『마음으로 떠나는 그림책 여행』의 원고를 쓰려고 이 그림책을 다시 꺼내 읽었을 때 바람이 불었다. 어디서부터 온 바람이었을까.

 이 책 『내가 라면을 먹을 때』를 읽고부터 바람이 내 몸을 스치면, 잠시 멈춰 생각해 보게 된다. 이 바람은 내게 무엇을 말하고 싶었을까.

 그림책의 마지막 부분에, 산 너머 나라 남자아이가 쓰러져 있는 모습이 지금도 먹먹하게 느껴지는데······.

 '그 아이는 어떻게 되었을까, 다시 일어났을까.'

 내가 라면을 먹을 때 다른 나라 아이들은 어떻게 지낼지 단 한 번도 생각해 본 적이 없었다. 그냥 남이라고, 멀고 먼 이야기라고만 생각했었다. 그러다 이 책을 만나고, 마음의 흔들림이 생겨나도 무언가를 하고 싶어졌다. 그럴 때 같은 학교 선생님이 권한 게 있었다. 바로 'World Vision'.

한 달에 얼마씩 후원을 하는 것인데 가족과 함께 이웃나라의 한 친구를 도울 수 있다는 기쁨에 작은 보람을 느꼈다. 아프리카의 아홉 살 여자아이. 이름은 어렵지만 취미가 독서이고 공놀이를 좋아하는 아이. 아마 평생을 인연으로 알고 계속 지낼 것 같다.

그 후로, 내가 무엇을 먹을 때마다 세상의 사람들을 떠올려 보는 습관을 들이려고 노력하고 있다. 모든 일의 시작은 '마음의 흔들림'이고, 그것이 '관심'으로 발전한 후에는, 그 관심의 '폭'이 커지는 게 당연한 순리란 걸 이 책을 읽고 알았다. 그리고 이러한 내 '바람'은 자연스럽게 자녀들에게도 '불' 것이다.

책 속으로 풍~덩

이 책의 표지를 보면 참 한가로워 보인다. 집 안에서 편안하게 라면 국물을 마시는 아이. 얼마나 맛있을까? 빨간 라면 그릇이 더욱 식욕을 자극하는 장면이다. 그런데 표지를 넘기면 아주 거칠고 막막한 앞면지가 나타난다. 보통의 그림책은 이 부분이 아주 예쁘고 재밌게 표현되어 있는 데 비해 이건……. 사막에 부는 모래바람 같다. 또 한 장 넘기면 나오는 속표지. 여전히 맛있어 보이는 라면 그릇 위에 짙푸른 바다색의 둥근 원이 그려져 있다. '어, 뭐지? 연기인가?' 하는 궁금증에 더욱 빨리 책을 펼쳐 본다. 표지에서 봤던 아이가 이번엔 면발을 먹고 있는데 옆에 있는 고양이, 방울이

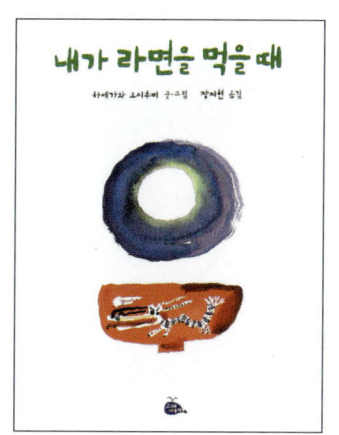

가 하품을 한다. 한가로운 녀석들.

　다음 장면엔 TV 채널을 돌리는 이웃집의 미미, 똥을 누고 비데 단추를 누르는 디디, 유미는 바이올린을 켜고, 그 이웃마을 여자아이는 달걀을 깬다. 그때 이웃나라 아이는 자전거를 타고, 여자아이는 아기를 본다. 이렇게 계속 이웃나라 아이들이 소를 몰고, 빵을 팔 때 그 맞은편 나라의 산 너머 남자아이는 쓰러져 있다. 그 위로, 바람이 분다……. 그때 내게도 바람이 불었다. 마지막에 방울이가 창문으로 쳐다보는 풍경은, 마치 그 산 너머 남자아이의 나라처럼 모래 바람이 부는 듯하다.

　즐겁게 열었던 그림책이, 마지막엔 '침묵'으로 덮게 된다. 이렇게 먹먹한 기분을 마치 알고 있다는 것처럼, 책의 맨 뒤에는 친절한 해석이 붙어 있다. 이거야말로 지금의 무거운 마음을 풀어 주는 하나의 돌파구가 아닐 수 없다. 우리나라의 아이들도 저렇게 열심히 '분쟁지역 평화도서관 프로젝트'를 하고 있다는 걸 알게 된 지금, 내가 외칠 말은 이것뿐이다.

　"그래, 나도 결심했어!!"

함께 해 보기
❶ 세계지도로 여러 나라 찾아보기

책에 나온 이웃나라들은 어느 나라였을지 지도를 보고 찾아보자. 그리고 한 나라씩 조사하는 프로젝트 과제를 내 줘도 좋겠다.

Tip

이 이야기는 일본에서 시작하여 점점 서쪽으로 흘러간다. 아시아 동쪽 끝에서 서쪽 끝까지 간 느낌. 여기서 더 넓힐 수 있다면 세계를 한 바퀴 돌아봐도 좋겠다. '세계여행 프로젝트'.
앞에서 이야기했던 라면 그릇 위에 짙푸른 바다색의 둥근 원은 결국, '세계는 하나로 이어져 있어요.' 라는 뜻을 나타냄을 마지막 해설을 보고 알았다.

함께 읽기

『노란 샌들 한 짝』 (카렌 린 윌리암스 글 / 둑 체이카 그림 / 이현정 옮김 / 맑은가람)
『거짓말 같은 이야기』 (강경수 글·그림 / 시공주니어)
『나는 평화를 꿈꿔요』 (유니세프 엮음 / 김영무 옮김 / 비룡소)
『파란 개구리 빨간 개구리』 (피에르 코뉘엘 글·그림 / 김소희 옮김 / 중앙출판사)
『여섯 사람』 (데이비드 맥키 글·그림 / 김중철 옮김 / 비룡소)
『매미』 (숀 탠 글·그림 / 김경연 옮김 / 풀빛)
『우리 여기 있어요 동물원』 (허정윤 글 / 고정순 그림 / 킨더랜드)
『나는 요정이 아니에요』 (이지현 글·그림 / 사계절)
『하나의 작은 친절』 (마르타 바르톨 글·그림 / 소원나무)
『해가 왔다』 (전미화 글·그림 / 사계절)

그건 뭐야?

『그래, 책이야!』
레인 스미스 글·그림
김경연 옮김
문학동네

주제 무엇에 쓰는 물건인고?
대상 책보다 컴퓨터 게임을 좋아하는 아이들

마음의 흔들림 💚

우리 주변에는 스마트폰, 컴퓨터, 닌텐도 같은 최신 기계와의 유희에 빠져 "책, 그딴 건 재미없어!"를 외치는 아이들이 많다. 하지만 이런 아이들도 책에 전혀 흥미가 없는 것은 아니다.

그렇다면 이 아이들에게 책도 진짜 재미있다는 것을 어떻게 알려야 할까?

책을 읽다 눈물이 핑 돌아 훌쩍거리기도 하고, '하하하' 배꼽을 쥐며 웃어도 보고, 조마조마하게 떨리는 긴장도 맛보아야 스스로 '아, 책이란 게 참 즐거운 거구나.' 하며 책 읽는 참맛을 알 수 있을 텐데 도무지 그것을 전할 길이 떠오르지 않았다.

그러다 우연히 이 책을 만났다. 아이들의 시선으로 책에 대해 말해 주는 한 편의 애니메이션 같은 이 그림책을 통해 아이들이 말만 많고 허술한 동키처럼 책에 관심을 가지게 되면 좋겠다. 책 좀 읽는 몽키 같은 친구가 곁에 있다면 책과 담쌓은 우리 아이들도 책 읽는 즐거움을 맛볼 수 있지 않을까?

책 속으로 풍~덩

책이 무슨 물건인지 도통 모르는 동키는 책으로 스크롤, 블로그, 마우스, 게임, 이메일, 트위터, 와이파이 등을 할 수 있냐며 묻는다. 그 모습에 아이들은 '자기도 책을 많이 안 읽지만 동키는 해도 해도 너무하는 것 같다.'며 웃음을 멈추지 못했다.

한창 『보물섬』을 재미나게 읽고 있던 몽키는 쓸데없는 질문으로 자꾸 귀찮게 구는 동키 앞에 아예 책을 내밀고는 직접 읽어 보라고 말한다.

하지만 동키도 보통이 아닌지라, 책 내용이 너무 길다며 단박에 두 줄짜리 이모티콘으로 정리해 버린다. 아이들도 놀랐는지 입에서 '헉!' 소리가 절로 나온다. 그 뒤로도 동키는 책에 비밀번호나 별명 같은 게 필요하냐는 쓸데없는 질문을 하다가 급기야 몽키 손에 들려 있던 책을 묻지도 않고 자기 마음대로 가져가 읽기 시작한다.

그런데 이게 웬일인가? 책을 무시하듯 말하던 동키가 순식간에 책에 빠져 버렸다. 심지어 책 주인인 몽키가 돌려 달래도 싫다는 말만 하며 밉살스럽게 굴 뿐이다.

책을 빼앗긴 몽키가 도서관에 가겠다며 그 책을 양보하자 동키는 재미있는 책을 알려 준 몽키가 몹시도 고마웠던지 뒤통수에 대고 "다 보면 충전해 놓을게!"라는 약속도 한다.

금세 책 한 권을 뚝딱 읽고 아이들에게 책 읽은 소감을 물으니,
"동키가 무척 재미있어요!"

"책에 마우스가 어디 있냐고 했을 때, 몽키 모자 속에서 진짜 마우스가 나와서 웃겼어요." 등 '충전', '와이파이' 같은 전자 용어를 책과 연결 지어 묻는 동키 때문에 즐거웠다는 이야기가 마구 쏟아졌다. 내가 보기엔 녀석들과 동키가 아주 똑 닮았는데 자기들은 모르나 보다.

책을 읽는 동안 처음부터 끝까지 웃음이 끊이지 않아 유쾌하고, 동키의 철없는 말과 행동을 통해 책에 대해 진지하게 생각할 기회도 얻을 수 있어 좋은 책이다.

"얘들아, 이제 동키가 컴퓨터보다 더 좋아하게 된 건 뭘까?"

"그래, 책이야!"

함께 해 보기

❶ 책에 대한 사용 설명서 만들기

물건을 사면 보통 사용 방법이나 주의사항이 적힌 제품의 사용 설명서가 함께 들어 있다. 그런 방식으로 책을 어떻게 보면 좋은지, 책을 볼 때 주의해야 할 것은 무엇인지 등을 적어 '책에 대한 사용 설명서'를 만들어 본다.

동키처럼 난생 처음 책이란 걸 읽어 보는 친구를 책의 세계로 초대할 수 있는 의미 있는 사용 설명서이니, 지루하고 딱딱한 설명보다는 이해하기 쉽고 재미있게 표현하면 좋겠다.

뜨거운 냄비를 받치거나 졸 때 베개 대신 사용할 수 있다는 등 책을 다른 용도로 사용한다면 어디에 어떻게 쓰일 수 있을지 자유로운 발상을 통해 책에 대한 즐거운 상상도 나누어 본다.

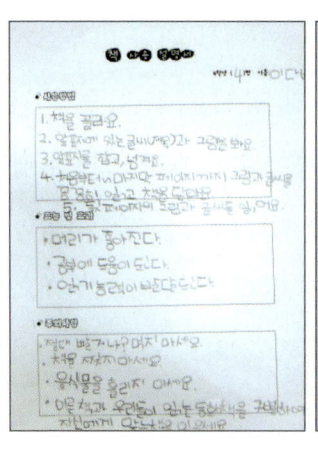 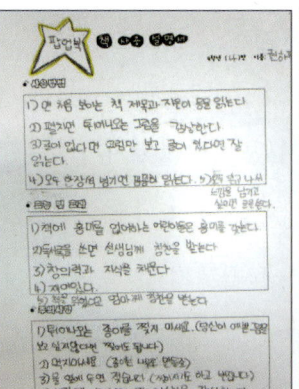 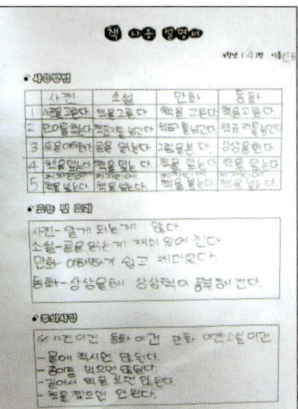

❷ 재미있는 장면 이모티콘으로 나타내기

각자가 좋아하는 책의 가장 재미있는 부분을 한 페이지 정도 읽은 후, 동키처럼 이모티콘으로 내용을 정리해 보자. 다양한 기분이나 상황을 나타내는 이모티콘을 미리 보여 준 후, 읽은 내용 중 중요한 것을 요약해 그려 보는 것이다. 물론 예시에 있는 이모티콘만 사용해야 하는 것은 아니다. 아이들 스스로 자신의 생각을 자유롭게 표현할 수 있도록 하자.

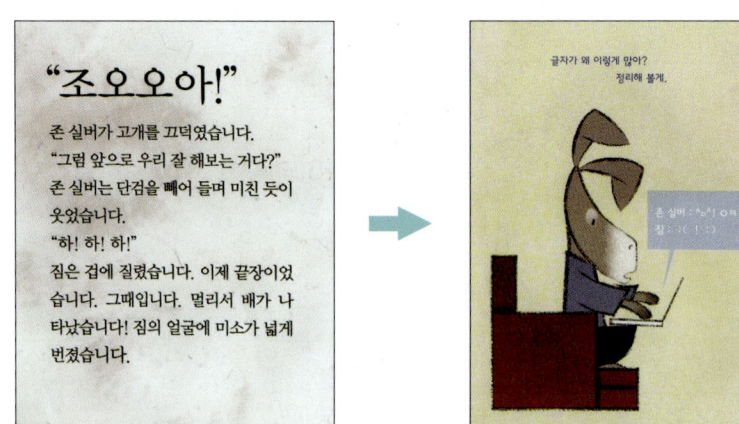

❸ 책 읽기가 좋아지는 알약 만들기

인터넷 쇼핑몰에서 '약포지'를 사서 책 읽기가 좋아지는 알약을 만들어 본다. 약포지는 아무것도 그려 있지 않은 것으로 구입하고 그 안에 비타민C, 캐러멜, 초콜릿 등을 알약으로 넣어서 만들면 된다. 알약을 넣은 후 다리미(또는 미니 실링기)로 입구를 봉하면 완성!

라벨지에 그 알약을 먹으면 책 읽는 데 어떤 도움을 받을 수 있는지 꾸며서 약포지에 하나씩 붙여 주면 더욱 근사하다. 약봉투도 같이 만들어 뒷면에 복용 시 주의사항도 쓰게 한다(약봉투 도면 예시는 다음 쪽에 실었다.).

 **Tip**

유튜브 동영상에 '레인 스미스'나 'It's a book'을 검색어로 넣으면 책 내용을 동영상으로 볼 수 있다. 비록 영어 버전이지만 재미있게 책을 감상할 수 있는 방법이니 책 내용을 파악한 후 감상해 보자.

함께 읽기

『아름다운 책』 (클로드 부종 글·그림 / 최윤정 옮김 / 비룡소)
『책 청소부 소소』 (노인경 글·그림 / 문학동네)
『책 읽어주는 고릴라』 (김주현 글·그림 / 보림)
『책을 사랑한 아기 용 던컨』 (아만다 드리스콜 글·그림 / 송화 옮김 / 걸음동무)
『제발 나를 읽지 마』 (크리스틴 나우만 빌맹 글/ 로랑 시몽 그림 / 공민희 옮김 / 그린북)
『난 이야기를 좋아하지 않아』 (앤드류 라슨 글 / 캐리 수코체프 그림 / 신형건 옮김 / 보물창고)

새콤달콤 책임감이 좋아지는 약

	낱개
1 일	1 회 　 3 일분
매 시	전・간・후 　 분 복용
매	시간마다 　 포(정) 복용

20XX년 XX월 XX일

※ **복용 시 참고사항**
부드러운 알약은 녹여 드시고, 딱딱한 알약은 인내심을 가지고 끝까지 녹여 드시면 됩니다.

책사랑 ♡ 약국

약 사 : ○○○ 선생님
경기도 XX시 XX구 XX로
TEL. 070-XXXX-XXXX

♣ 주의사항
- 약에 담긴 선생님의 사랑과 정성을 믿지 못할 시에는 약효가 없을 수 있습니다.
- 복용자의 눈에서 기쁨의 눈물이 나거나 가슴이 짱한 증세가 나타날 수 있습니다.
- 잠자리에 복용했을 시에는 꼭 이를 닦고 주무십시오. 충치가 생길 수 있으니 주의하십시오.

☀ 사용기간
: 조제 후 1주일 이내

♣ 다음의 환자에게는 이 약을 주지 마십시오.
- 책과 가까워지려 노력하지 않을 사람

♣ 부작용
- 도서관을 좋아하지 않는 사람에게 약을 조제하는 경우, 목소리가 잦아지거나 코가 빨개지는 부작용이 생길 수 있습니다.
- 한꺼번에 많이 먹을 시, 충치가 생길 수 있습니다.

♣ 이 약은 어린이의 손이 닿지 않는 곳에 안심하고 두셔도 됩니다.

part 6

어른들의 이야기 속으로

그림책 거장의 소중한 유산!

『검피 아저씨의 코뿔소』
존 버닝햄 그림·글
이상희 옮김
시공주니어

주제 동물을 위협하는 인간과 보호하는 인간의 존재, 그 사이
대상 생명체 하나하나를 사랑하는 친구들

마음의 흔들림 ♥

2019년 1월 4일, 영국의 그림책 작가인 존 버닝햄이 눈을 감았다. 개인적으로 내겐 기쁨과 슬픔을 동시에 느끼게 해 준 소중한 작가였기에 언젠가 만나 뵙고 싶었는데 이젠 늦어 버렸다. 삼가 고인의 명복을 빕니다.

미국의 모리스 샌닥 작가가 우리에게 맥스와 괴물들을 소개해 주고 미키와 제빵사들을 보여 줄 때 마냥 기쁘고 재밌었는데, 10여 년 전에 돌아가실 때 많이 슬프고 서운했었다. 그런데 이제는 모리스 샌닥 작가와 교류하고 서로를 존경했던 존 버닝햄 작가마저 우리들 곁을 떠난 것이다.

존 패트릭 노먼 맥헤너시와 에드와르도와 검피 아저씨를 소개해 준 분인데. 지각대장의 슬픔과 세상에서 가장 못된 아이의 분노를 통해 아이들 내면의 심리를 이해하고 공감하는 능력을 키웠었는데. 아, 그리고 검피 아저씨! 나의 멘토인 검피 아저씨와 함께 배도 타고 차도 탔었지. 그때의 아이들과 동물들 사이에 분명히 나도 있었다고 생각한다. 그 흐뭇한 나들이의 추억, 흠뻑 젖고 진흙투성이가 되었지만 따뜻한 차와 디저트를 같이 먹었고 '다음에 또 놀러 오거라.' 하는 그 따뜻한 말 한마디로, 책속 아이들과 독자 모두의 마음을 녹여 준 최고의 아저씨!

이제 더 이상 작가와의 새로운 만남은 없을 것이란 생각에 우울해졌었다. 그런데, 그 해가 가기 전에, 1주기를 기리며 마지막 작품이 나온 것이다! 그 소식을 듣고 얼마나 설레고 떨렸던지!! 과연 존 버닝햄 작가의 유작은 무엇일까? 검색을 하는 순간 더욱 놀라운 인물을 맞이했다! 검피 아저씨라니? 아니, 어떻게? 놀라운 정도가 아니다. 이럴 수가! 하는 마음이었다. '설마 검피 아저씨 그림책이 세 권이었는데 이제야 번역이 된 것인가?' 하는 의구심과 '혹시 새로운 그림책이 아닐까?' 하는 기대감으로 책을 사서 책 뒤에 있는 작품에 대한 해설을 먼저 읽어 봤다.

"존 버닝햄은 이 작품의 탈고를 두고 40년 전에 썼을지도 모르는 책을 최근에 완성했다며……."

만세~! 만세다~!! 작가의 마지막 작품이 검피 아저씨라는 것은 너무나도 특별한 선택이고, 의미 있는 유작임에 틀림없다. 이제 눈가의 눈물을 닦고 멘토의 인생 이야기를 하나 더 들어 보자. 그림책 거장의 소중한 유산을 만나 보자.

책 속으로 풍~덩

아이들이 그림책을 즐기다가 한 걸음 더 나아가게 되면, 그림책 작가에게도 관심이 생긴다. 그래서 부모님과 함께 그림책 작가의 강연을 찾게 되고 작가와의 만남을 통해 더 많은 그림책 이야기와 작가의 의도와 동기, 작업 방법, 앞으로 나올 책에 대한 다양한 이야기를 들을 수 있는 기회를 얻는다. 지금 내 앞에, 실제 좋아하는 작가와, 한 공간에 있다는 것은 어마어마한 축복이다. 기회가 올 때마다 만남을 미루지 않으면 좋겠다. 특히 아이들이 좋아하는 앤서니 브라운, 백희나, 이수지, 김영진 작가들은 꼭 직접 만나서 작가의 분위기와 표정과 작품의 해설을 들으면 좋겠다.

수업을 시작하기 전에 좋아하는 그림책 작가에 대한 질문을 먼저 해 본다.

"여러분이 좋아하는 그림책 작가는 누가누가 있나요?"

그러면 교실에는 수많은 베스트셀러 작가의 이름이 튀어나온다.

"그래요~ 정말 좋아하는 작가가 많군요? 그러면 그 작가들의 작품도 모두 알고 있나요?"

아이들은 다 안다고, 여러 번 읽어 봤다고 자신 있게 대답한다.

"하하, 그러면 여러분의 수준을 한 번 확인해 볼게요. 여기 여러분이 대답한 유명한 작가님들의 사진이 있습니다. 지금 얼굴을 가리고 눈만 공개했는데요, 눈빛이 모두 초롱초롱(?) 하시죠? 하하. 그럼 작가분에 대한 설명을 듣고 성함과 작품들을 하나하나 발표해 볼게요."

여러 작가의 얼굴에서 눈만 공개된 사진을 TV를 통해 여러 장 보여 준다. 아이들이 수군거린다. 저 사진은 누구고, 그 옆 사진은 누구 같다고. 아이들이 추측하고 판단을 내릴 수 있도록 시간을 더 준다. 그 후 수군거림이 가시면 그 사진 중에서 하나의 사진만 크게 보여 주고 묻는다.

"자~ 그러면 이 작가님은 누구일까요?" (독자 여러분도 함께 참여해 주세요.^^)

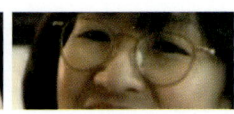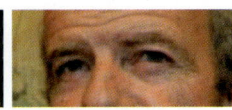

멈칫 멈칫, 아이들이 긴가민가할 때 작가와 관련된 약간의 설명(낱말)을 하나씩 순서대로 보여 준다.

'거울, 곰 세 마리, 공원, 영국, 엄마, 빌리, 명화, 윌리, 고릴라~!'

아이들이 답을 맞히면 작가의 작품을 하나씩 말해 본다.

두 번째 작가는 누구일까요? 관련된 낱말은 호랑이, 엄마, 달, 개, 인형과 사진, 사탕, 동동이, 선녀님, 구름~빵! 작품을 발표할 때는 미리 그림책 표지를 준비해 둔다.

세 번째 작가는? 선, 개, 파도, 거울, 그림자, 여름, 동물원, ㄱㄴㄷ, 비, 화가?

그리고 네 번째 작가는 누구일까요? (휴~ 이제 본론이다. 2시간 수업으로 진행하면 쫓기지 않고 즐길 수 있다. 아이도 어른도. 느릿느릿 여유 있게 가 보자.) 관련된 낱말은? 호랑이, 사계절, 침대, 기러기, 개, 파티(개 파티 아님), 배, 자동차, 검피, 존 패트릭 노먼 맥헤너시, 지각대장? 아이들은 신나게 작가의 이름을 부르며, 존 버닝햄의 작품들을 하나하나 외친다. 물론 아이들 최고의 인기작품은 『지각대장 존』 되시겠다!

"하하~ 그렇군요! 역시! 오늘은 존 버닝햄 작가의 의미 있는 작품을 하나 읽어 줄 거예요. 그런데…… 선생님이 오늘 왜 이 작가님을 소개하는지 알아요?"

"몰라요, 선생님이 좋아해서요?"

"네, 물론 여러분만큼 좋아하지요. 그런데 조금 슬픈 얘기를 전해야겠네요."

하며 존 버닝햄 작가의 소식을 전해 준다. 아, 하는 탄성과 슬퍼하는 아이들. 잠시 작가의 명복을 빌어 주고 찬찬히 작가의 인생 이야기를 전해 준다. 너무 길지 않게.

그리고 작가의 마지막 선물을 알려 준다. 전 세계 사람들에게 그려 준 마지막 그림책! 표지를 보여 주며 묻는다.

"자, 표지에 뭐가 보이나요?"

아이들은 코뿔소를 탄 아이들이 보인다고, 뒤에 버스와 빨간 자동차가 보이고 아래에 토끼가 보인다고 외친다. 이때 뒤표지를 슬쩍 보여 주며 이 아저씨의 이름은 검피 아저씨라고 말해 준다.

"그렇다면 제목은?" "검피 아저씨의 코뿔소?"

하하, 맞다. 그림책을 많이 본 아이들은 검피 아저씨의 다른 책들도 있다고 말해 준다. 이제 앞표지를 넘기면 푸른 하늘 같은 앞면지가 나오고 이어서 속표지가 나온다.

"여긴 어디일까요? 그래요. 검피 아저씨의 방이죠. 뭐가 보이는지 살펴봐요."

따뜻한 벽난로 앞에 검피 아저씨는 책을 읽고 있고, 코뿔소는 한가로이 자고 있다. 창밖으로는 노란 달빛이 반짝이는 강가에 배가 한 척 있다. 벽난로 위에는 빨간 자동차와 집이 나온 사진이 걸려 있다. 아, 맞다! 여기에는 검피 아저씨의 첫 번째, 두 번째 그림책이 함께 보여지는 것이다. 『검피 아저씨의 뱃놀이』와 『검피 아저씨의 드라이브』다.

검피 아저씨는 아프리카를 여행하다가 엄마 아빠를 잃은 아기 코뿔소를 만나서 위로해 준다. 눈물을 펑펑 흘리는 코뿔소가 정말 슬퍼 보였다. (상황에 따라 누군가 엄마 아빠 코뿔소의 뿔을 잘라 갔다는 말만 해도 좋겠다.) 검피 아저씨는 아기 코뿔소가 우유를 먹어야 한다는 걸 알고 우유를 주었지만 턱없이 모자랐다.

"이때 우리라면 어떻게 할까요?"

아이들의 마음을 두드려 본다. 집으로 데려간다거나 동물 보호소에 맡긴다거나 많은 우유를 주문한다고 한다. 과연 검피 아저씨는? 밤새도록 자동차를 달려 우유를 구해 주었지만 계속 모자란 상황이 이어진다. 하지만 아저씨는 차에서 아기 코뿔소에게 말을 걸며 찰리라는 이름부터 지어 준다. 그리고 배를 타고 집으로 데려온다. 찰리가 무럭무럭 빠르게 자라니 날마다 먹이가 부족했다. 찰리의 몸집이 그림책 속에서 점점 거대해진다. 걱정스러운 표정의 검피 아저씨도 보인다. 한 번 더 묻는다.

"여러분은 이런 상황이라면 어떻게 할래요?"

문제 상황이 발생할 때마다 우리는 선택을 해야 한다. 어릴 때부터 선택하는 힘을 키우는 습관을 들이면 선택근육이 튼튼해질 것이다. 아이들의 다양한 선택을 들어 보고 동의해 주고 힘을 실어 준다. 그리고 아저씨의 선택을 들어 본다. 검피 아저씨는 찰리를 학교로 데려가서 선생님과 아이들에게 도움을 청한다. 그중 한 아이가 말한다.

"저 코뿔소가 시청 직원으로 일하면 되겠네요. 길가의 잡초를 깨끗이 먹어 치우는 일을 하는 거예요."

"여러분, 저 아이의 생각이 어때요?"

"오~ 정말 좋은데요! 일도 하면서 먹을 수도 있으니까요!"

맞다. 그 장면에서 수많은 아이들이 코뿔소를 쳐다보고 웃어 주고 쓰다듬어 준다. 모두가 행복한 순간이다. 결국 찰리는 시청에서 내어 준 특별한 재킷(UDC : 공공 근로 작업)을 입고 길가에서 일하기 시작했다. 찰리도 일이 마음에 들었나 보다. 웃는 얼굴로 일한다. 심지어 '조심. 코뿔소 근무 중'이라는 표지판도 마련해 주었다. 하하.

이제 검피 아저씨 이야기의 하이라이트가 나올 차례다. 맞다. 표지에 나왔던 버스와 아이들이 나온다. 바닷가로 수학여행을 가는 아이들. 하지만 길이 막혀 옴짝달싹하지 못한다. 그 순간 누가 올까? 하하, 바로 찰리가 나타난 것이다. 아이들은 모두 찰리의 등에 올라타서 길이 아닌 곳을 달려 신나게 바닷가로 향해 갔다. 배를 놓쳐도 상관없었다. 찰리는 멈추지 않고 바다로 뛰어들어 배로 다가갔다. 아이들 모두 배에 올라탔다. "찰리 만세!"라는 소리와 함께.

찰리는 자기 일을 좋아하고 검피 아저씨와 사는 걸 좋아하고 장난도 좋아한다.

"여러분, 찰리는 어떤 장난을 칠까요?"

마지막에 찰리의 귀여운 장난을 보고 모두가 크게 웃으며 이야기를 마무리한다.

존 버닝햄은 부모가 살해된 코뿔소에 관한 이야기를 아이들에게 어떻게 전할 수 있을까를 고심하다가 아프리카로 여행을 떠난 검피 아저씨를 생각해 냈다고 한다. 아이들에게 알려야 하는 아픈 진실이라도 우리들이 믿는 멘토를 등장시켜서 함께 행동한다면 아이들 마음에 자연스럽게 생명존중의 마음이 싹트지 않을까. 그러한 작가의 배려가 돋보이는 작품이다. 부모라면, 교사라면, 어른이라면 보고 배워야 할 자세이다. 주위에 선한 영향력을 끼치는 올바른 태도를 보고 배우자. 그러면 아이들도 우리를 보고 배울 것이다.

그림책 뒤의 해설 부분에서 마음에 콕 박히는 문장이 있어서 옮겨 본다.

"지구상에는 동물을 위협하는 인간이 있는 반면에, 동물을 보호하고 살리는 인간도 존재한다. 검피 아저씨도 그렇다." 우리도 그러자!

(작가들의 눈을 보고 맞출 때마다 차례대로 사진을 공개한다.)

앤서니 브라운　　　백희나　　　이수지　　　존 버닝햄

함께 해 보기

❶ 필요한 곳에 사용될 새로운 표지판 디자인하기

'조심. 코뿔소 근무 중'이라는 표지판을 보고 우리 주변에 필요한 새로운 표지판을 만들어 보자.

요즘 학교에서는 존대어와 생명존중, 또 공공장소에서 지켜야 할 예의범절에 대한 교육을 하고 있다. 이와 함께 재치가 돋보이는 표지판도 만들어 보자. 보고 기분이 좋아진다면 효과가 있다고 생각한다. 복도에 붙은 표지판을 감상해 보고 그 옆에 하나 더 그려 보자.

❷ 동물들의 장난치는 모습 찾아내기

　아이들이 즐겨 하는 장난에는 어떤 것이 있는지 발표해 본다. 꼭 자기가 한 장난이 아니라도 친구들이 장난하는 모습을 본 것이나 들은 장난을 말해도 좋다. 또 장난하는 상상만으로도 즐겁다면 그것도 좋다. 아이들이 즐겨 하는 장난에는 친구 뒤에서 이름 부르고 숨기, 빈 껌 종이로 속이기, 노래만 나오면 아무 데서나 춤추기 등이 있었다. 친구에게 피해가 가지 않는다면 함께 웃을 수 있어서 좋다고 한다.

　그리고 코뿔소가 한 장난처럼 동물들도 즐겨 하는 장난에는 어떤 것이 있는지, 본 적이 있는지 말해 보라고 한다. 특히 반려동물을 키우는 아이들은 신나게 발표한다. 다 들어 주자. 공감하며 끄덕이고 경청하며 환호하자. 이 부분도 생명존중에 대한 이해와 행동으로 나아갈 수 있으니까 말이다.

❸ 다양한 미디어로 배우기

　동물의 습성과 생애에 관련된 텔레비전 프로그램은 많다. 다큐멘터리를 함께 시청해도 좋고, 반려동물의 행동을 이해하고 살펴 주는 프로그램을 봐도 좋다. 개는 훌륭하고, 세상에 나쁜 동물은 없으니까. 최근에 강형욱 님이 솔루션 하는 모습을 봤다. 개가 짖을 때마다 안아 주었던 보호자에게, 그럴 때마다 개가 사회성을 기를 기회를 막아 버린 것이라고 말해 주었다. 우리는 우리만의 방식으로만 사랑을 전하는 것이 아닐까? 그 방법이 반려동물에게 해가 되어도 모를 정도로.

　반려식물도 마찬가지다. 우리 반에는 아침마다 교실 앞에서 매일 만나는 190가지의 만화가 있다. 그중 내가 가장 좋아하는 만화의 내용은 이렇다.

식물을 사랑해서 매일 물을 주었지만 결국 식물은 죽었다는 이야기. 그 밑에는 이런 문구가 쓰여 있었다. '그 식물은 일주일에 한 번만 물을 주어야 하는 식물이었다.' 사랑에도 공부가 필요하다.

Tip

> 존 버닝햄 작가에게 드리는 헌사를 읽어 보면, 작가의 또렷한 눈빛이 다시 떠오른다. 그 빛나는 두 눈과 장난기 가득한 콧날에 뭔가 숨기는 듯한 개구진 입술과 아이들의 소리를 귀담아 듣고자 하는 부드러운 귓바퀴까지. 그 얼굴 전체에 검피 아저씨의 다정함이 담겨 있는 듯 보이는 것은 이미 내 마음에 깊은 흔들림을 준 작가이기 때문이리라. 여기, 그 분에 대한 헌사를 모아 보고, 고마움을 전하고자 한다.

"그림책의 현대 거장, 굉장히 멋진 일러스트레이션, 넘치는 동물 사랑과 장난기"
-더 타임스

"존, 나는 그저 자네의 팬에 지나지 않네. 단지 시샘이 많은 여덟 살 아이처럼 충직하고 늘 자네 작품에 흥분하는 팬 말일세! 우리는 참으로 재밌게 지내 왔네. 늙은 나이에 젊음을 발견한다는 건 얼마나 놀라운 일인가." -모리스 샌닥

"어린이 그림책 분야의 가장 전복적이고 멋진 창조자이며 수십 년 사이 가장 뛰어나고 급진적인 작업을 해 온 작가" -옵저버

"내 그림책은 세계 어디에 살든, 어린이라면 누구나 이해할 수 있는 언어로 만들어졌다."

-존 버닝햄

"지금의 나를 만든 가장 중요했던 경험과 과정은 억압받지 않고 자란 어린 시절에 있다. 노닥거리는 것은 모든 사람들에게 가장 중요하다." -존 버닝햄

Tip

책 뒤의 해설에 살짝 오해(?)가 있는 것 같다. 검피 아저씨는 항상 책표지에 계셨다. 노를 젓고, 운전을 하시면서. 그리고 여기에서도 아이들과 함께 코뿔소를 타고 싱긋 웃는 모습이 보이는데 해설에는 앞표지에 어른이 없다고 한다. 아마도, 아저씨가 너무 동안이라서 그랬을까? 하하. 갸륵한 오해였기를.

아이들 글 맛보기

추모하기

존 버닝햄의 작품 속 주인공인 검피 아저씨와의 추억을 기억 속에 담아 보자.

검피 아저씨는 뱃놀이 후에 그랬다.
"잘 가거라. 다음에 또 배 타러 오렴."
검피 아저씨는 드라이브 후에 또 그랬다.
"잘 가거라. 다음에 또 드라이브 하러 오렴."
그런데 코뿔소와 함께하신 아저씨는 조금 피곤했을까. 아무 말씀이 없

으셨다. 아니, 코뿔소와 한 집에 살게 되어 인사말이 필요 없었을지도 모른다. 검피 아저씨도 존 아저씨도 편안한 시간을 보내고 계실 거라 믿는다. 이제 우리가 말해 줄 때다.

"안녕히 가세요. 그동안 행복했어요. 이제 편히 쉬세요. 존 버닝햄 아저씨!"

함께 읽기

존 버닝햄 작가의 주요 책들과 국내 출간년도

1995
『지각 대장 존』 (박상희 옮김 / 비룡소)
『야, 우리 기차에서 내려!』 (박상희 옮김 / 비룡소)
『우리 할아버지』 (박상희 옮김 / 비룡소)

1996
『깃털 없는 기러기 보르카』 (엄혜숙 옮김 / 비룡소)
『검피 아저씨의 드라이브』 (이주령 옮김 / 시공주니어)
『검피 아저씨의 뱃놀이』 (이주령 옮김 / 시공주니어)
『크리스마스 선물』 (이주령 옮김 / 시공주니어)
『장바구니』 (보림)

1997
『사계절』 (박철주 옮김 / 시공주니어)

2001
『알도』 (이주령 옮김 / 시공주니어)

『대포알 심프』 (이상희 옮김 / 비룡소)

2003
『마법 침대』 (이상희 옮김 / 시공주니어)

『셜리야, 물가에 가지 마!』 (이상희 옮김 / 비룡소)

『네가 만약……』 (이상희 옮김 / 비룡소)

2006
『에드와르도 세상에서 가장 못된 아이』 (조세현 옮김 / 비룡소)

『치티치티 뱅뱅: 하늘을 나는 자동차』 (이언 플래밍 글 / 김경미 옮김 / 열린책들)

『존 버닝햄 –나의 그림책 이야기』 (엄혜숙 옮김 / 비룡소)

2016
『마일즈의 씽씽 자동차』 (이상희 옮김 / 비룡소)

2018
『호랑이가 책을 읽어 준다면』 (정회성 옮김 / 창비)

2019
『검피 아저씨의 코뿔소』 (이상희 옮김 / 시공주니어)

2021
『날아라, 마일즈』 (존 버닝햄 & 헬렌 옥슨버리 그림 / 빌 살라만 글 / 이상희 옮김 / 비룡소)

이런 게 사는 기쁨!

『농부 달력』
김선진 글·그림
웅진주니어
주제 행복한 봄 여름 가을 겨울
대상 계절의 풍경을 느끼고 싶은 어른들

마음의 흔들림 💚

말이 씨가 된다고 우스갯소리로 하던 농이 현실이 되어 시골에 와 집을 짓고 살고 있다.

이 집에는 호기롭게 마련한 한 평 남짓의 텃밭이 있다. 텃밭의 실무 책임자는 남편이라 봄이 되면 비료를 사다 땅을 뒤엎고 고랑을 내고 모종을 심는 일을 도맡아 하고 있다. 이 작은 땅에 고랑을 4개나 내어 고추, 상추, 오이, 호박, 가지, 방울토마토를 심는다. 매일매일 물만 줄 뿐인데도 하루가 다르게 자라는 모습이 신기하다. 퇴근하고 집에 돌아오면 남편과 함께 텃밭에 가서 먹을 것을 수확한다. 잎사귀를 꺾으면 하얀 진액이 나오는 상추는 두부 쌈장만 곁들여 먹어도 밥 한 그릇 뚝딱하게 만드는 일등 공신이다. 햇살 듬뿍 받아 싱그러운 오이와 빨갛게 익은 방울토마토는 얼마나 달콤한지 먹을 때마다 놀라게 된다. 꽃이 예쁜 가지는 늦가을이 되도록 열매를 맺어 든든한 식량이 아닐 수 없다.

가끔은, 아니 생각보다 자주 손바닥만 한 작은 텃밭에서 부부가 함께 머리를 맞대고 호미질을 한다. 어느새 쑥 자란 풀을 뽑고, 더 크게 열매 맺히라고 곁순도 따 준다. 개미도 살고, 거미도 살고, 봄에는 손톱만 한 청개구리가, 여름이면 각종 풀벌레가 폴짝거린다. 먹고 남은 과일, 채소 껍질을 땅에 묻어 두니 땅을 기름지게 하는 지렁이도 자주 만난다.

손에 풀물이 들고, 손톱에 흙 때가 끼는 저녁 무렵의 텃밭 데이트는 노동보다는 치료에 가까운 느낌이다. 어쩐지 흙을 만지고 나면 마음이 편안해지는 기분이 들어서다. 한 번씩 집에 놀러 오는 지인에게 텃밭에서 기른 수확물을 나누는 기쁨도 크다. 먹어 보니 확실히 신선하고 맛있다는 후기를 들으면 뿌듯해져서 괜히 텃밭을 더 넓혀 이것저것 더 심어 볼까 하는 욕심까지 난다.

2022년 봄에 만난 『농부 달력』은 생활의 지혜가 아름답게 담긴 그림책이었다. 봄부터 겨울까지 이어지는 이야기가 어찌 이토록 무해하고 사랑스러울 수 있을까? 싶은 책. 다정한 노부부의 일상을 좇는 작가의 글은 또 얼마나 애틋한지 제대로 취향을 저격당한 느낌이었다. 봄이면 마당에 핀 꽃을, 여름이면 쏴쏴 내리는 장대비를, 가을이면 곱게 물든 단풍을, 겨울이면 소리 없이 쌓이는 눈을 보면서 그렇게 시골 살이는 이어지겠지. 우리 나름의 봄 여름 가을 겨울을 맞이하다 보면 우리도 책 속 노부부처럼 마음만은 한껏 풍요롭고 든든할 수 있지 않을까 하고 기대를 품어 본다.

책 속으로 풍~덩

'가정에 건강과 행복이 깃드시길 기원합니다.'

가정통신문에서 즐겨 보던 문구. 성질 급한 나는 본론 전달에 급급해 자주 빼먹는 글귀인데 그림책 표지에서 만나니 어쩐지 굉장히 중요한 말이었다는 생각이 든다.

표지에 그려진 봄 여름 가을 겨울을 상징하는 42장의 그림을 찬찬히 들여다본다. 땅을 일구며 살아가는 삶이 그림에 오밀조밀 귀엽게 담겨 있다.

이야기는 함박눈이 펑펑 내린 겨울 아침, 눈 덮인 시골 마을에서 시작된다. 고라니와 까치가 텃밭에서 농작물을 먹고 있다. 그들을 쫓아내지 않고 인사말을 건네는 노부부의 모습에 마음이 벌써 뭉클해진다.

"너희를 위해 남겨 둔 것이란다. 겨울은 본디 함께 나는 것이지."

작가가 숨겨 둔 계절을 찾으려면 페이지마다 빼곡한 그림과 글씨를 허투루 볼 수가 없다. 눈으로 글을 읽으면 속에서 저절로 소리가 인다. 와글와글 장날의 분주함을 삼키고 할아버지의 창고를 엿본다. 차곡차곡 잘 정돈된 농부의 창고에는 씨앗이 한가득. 땅을 갈고, 씨를 뿌리며 올해 농사가 시작된다. 쑥쑥 자라는 농작물 덕분에 쉴 새 없는 두 분이건만 고단함보다 달달한 기운이 강하게 느껴진다. 쨍한 더위 속 평상에 누워 밤하늘을 올려다보는 두 분의 표정이 참으로 좋다. 굽어진 허리 펼 새 없이 여문 것들을 거두다 보면 가을이 훌쩍 깊어지고, 다음 봄을 기다리며 농사지은 것들을 자식과 이웃에게 나누다 보면 겨울이 찾아온다.

책을 덮으며 '쓸데없이 내리는 비는 없다.' '심고 가꾸고 거둬들이는 데 각자의 때가 있다.' 같은 노부부가 자연을 통해 전해 주는 지혜에 고개가 끄덕여진다. 제일 고운 것을 선물하고, 꽃보다 예쁘다 말해 주고, 한 해를 마무리하며 서로에게 수고했다 다독여 주는 마음처럼 더없이 다정한 두 분의 일상 또한 우리 부부에게 큰 배움이 되었다.

함께 해 보기

❶ 사계절 카드 만들기

두 면 가득 사계절의 근사한 풍경화가 가득한 그림책이라 그림 실력이 된다면 수채화로 따라 그려 집에 걸어 두면 좋을 것 같다. 아니면 책에 나온 좋은 문구를 골라 캘리그라피용으로 나온 두꺼운 종이에 쓴 후, 책 표지에 나온 간단한 그림을 그려도 근사할 것 같다.

❷ 사계절 데이트 코스 짜기

봄에는 꽃놀이, 여름에는 물놀이, 가을에는 숲 놀이, 겨울에는 눈놀이. 사계절의 특색에 맞게 재미있게 놀 수 있는 다양한 장소들이 있다. 매주, 매달 데이트는 어렵지만 계절에 한 번쯤은 시간을 낼 수 있지 않을까? 찾아보면 멀리 움직이지 않고, 큰 비용 들이지 않아도 가서 즐길 수 있는 곳들이 많으니 꼭 해 보시면 좋겠다. 혹시 집순이, 집돌이시라면 사계절에 딱 맞는 음식 데이트라도! 봄에는 목련차, 여름에는 복숭아스무디, 가을에는 밤라떼, 겨울에는 홍시아이스크림처럼 간단한 차나 디저트로 대화의 시간을 가져 보시길!

❸ 사계절 우리 농산물 사 먹기

계절에 맞는 제철 먹거리를 잘 먹으면 건강에 이롭다고 한다. 제철에 사면 값도 싸고 맛도 좋다. 동네에 로컬푸드직매장이 있다면 자주 이용해 보시길 추천한다. 요즘은 웹에서 직거래 형태로 주문할 수 있는 질 좋은 농산물도 많다.

함께 읽기

『밀짚모자』 (김윤이 글·그림 / 한울림어린이)
『차곡차곡』 (서선정 글·그림 / 시공주니어)
『할머니 등대』 (신소담 글·그림 / 노란상상)
『칙칙팥팥』 (콩양신쨔오 글 / 구미 그림 / 남은숙 옮김 / 키위북스)
『거미와 농부』 (안혜경 글·그림 / 곰세마리)

나의 천호동

『나의 독산동』
유은실 글
오승민 그림
문학과지성사

주제 사람마다 흔들리는 낱말이 존재한다.
대상 힘들 때 마음을 위로해 주는 장소를 갖고 싶은 친구들

마음의 흔들림 ♥

사람마다 흔들리는 낱말이 존재한다고 생각한다. 고향, 가족, 짝사랑부터 편지, 꽃다발, 손목시계, 가방. 그리고 아이스크림과 떡볶이, 치킨에 맥주까지. 평범한 일상생활을 하다가도 그러한 낱말을 만나게 되면 마음에, 시각에, 미각에 지진이 일어난다. 심장이 빨리 뛰고 눈이 반짝이며 입에 미소가 퍼진다. 누구나 그러한 힐링 낱말이 있다.

어렸을 때 우리는 어떤 낱말에 흔들렸을까? 나열하는 낱말들을 보고 연필로 살짝 동그라미를 쳐 보자. 뭐 어떤가, 산 책이라면 상관없지.^^ 자~ 우선, 연필을 하나 구해서 준비하자. 색연필도 좋다. (아, 주변에 연필이 없다고요? 그럼 기다려 줄게요. …… 됐나요? 아직? …… 10초 드릴게요. 10, 9, 8, 아니요~ 지금은 숫자를 읽을 때가 아니고요~^^; 7초 안에 연필을 찾으세요~! 다시 7, 6 …… 천천히 …… 5, 4 …… 찾고 있죠? …… 3 …… 조심스럽게 …… 2 …… 준비 끝?) 그럼 1! 시~작!

딱지, 사탕, 과자, 신발, 소풍, 짝꿍, 새 옷, 책가방, 실내화, 도시락, 짜장면, 축구화, 운동장, 뒷동산, 방패연, 솜사탕, 놀이동산, 동네친구, 아이스크림, 크리스마스, 가오리연, 눈사람, 전봇대, 만화책, 오락실, 골목, 시장, 지갑, 외식, 통닭, 용돈, 흰밥, 눈, 비, 돌.

성에 안 찬다면 더 구체적으로 써 보자. 새우깡, 양파링, 자갈치, 캔디바, 빙빙바, 프로스펙스, 나이키, 공포의 외인구단, 둘리, 아르미안의 네 딸들, H2, 슬램덩크, 롯데월드, 에버랜드, 갤럭시, 벽돌깨기, 테트릭스, 버블버블, 스타크래프트.

　(그리고 더 생각나는 걸 써 주세요 : _____)

청소년부터 20대까지는 또 어떤 낱말에 흔들렸을까?

시집, 편지, 하늘, 우정, 짝사랑, 우체통, 선생님, 교환일기, 교회오빠, 전화통화, 주민등록증, 모퉁이, 영화관, 소개팅, 미팅, 야자, 야식, 택배, 독립, 노래, 그녀, 그.

　(그리고 더 생각나는 걸 써 주세요 : _____)

지금은 어떤 낱말에 마음이 흔들릴까?

돈, 집, 카드, 쇼핑, 건강, 할부금, 아이들, 취미생활, 은퇴시기, 퇴직금, 연금, 동료, 퇴근, 커피, 금.

　(그리고 더 생각나는 걸 써 주세요 : _____)

우리가 고른 낱말을 떠올려 보면 그 상황, 그 대상, 그 장소가 나타난다. 어린 시절로 돌아갈수록 우리 마음을 흔든 낱말은 시간을 초월한 어느 장소에 모이게 된다. 결국 장소다. 그 장소에서 함께했던 사람들, 이야기들. 그 추억이 그리운 거다. 그 시절 속에 행복이 담겨 있는 거다. 그러니 자주 방문해 보자. 교통비 조금, 간식비 조금 들고서 말이다.

내게도 설레는 장소가 있다. 어린 시절 살았던 천호동. 대학을 졸업하고 몇 년 주기로 홀로 방문하는 동네다. 올해도 내 마음을 마구마구 흔드는 장소에 다녀왔고, 돌아다닌 시간만큼 긴 위로와 치유를 받았다. 1학년 입학은 천호국민학교에서 했고, 2학년 때부터 강동국민학교를 다녔다. 그 시절 살았던 우리 집이 남아 있을까? 벽돌로 지은 집의 1층 한 칸(?)에 살았었는데. 아, 있다! 50년도 더 된 건물인데 아직도 있다! 올해 (2020)도 만날 수 있어서 너무 행복하다. 열심히 사진을 찍었다. 철없던 시절, 아이들과 뛰어 놀던 좁은 골목과 시장

터, 학교 교문까지 만져 보고 왔다. 저기 문방구 앞에서 쭈그려 앉아 프라모델을 조립했는데, 천호시장에선 친구들과 어묵을 찢어 먹었었지. 만화가게 앞 전봇대는 우리들의 모든 놀이가 펼쳐진 핫플레이스였지. 하하.

다음에는 고등학교를 다닌 고척동과 대학교를 다닌 숭의동과 계산동, 그리고 첫 발령지인 평촌에 다시 찾아갈 것이다. 벌써, 설렌다.

사람은 결국, 어릴 때 관심 가졌던 곳으로 돌아가기 마련이다. 그곳은 추억의 장소이니까. 그곳에 가면 추억의 사람들, 추억의 사건들이 떠오르니까. 그곳은 커다란 꿈을 꾸었던 장소로 가득하니까!

사람들에게 명언 제조기(?)라는 별명으로 불리는 지그문트 프로이트는 이런 말도 남겼다.

> "우리는 결국 어릴 적 꿈꿨던 일을 할 때 진짜 행복하다."

그러기 위해선 나를 위한 '힐링의 장소'를 많이 만들어 두자. 문득, 외로울 때나 지쳐 갈 때 찾아가서 잠시 둘러보고 앉아 보자. 추억이 가득한 나만의 힐링 장소에서 잔잔한 기쁨을 받아들이자. 어린 시절 꿈꾸었던 내 모습을 쫓아가 보자. "거기~ 친구야, 우리 같이 가자!"

책 속으로 풍~덩

아이들과 그림책 수업을 하기 전에 선생님의 추억 속 장소를 들려준다. 그곳에서 있었던 일들을 아련하게 떠올려서 재미있게 들려주자. 친구들이랑 딱지치기를 했던 공터, 달리기 시합을 했던 운동장, 축구와 야구와 그림 그리기를 했던 골목과 벽. 그리고 아이들의 추억 속 장소를 물어본다. 아직 어리지만 아이들도 더 어린 시절의 추억을 가지고 있다. '제가 어렸을 때인데요~' 하며 그 시절 있었던 일들을 떠올리고 그 장소를 생각해 낸다. 그렇게 각자의 추억 공간을 발표한 후에 그림책 작가의 이야기를 들려준다.

"이번에 읽어 줄 그림책은요, 작가가 실제로 살았던 동네에서 실제로 있었던 일을 바탕으로 쓴 그림책이에요. 특히 학교에서 처음 본 시험지를 수

십 년 동안 간직해서 글을 쓸 수 있었대요. 그럼 오늘의 그림책 속으로 들어가 볼까요?"

"네~!! 똑~ 또옥!!"

앞표지를 보여 주면 '나의 독산동'이라는 제목이 반듯하게 쓰여 있다. 독산동의 위치는 지도를 펼쳐서 찾아 준다. 그 후에 앞표지의 그림은 어떤 장소일지 물어본다. 아이들은 일하는 곳이라고, 공장 같다고 말한다. 한 장을 넘기면 면지 가득 촘촘하게 집들이 있고, 아래에 차도가 보인다. 동네가 한 눈에 펼쳐진다. 자세히 살펴보면 대부분 작은 집들이고 굴뚝에서 연기가 나는 건물들도 많이 보인다. 전봇대 위에 앉은 새도 있다. 동네 관찰을 마치고 속표지에 있는 주인공을 만난다.

"귀여워요!" "우리 반 누구 같아요!"

아이들은 노란 인형을 들고 있는 주인공이 마음에 드나 보다. 첫 장면을 보면 아이들이 한 줄로 앉아서 뭔가를 쓰고 있다.

"여러분, 지금 이 장면은 어디서 많이 본 장면이네요? 무슨 장면일까요?"

"아이는 시험 문제를 잘 풀고 있는 것 같아요?"

"아니요~!!"

그렇다. 턱을 괴고 하늘을 보는 것이 영 자신 없어 보인다. 아이는 받아쓰기를 보는데 ㅁ이랑 ㅂ이 자꾸 헷갈린다고 한다. 여러분은 어떠냐고 물어보면, 자신도 잘 틀리는 낱말이 있다고 고백한다. 다음 장. 집으로 돌아가는 아이는 동생이랑 인사도 하고 아빠를 만난다. 아빠는 휠체어에 앉아서 아이의 머리를 쓰다듬어 주며 말한다.

"아빠는 시험지를 보고 뭐라고 하실까요?"

이 순간, 아이들 부모님의 다양한 태도와 훈육방법이 드러난다. 하지만 주인공 아이의 아빠는 틀려도 괜찮다고, 왜 틀렸는지 알면 된다고 말씀해 주신다. 참 멋진 말씀이다.

그리고 어느 날, 받아쓰기가 아니라 답을 고르는 시험을 봤다. 아마도 사회과 단원평가 같다. 시험 보는 교실의 분위기가 너무 무거워 보여서 아이들에게 어떤 기분이 드냐고 묻기도 미안해졌다. 그런데 "잠깐만요!" 한 아이가 놀란 듯이 소리쳤다. 왜 그러냐고 물어보니 아이들이 너무 많다는 것이다. 그렇네. 교실에 보이는 1분단에 아이들이 여덟 줄이나 된다! 갑자기 아이들은 반 아이들이 몇 명인지 세어 보기 시작한다. "몇 명인가요?" 물어보니, "35명이요!" 대답한다. 정말일까? 잘 생각해 보라고 하니, 아이들은 더 많은 것 같다고 한다. 보이는 한 분단에 8명이 있고 다섯 분단까지 보이니 총 몇 명 정도일까? "에? 그럼 40명이나 돼요?" "말도 안 돼!" 아이들이 술렁거린다. 하지만 이때는 1980년대이고, 아마 더 많았을 거라고 말해 준다. (실제 선생님도 그 시절을 겪었고, 6학년 졸업식 때 찍은 사진에는 70명이 넘게 앉아 있었다. 졸업사진을 보여 주면 탄식이 쏟아지는 교실이 된

다. 물론 충격적이게도 교실 크기는 지금 우리 교실과 같다고 말해 주는 건 덤이다^^)

여전히 하늘을 쳐다보는 아이는 뭔가 이상한 문제를 보고 헷갈려 한다. 그 문제는 실제로 출제된 그 당시 시험문제일텐데, 우리도 한 번 맞혀 보자고 한다. 문제는 다음과 같다.

[문제 2] 이웃에 공장이 많으면 생활하기 어떨까? (   )

① 매우 편리하다.

② 조용하고 공기가 좋다.

③ 시끄러워 살기가 나쁘다.

아이들과 문제를 푼 후에 이야기를 계속 들려준다. 아이는 선생님께 답이 뭐냐고 여쭈었는데 3번이라는 대답이 돌아왔다. 아이는 1번 같다고 하지만 선생님은 단호하게 말씀하신다. '아니야. 공장이 많으면 시끄러워서 살기가 나쁘잖아. 이 동네처럼. 교과서에도 그렇게 나와 있다.' 아이는 처음 알았다. 우리 동네가 시끄러워 살기 나쁘다는 걸. 선생님이 가르쳐 주기 전에는 자신이 나쁜 동네에 산다는 걸 몰랐다고. 그런데 이상하다. 아이는 이웃에 공장이 있어서 좋은 게 많다는 걸 생각한다. 누구 엄마 아빠는 공장에서 일하다가 밥도 주고 숙제도 봐 주는 걸. 친구가 다쳐도 금방 일하다 말고 상처를 치료해 주는 걸. 친구들과 아이스크림 사 먹으라고 챙겨 주시는 걸. 즉, 공장이 이웃에 있으니까 아이스크림을 먹을 수 있고,

인형 공장에서 잘못 만든 인형은 우리들 차지고, 혼자 잠들어도 문만 열면 부모님이 계시는 공장이 보이니까 무섭지 않다고 깨닫는다.

저녁을 먹고 시험지를 꺼낸 아이는 아빠에게 묻는다. "아빠, 교과서도 틀릴 수 있어?" "엄마, 선생님도 모를 수 있어?" 대답을 듣기 전에 우리 반은 어떻게 생각하는지 물어본다. 여러 가지 이야기들이 나오고, 실제로 겪었던 사건들도 얘기한다. 그렇구나~ 하고 공감해 준다. 주인공 아이는 선생님은 딴 동네에 사니까 우리 동네를 잘 모르는 것 같다고 말하고, 아빠는 우리 동네는 우리 은이(아이 이름)가 잘 안다고 말해 주며 그 시험지를 잃어버리지 말라고 시험지 파일에 잘 끼워 주셨다. 아이는 잠들고 공장의 불빛은 하늘의 별만큼 반짝이며 동네를 비추고 있다.

함께 해 보기

❶ 누가 뭐라 해도 내게는 소중한 장소와 의미 찾기

어린 시절 추억의 장소를 생각해 본다. 도화지에 그 장소를 스케치해 본다. 다양한 색깔로 컬러링 해 본다. 그때 그 친구들. 다 어디에서 살아가고 있을까? 추억하고 상상해 본다. 미소가 퍼진다. (어른들은) 올드스쿨에서, 아날로그 방식으로 옛 친구들을 불러 본다. 라디오에 사연을 보내서 보고 싶다고 전한다. 보고 싶다~ 친구야!

❷ 내 순수한 영혼을 찾는 여행 계획하기

선생님은 언젠가 기회가 되면 꼭 하고 싶은 계획이 있다고 말한다. 바로 '나 자신의 순수했던 영혼을 찾는 여행'이 그것이다. 초등학교, 중학교 시절에 살았던 동네가 있다. 천호동과 암사동. 그곳에서 한 달 정도 머물 계획이다. 어린 시절 내 흔적들을 찾고 만나고 이야기 나누고 싶다. 고스란히 일기장에 담아 두고 싶다. 고등학교 시절을 보낸 개봉동에서도 한달살이를 할 계획이다. 얼마나 가슴 벅차고 신나고 행복해질지~ 벌써 심장이 그 장소로 뛰어가는 것을 느낀다. 선생님의 '인생 각본'을 듣는 아이들은 저마다의 다짐을 하게 될 것이다. 교사의 태도에서 배우는 것도 많기 때문이다. 아이들 인생에 반영되는 것은 아이들의 선택에 달렸으니까. 선생님은 그저 오래된 미래를 벅차게 발표하는 것만으로도 훌륭한 가르침이 될 것이다.

❸ 받아쓰기에서 가장 힘든 낱말 조사하기

일기를 쓰다 보면 평소 잘 틀리는 낱말들이 있다. 도대체인지 도대채인지 모르겠다거나 나갈려고인지 나가려고인지, 시래기국인지 시래깃국인지 말이다. 아이들은 겹받침을 어려워하지만 시간이 갈수록 직접 쓰지 않아 기억하지 못하는 낱말들은 모두 쓰기 어려워진다. 그러니 평소에 일기를, 메모를, 생각을 많이 쓰는 습관이 필요하다.

Tip

만약 독자가 독산동에 살았던 추억이 있다면, 이 그림책은 위로로 다가올 수 있다. 혹시 다른 동네에 살았더라도 책 내용과 비슷한 경험을 했다면, 어린 마음이 치유될 수 있다. 많지는 않지만 여러 동네를 제목에 넣은 책들을 찾아보면 좋겠다. 그림책이라도 좋고 아니라도 좋다. 서점에 가 보자. 그 책을 찾아서 읽어 보자. 어른의 마음을 보듬어 주는 손길은 그리 쉽게 만나지지 않는다. 그렇다면 자기의 손으로 자신을 보듬어 주자. 두 손을 꼬옥 맞잡아 보고 어깨를 쓰담쓰담 해 주며 등을 토닥토닥 해 주자. 셀프 힐링이다. 돌아올 땐 무릎도 만져 주고 종아리도 주물러 주자. 좋은 추억을 보여 줘서 고맙다고.

『나의 사직동』 김서정 글, 한성옥 그림, 보림
『인사동 이야기』 조문호 사진, 눈빛
『그 여름의 서울』 이현 장편소설, 창비
『1945, 철원』 이현 장편소설, 창비
『만화 원미동 사람들 1, 2』 변기현 지음, 양귀자 원작, 북스토리
『제주가 궁금하우꽈?』 김영숙 글, 나오미양 그림, 풀빛
『인사동에서 만나자』 신소윤, 유홍준, 황주리, 강애심, 곽대원 지음, 덕주

Tip

확증편향과 관련하여 요시타케 신스케의 그림책(함께 읽기 참고)에는 이렇게 쓰여 있다. '싫은 사람은 싫은 점만 자꾸 보인다'고. 정말 그런 순간이 있다. 이러한 확증편향은 사실 여부를 떠나서 자기의 생각이나 주장에 도움이 되는 정보만을 선택적으로 취하고, 자기가 믿고 싶지 않은 정보는 의도적으로 외면하는 성향을 말한다. 보고 싶은 것만 검색하고, 믿고 싶은 대로만 해석하면 생각이 한쪽으로 기울기 마련이다. 그래서 자신의 생각만 옳다고 믿어 버리는 실수를 하게 된다. 실제로 내가 확증편향 때문에 실수한 경험이 있어서 고백해 본다. 선생님도 틀릴 수 있으니까(안 틀릴 거라 생각하는 것도 확증편향).
손흥민이 이번에 영국 프리미어리그에서 8년 연속 10골 이상을 넣었을 때였다. 너무 기쁜 나머지 인터넷으로 살짝 본 정보로 아이들에게 "프리미어리그 역사상 8시즌 이상 연속으로 10골 이상을 넣은 선수가 손흥민 선수 포함 7명뿐"이라고 감탄하면서, "아니지~ 손흥민 위로는 겨우 6명뿐"이라고 강조했다! 그때 축구를 좋아하는 아이들이 고개를 갸웃거렸다. 나는 상황을 무시하며 내 믿음대로 이 역사적인 순간을 기억하라고 말하고 짧게 골 영상을 보여 주기도 했었다. 그런데 가만히 생각해 보니, 6명이 아닌 것 같아서 다시 찾아봤다. 웨인 루니가 11시즌, 프랭크 램파드가 10시즌, 해리 케인과 세르히오 아게로가 9시즌, 티에리 앙리와 사

디오 마네가 8시즌! 손흥민도 8시즌! 어? 그러면 동률이니까 그 위로는 4명뿐이네!? 이런……. 그래서 어떻게 했냐 하면~ 바로 다음 날 선생님이 틀렸다고 솔직하게 말하며 기록을 정정했다. 그때 슬쩍 축구 잘하는 아이들을 봤더니 뭔가 만족스런 얼굴이었다. 대한민국 국가대표 주장인 손흥민은 현재(2024년 1월) EPL 통산 115골, 57도움을 기록하고 있다. 유럽 통산 200골은 작년에 이미 넘겼다!!

쉬어 가기

틀려도 상관없지만, 우리도 시험 보는 기분으로 아래 맞춤법을 알아볼까요?

수업시간에 5학년 아이들과 함께 했던 활동지(출처: i-Scream×참쌤스쿨)를 참고한 것입니다. 마음 편히 체크해 봐요. 정답은 이 책 어딘가에 숨겨져 있습니다.

[문제 1] 평소에 잘 틀리는 맞춤법이 있지요? 문장을 읽고 맞는 답에 ○ 표시 하세요.

① 동생아, 계속 쓰레기를 버리면 안 (돼 , 되).

② 친구야, 말이 (돼 , 되)는 소리를 해라.

③ 책을 (살려고 , 사려고) 서점에 갔다.

④ 반장은 자신의 (역할 , 역활)을 잘해야 합니다.

⑤ 오늘은 엄마를 위해서 (설겆이 , 설거지)를 했습니다.

⑥ 우리 반에 새로운 전학생이 온(데 , 대)!

⑦ 옆 반이랑 피구 시합을 했는(데, 대), 우리 반이 이겼어!

⑧ 부모님의 (바램 , 바람)은 자식이 건강하고 행복해지는 거야.

⑨ 딸 : 간식으로 소떡소떡 먹고 싶어요.

　엄마 : 갑자기 (웬 , 왠) 소떡소떡이야?

⑩ (왠만하면 , 웬만하면) 이런 말까지는 하기 싫었어.

⑪ 나 : 피자에 콜라 마실까, 사이다 마실까?

　친구 : 콜라 마시(든, 던)지.

⑫ 지난 여름은 얼마나 덥(든 , 던)지!

⑬ 선생님, 오늘은 공부를 열심히 (할게요 , 할께요).

⑭ 오늘은 (왠지 , 웬지) 급식에 마라탕이 나올 것 같아.

⑮ 맡기신 일은 (금새 , 금세) 다 됩니다.

[문제 2] 둘 중 맞는 답에 ○ 표시 하세요.

① (도대체 , 도대채)

② (나갈려고 , 나가려고)

③ (시래깃국 , 시래기국)

④ (몇일 , 며칠)

⑤ (단언컨데 , 단언컨대)

⑥ (깨끗히 , 깨끗이)

⑦ (곰곰히 , 곰곰이)

⑧ (서슴치 , 서슴지)

⑨ (오랫만에 , 오랜만에)

⑩ (오랜동안 , 오랫동안)

⑪ (내노라하는 , 내로라하는)

📖 함께 읽기

『우리 동네 한 바퀴』(정지윤 글·그림 / 웅진주니어)
『한이네 동네 시장 이야기』(강전희 글·그림 / 진선아이)
『한이네 동네 이야기』(강전희 글·그림 / 진선아이)
『집으로 가는 여정』(표현우 글·그림 / 노란상상)
『오싹오싹 크레용!』(에런 레이놀즈 글 / 피터 브라운 그림 / 홍연미 옮김 / 토토북)
『신기한 현상 사전』(요시타케 신스케 글·그림 / 신기한 현상학회 기획 / 이소담 옮김 / 주니어김영사)

[문제 1] 정답 : ① 돼 ② 되 ③ 사려고 ④ 역할 ⑤ 설거지 ⑥ 대 ⑦ 데 ⑧ 바람 ⑨ 웬 ⑩ 웬만하면 ⑪ 든 ⑫ 던 ⑬ 할게요 ⑭ 왠지 ⑮ 금세

[문제 2] 정답 : ① 도대체 ② 나가려고 ③ 시래깃국 (나머지는 다 두 번째 말이 정답)

생의 마지막 기억은?

『옥춘당』
고정순 글·그림
길벗어린이

주제 내 생의 마지막 순간
대상 깊은 사랑 이야기로 펑펑 울고 싶은 어른들

마음의 흔들림 💚

고정순 작가는 『시치미 떼듯 생을 사랑하는 당신에게』라는 책에서 "아무나 할 수 없는 일을 아무렇지 않게 해내는 행동과 마음을 사랑이라고 하는지도 모르겠다."라고 말했다. 그래픽노블로 나온 『옥춘당』을 읽을 때만 해도 '옥춘당'이 요즘 아이들이 많이 보는 '전천당' 시리즈처럼 과자 가게 이야기인 줄 알았다. 어릴 때 제사상에서 보았던 그 사탕인 줄은 까맣게 모른 채 아무런 정보 없이 그저 작가 이름만 보고 집어 든 책은 그야말로 나를 오열하게 했다. 불금 저녁, 눈물 콧물 흘리는 것도 모자라 두 손에 얼굴을 파묻고 훌쩍훌쩍 어깨까지 들썩이며 울어 토요일 아침에는 퉁퉁 부은 얼굴이 되었더랬다. 책이 너무 감동적이라며 남편에게 권했지만 지난밤 내가 지나치게 운 탓인지 해피엔딩을 선호하는 남편은 무심히 고개만 끄덕일 뿐 주말 내내 책을 펴지 않았다.

감동적인 책을 읽고 싶다는 고학년 여자아이들이 오면 한 번씩 이 책을 권했다. 책을 빌려 간 아이들은 "선생님, 너무 슬퍼요. 많이 울었어요." 라고 말하며 책을 돌려주곤 했다. 이따금 도서관에 오셔서 수업에 필요한 책을 빌려 가시던 선생님이 볼 만한 책을 찾으시기에 조금 슬픈데 엄청 좋은 책이라며 권해 드렸다. 슬픈 거 안 좋아한다고 하셨던 선생님은 일주일 뒤 도서관에 오셔서 "책이 너무 슬퍼서 한참을 울었어요. 남편이 뭘 읽기에 그토록 우냐고 물을 정도였다니까요."라고 말씀하시며 책을 돌려주셨다. 심지어 그 말씀을 하시면서도 얼굴에, 목소리에 물기가 묻어났다. 장성한 아드님이 계시는 선생님이셨기에 아마도 이 글이 더 깊게 와 닿으셨겠다는 생각이 들었다.

그래픽노블로 만났던 『옥춘당』을 일 년 뒤, 다정한 분위기의 그림책으로 다시 만났다. 반가운 마음에 나는 얼른 이 책을 샀다. 분명 읽었던 이야기라 다 아는 이야기인데, 나는 또 울고 만다. 읽을 때마다 코끝이 시리고 눈가가 촉촉해진다. 고자동 씨와 김순임 씨의 사랑이 너무 따뜻해서 자꾸만 울컥 감정이 올라온다. 사랑 많은 고자동 씨, 그 사람을 해바라기처럼 바라보는 김순임 씨의 사랑이 나를 울보로 만든다.

책 속으로 풍~덩

"그리워 돌아보면 그 자리에 있는 노을 같은 사랑"

표지에 쓰여 있는 글귀가 『옥춘당』이 어떤 내용의 책인지 힌트를 준다. 책 속 노부부는 실제 작가의 할아버지, 할머니라고 한다. 책에 나오는 이름 또한 실명이라고. 꽤 아픈 이야기라 부모님에게 상처가 될까 싶어 아직 보여 주지 못하셨다는 이야기를 듣고 마음이 묵직해졌다.

전쟁고아였던 고자동, 김순임 씨는 결혼해 삼 남매를 낳아 키운다. 고자

동 씨는 그 옛날에 아이들을 앞뒤로 안고 메고 목말을 태워 주던 자상한 아빠이자 부인을 웃게 해 주려 노력하는 살뜰한 남편이었고, 방학 때마다 손녀와 재미나게 놀아 주는 다정한 할아버지였다. 사람 좋은 고자동 씨는 남에게만 좋은 사람이 아닌 낯가림 심한 할머니의 진짜 내 편이었고, 유일한 친구였다. 말하지 않아도 고생했다고 어깨를 주물러 주고 눈을 맞추며 이야기를 나누는 모습이 손녀의 눈에는 얼마나 아름다웠을까?

프러포즈하듯 아내의 입에 예쁜 '옥춘당'을 넣어 주던 할아버지의 마지막 순간에도, 할아버지가 떠난 뒤 홀로 남은 할머니가 조용히 기억을 잃으며 작아져 가던 순간에도 사랑은 있었다.

북토크 자리에서 고정순 작가는 이렇게 말했다.

> "사랑은 이 세상에 나만큼 복잡한 사람이, 그리고 나만큼 귀한 사람이 있다는 사실을 새로 배우는 일이었습니다."

내 옆에 있는 귀한 사람을 어떻게 사랑해야 하는지 노부부를 통해 다시금 배우는 날이다.

함께 해 보기

❶ 나의 할아버지, 할머니 이야기

내가 기억하는 할아버지, 할머니는 어떤 모습인가? 좋았던 기억, 슬펐던 기억 등 다양한 추억을 꺼내 가족과 나눠 본다. 아빠, 엄마 모르게 할아버지, 할머니 두 분과 몰래 특별한 경험을 한 적은 없는지 떠올려 보자. 혹여 서운하고 아팠던 기억이 많더라도 그새 우리가 훌쩍 자랐기에 이야기 나누는 과정에서 조금은 오해가 풀리고 이해가 될지도 모른다.

❷ 추억 사진 찍기

아직 할아버지, 할머니가 살아 계신다면 특별한 사진을 찍어 보면 어떨까? 한창 사진관에서 재미있는 분위기로 사진 찍기가 유행했던 시절에 부모님을 모시고 간 적이 있다. 처음엔 우스꽝스런 머리띠를 하고, 볼에 바람을 넣어 귀여운 포즈를 하는 것을 멋쩍어 하셨지만 인화된 사진을 열쇠고리로 들고 다니시는 걸 보고 억지로라도 즐거운 추억 만들기를 잘했다고 생각했다. 여러분도 두 분이 이제껏 경험하지 못한 장소에 모시고 가서 자연스러운 스냅사진을 찍거나 저처럼 색다른 가족사진 찍기에 도전해 보시길.

❸ 어떤 사람으로 기억되고 싶나요?

책을 읽고 나면 자연스레 나의 마지막 순간에 대해 생각하게 된다. 자신에게 혹은 서로(가족, 연인, 친구)에게 물어 보자. 내가 세상을 떠난 뒤 남겨진 사람들에게 어떤 사람으로 기억되고 싶은지. 참고로 고정순 작가님은 '웃긴 사람'으로 기억되고 싶으시단다.

Tip

『옥춘당』 출간 기념 북토크에서 고정순 작가님이 하신 당부의 말이다.
"진짜 시간은 기다려 주지 않더라고요. 지금 여러분이 하실 수 있는 게 있으면 했으면 좋겠어요. … 여러분이 혹시 지금 '무언가를 하고 싶다, 이 사람하고…' 그런 생각이 든다면 무리를 해서라도 하세요! 미루지 마시고…."

함께 읽기

『기억의 풍선』 (제시 올리베로스 글 / 다나 울프카테 그림 / 나린글)
『뿌송뿌송 우주여행』 (김유강 글·그림 / 오올)
『안녕』 (안녕달 글·그림 / 창비)
『어느 날.』 (이적 글 / 김승연 그림 / 웅진주니어)
『코딱지 할아버지』 (신순재 글 / 이명애 그림 / 책읽는곰)
『할머니가 남긴 선물』 (마거릿 와일드 글 / 론 브룩스 그림 / 최순희 옮김 / 시공주니어)

[공개강좌]
우리는 가족에게 친절한가요?

2023년 여름, 학지사에서 연락이 왔었습니다. 출판사 건물 1층에 있는 MIND B 북카페에서 그림책 강연을 부탁하는 내용으로요. 떨렸습니다. 그동안 학교에서만 강의를 했었지, 그렇게 북카페에서 한 적은 없었기 때문입니다. 그래도 좋은 기회 같아서 수락을 했지요. 7월의 마지막 수요일, 문화가 있는 날에. 어떤 주제로 할지, 어떤 그림책을 고를지 고민을 했습니다. 그리고 모두가 공감할 수 있는 주제와 그림책을 연결했습니다.

첫 번째 주제는 '아이의 재능이 발견되는 세 번의 순간'이고, 두 번째는 '어린 나를 마주하는 힐링의 순간'이며, 세 번째는 '어른의 창의력과 아이의 창의력이 빛나는 순간'으로 정했습니다. 그리고 네 번째는 '독서치료와 마음챙김의 순간'으로, 다섯 번째는 '기억이 추억이 되는 순간(당신의 고향은 어디입니까?)'

으로 정했습니다. 그 주제와 연결되는 그림책으로는 『줄줄이 꿴 호랑이』『오줌이 찔끔』『시작 다음』『천만의 말씀』『고향의 봄』을 선정했어요. 직장 동료 교사들과 대학원 동기 분들과 인싸이트를 통해 알게 된 분들이 참석한 자리에서 즐겁고 의미 있는 시간을 보냈습니다. 저에게도 힘이 되는 순간이었지요.

    그리고 8월의 마지막 수요일에 두 번째 강연도 이어졌습니다. 이번에는 '가족'에 대한 이야기를 나누고 싶었습니다. 가장 가까이 있지만 가장 친절하게 대하지는 않는 구성원들의 모임이 바로 가족 아닐까요? 몇 년 전에 텔레비전에서 본 광고가 생각납니다. 이제 막 직장을 잡은 젊은이가 상사와 동료 직원에게는 너무나 친절하게 대하고 예의바르게 행동하지만, 집에 도착하면서부터는 그러한 태도가 싹~ 사라지는 광고 말이지요. 보는 순간 불편함을 느낀 건 저뿐일까요? 그리고 제 마음은 왜 불편했을까요? 아마도 같은 경험을 했었기 때문이 아닐까 생각됩니다. 첫 직장을 잡았을 때 직장의 선배들에게는 절대적으로 친절했지만, 집에 오자마자 대학생 시절의 한량(?)의 모습으로 돌아갔던 제가 떠올랐기 때문인 것 같습니다. 그 태도는 마치 속으로 '엄마가 뭘 알아?' 하는 건방진 마음이 아니었을까요?

그 후로도 삶을 살아가며 가족에게 그렇게 친절하게 대하진 않았던 것 같아요. 이제 와서 반성을 많이 하게 됩니다. 그런 마음을 같이 나누고 싶어서 주제를 정했습니다. '우리는 가족에게 친절한가요?'라고 말이죠.

'어머니와 나, 기다림'에서는 어머니를 기다려 본 순간의 추억과 기분을 떠올려 보는 시간을 가졌습니다. 그 후에 동요 〈섬집 아기〉를 들어 보고, 그 노래를 전통악기로 연주한 배경음악에 맞춰 그림책 『엄마 마중』을 보여 드렸습니다. 두 번째 '아버지와 나, 떠올림'에서는 주말의 아버지 모습, 함께 놀았던 모습을 떠올려 볼 수 있는 그림책 『고릴라』를 함께 읽었습니다. 세 번째 '형제자매와 나, 어울림'에서는 첫째들의 이야기와, 둘째들의 입장과, 막내들의 항변을 들어 보는 시간을 갖고 그림책 『터널』을 감상했습니다. 그 후에는 교육활동으로 나눌 수 있는 '과자집 만들기' 독후활동과 '전설은 금방 사라질 수 있다'는 마무리로 '여행'을 많이 다녀 보자고 했습니다. 네 번째로 '할머니와 나, 헤아림'에서는 할머니와 관련된 추억은 제게 별로 남아 있지 않았지만, 간단히 종이에 각자의 추억을 적어 보거나, 할머니께 선물했던 물건들을 써 보거나 그려 보는 활동을 했습니다. 그리고 『할머니의 여름휴가』 그림책을 다양한 소품으로 만든 음향과 함께 동영상으로 감상했었습니다. 마지막에 나온 선물코너를 참고하여 '이제라도' 더 드리고 싶은 선물을 그려 보자고도 했습니다.^^ 다섯 번째는 가족은 아니지만 인생의 멘토 같은 선생님들을 떠올려 보고, 그때 느꼈던 감정을 되살려 봤습니다. '선생님과 나, 흔들림'이라는 주제로요. 함께 나눈 그림책 『고마워요, 선생님!』에는 흔들린 감정을 배가할 수 있는 장치로 어울리는 음악을 틀었습니다. 'Paris in Water-Yuhki Kuramoto'와 'City Lights-Priscilla Ann'의 목소리에는 정말로 흔들릴 수밖에 없는 감정의 떨림이 있었어요. 그렇게 두 번의 강연을 마무리했습니다. 지금도 그때의 떨림이 되살아나는 게 저만이 아니길 바랍니다.

    오늘 문득 가족과의 추억을 가만히 떠올려 본다면, 우리는 좀 더 친절해질 수 있는 가능성을 키울 수 있을지도 모릅니다. 모든 기억은 추억이 됩니다. 우리 모두 가족에게 좀 더 친절하면 좋겠어요. 저도 여러분도 친절한 기억이 추억으로 남으면 좋겠어요. 그 연결다리를 그림책으로 만드시면 더욱 좋겠어요.

에필로그

좋은 그림책이란
마음을 움직이는 것이다

사서교사인 나는 일주일에 한 번, 그림책을 읽어 주러 교실에 찾아간다.

"선생님, 오늘은 무슨 책 읽어 주실 거예요?"

눈을 반짝이며 나를 맞이하는 아이들이 고개를 빼꼼 내밀며 내 손에 무슨 책이 들려 있나 호기심 어린 눈길을 보낸다.

아이들의 기대에 찬 얼굴에 오히려 내가 더 신이 나 그림책을 읽어 주고 교실을 나올 즈음,

"선생님이 읽어 주는 책은 왜 다 재미있어요?" 하는 녀석에게,

"그럼 다음번에는 재미없는 것으로 열심히 골라 올까?" 했더니,

"아니요~ 그냥 어떻게 만날 재미있는 것만 읽어 주시나 신기해서요. 헤헤헤."

내가 좋아하는 책을 골라 즐거운 마음을 담아서 전한 것이 아이들에게 통했다는 생각에 교실 문을 나서는 나 역시 마음 한편이 뿌듯함으로 벅차오른다.

쑥덕쑥덕. 그림책 서가 앞에서 1학년 녀석 서넛이 모여 뭔가 모의를 꾸미는가 보다. 뭐 하나 궁금한 마음에 슬쩍 다가가서 그 사이에 끼어들어 이야기를 듣고 싶지만, 그러면 하던 얘기가 뚝 끊길까 싶어 멀찍이 귀만 커다랗게 열어 놓고 안 보는 척하면서 온 신경을 그곳에 집중했다.

"우하하하! 제목이 뭐 이래?"

"윽! 더러워~ 진짜로 나는 것 같아. 아, 기분 나빠!"

수업종이 울리고 아이들이 우르르 교실로 몰려간 뒤에 한 아이가 다시 돌아왔다. 그러고는 아까 아이들이 몰려 있던 곳에서 책을 빼들고 얼굴을 가까이 가져다 댄다. 약간 실망한 듯 다행인 듯 묘한 표정을 지으며 아이가 돌아갔다. 과연 무슨 책인지 궁금해 얼른 아이들이 보던 책을 짚으니 나도 모르게 피식 웃음이 났다.

『똥 냄새 나는 책』.

진짜인가 궁금해 그림책에 코를 대고 살며시 냄새를 맡던 여자아이의 용기(?)가 귀엽게 느껴졌다.

아이들 마음을 들썩이게 하는 책을 만나게 해 주는 것. 그것이 내 그림책 수업의 목표다. 처음에는 반 아이들 모두가 함께 읽을 수 있는 책을 고르기 위해 그림책을 선택했지만, 지금은 멋진 그림과 글을 만나는 즐거움 때문에 그림책을 선택한다.

그림책 수업을 하고 있는 내게 많은 사람들이 좋은 그림책이 무엇이냐고 자주 묻는다. 정답은 없지만 적어도 자신이 읽어 본 후 이야기에 흠뻑 빠졌다면 실패하지 않을 거라고 말해 줄 수는 있다. 내 경험으로 미루어 볼 때 수상 여부, 작가나 출판사의 인지도 같은 외적인 요건보다도 이야기를 전해 주려는 사람이 그 이야기에 감동받았는가가 훨씬 중요했다.

아이들에게 좋은 그림책을 전하려 한다면 먼저 혼자서 차분히 이야기에 빠져들고 충분히 그림책을 즐겨 보시길. 책에서 받은 좋은 느낌을 고스란히 담아 전해 주면 아이들과 신나게 책 속에서 놀게 될 것이다. 그렇게 즐기듯 읽어 준 그림책이라면 아이들 마음을 충분히 움직일 테니 걱정 말고 도전해 보시라고 말하고 싶다.

교실에서 아이들과 나를 연결지어 주는 수많은 그림책과 이렇게 부족한 책이 세상에 나오기까지 도와준 따뜻한 사람들, 그리고 내 옆의 박꾼에게 '고맙습니다'라는 인사를 전한다.

행복한 그림책 사냥꾼
숙영

저자 소개

이름	김용찬 선생님
태어난 해	1969년
e-mail	har93@hanmail.net
나의 보물 1호	일기장, 앨범
나의 애칭	디카샘(디카프리오와 같이 데뷔)
나의 좌우명	일단 부딪쳐 보고 난 뒤에 생각한다. 여유 있는 웃음을 잃지 말자.
내가 좋아하는 작가와 그 이유	• 레오 리오니, 프레드릭을 사랑할 수밖에 없어서~!! • 존 버닝햄, 교사가 느껴야 할 것을 다 표현해 주어서~!! • 데이비드 위즈너, 상상력은 지식보다 중요하다~!!(아인슈타인) • 앤서니 브라운, 나와 같은 킹콩 세대~!! 게다가 섬세함까지~!!

앞으로 내 꿈과 이유

◎ **책방(북카페) 사장님**
퇴직 후에 북카페를 차린다. 1만 권의 책을 비치하고 핸드드립으로 내린 커피를 판매한다. 가끔 여주와 원주에 있는 반 시게루와 안도 다다오 건축가의 마음이 담긴 곳을 찾는다.

◎ **작가 되기**
100세가 되기 전에 100권의 책을 내는 작가가 될 것이다. 물론 그림책도 내고~!! 기대하시라~ 짜짠~~!! (그림 공부도 열심히 하는 중)

◎ **타샤 튜더처럼**
강원도와 가까운 경기도 여주에 집을 짓고 자연 속 언덕 위의 벤치에 오래 앉아 생각하고, 책 읽고, 글 쓰고, 연주하고, 꽃과 대화하며 살기

좋아하는 그림책

이제는 좋아하는 그림책을 고를 수 없게 되었다. 너무나 많기 때문이다. 서점에서 늘 새로운 그림책을 만나는 시간이 반갑고, 도서관에서 빌린 책으로 수업을 진행하려고 계획하는 순간이 즐겁다. 하지만 클래식이라고 불리는 그림책 고전과 위대한 작가의 인생에 대해 더 깊은 관심이 있다.

또한 그림책과 인생을 연결하여 '그림책의 무게'라는 주제로 호흡이 긴 수업을 준비 중이고, 특정 그림책에 어울리는 음악을 찾는 작업을 오랫동안 준비해서 하나의 결과물로 '그림책 콘서트'를 진행하고 있다.

석사 논문과 관련하여 '그림책 공감적 읽어주기'에 대한 방법론을 찾고, 1년의 커리큘럼을 준비하여 학년에 맞는 그림책 수업안을 융합적으로 개발하고 있다. 그 안에서 만난 모든 그림책이 사랑스럽다. 내 곁으로 온 모든 그림책이 좋다.

이름	김숙영 선생님
태어난 해	1980년
e-mail	9937003@hanmail.net
나의 보물 1호	가족
나의 애칭	다정이
나의 좌우명	Inner peace!
내가 좋아하는 작가와 그 이유	Inner peace!

앞으로 내 꿈과 이유

◎ 오늘보다 다정한 나

좋아하는 것들에 대해 말할 때면 나도 모르게 목소리가 커진다. 아이처럼 신나서 떠들고 있음을 느끼게 된다.

나이가 들어갈수록 좋아하는 것들이 늘면 좋겠다. 이 사람은 이래서 좋고, 저 사람은 저래서 좋다며 자주 만나지는 못해도 빛나는 사람들을 가슴에 따뜻하게 품으며 살고프다.

수많은 이야기에 둘러싸여 그 속에 숨겨진 다정한 이야기를 발견하고 싶다. 글 속에 담긴 말들로 나 자신도 아끼고, 나를 둘러싼 사람들도 아끼는 건강한 마음을 늘 품어 가고 싶다. 웃어 주고 안아 주는 진짜 어른의 모습으로 지혜롭고 넉넉하게 늙어 가고 싶다. 생각이 꽉 막혀 답답하지 않도록, 욕심을 부려 옹졸해지지 않도록 늘 배우고 익히는 사람이고자 한다. 이 다짐을 마음에 새기며 하루하루를 성실히 살아 내는 고요하지만 다정한 사람이 되고 싶다.

◎ 보물을 발견하는 기쁨

친한 선생님들과 '그림책 나누는 사이'라는 모임을 함께하고 있다. 그들에게 내가 제일 많이 하는 것은 새롭게 알게 된 책을 자랑하듯 소개하는 일이다.

그림이 너무 근사해서, 글이 너무 감동적이어서, 몇 학년 무슨 수업에 딱 맞는 주제여서 등 책을 자랑하는 이유도 다양하다.

그렇게 줄줄 읊은 좋은 책들은 도서관 곳곳에 보물찾기하듯 놓인다. 매주 수십 권의 책들이 그곳에 놓였다가, 도서관에 온 아이들과 선생님 손에 들려 저마다의 장소로 소풍을 떠난다.

'예쁜 애 옆에 예쁜 애'라는 말처럼 '좋은 그림책 옆에 좋은 그림책' 세상이 아닐 수 없다. 멋진 보물이 수두룩해서 내 책 바구니에는 늘 근사한 그림책이 넘쳐나고 있다. 여태껏 알지 못했던 작가의 그림책을 알게 되는 일은 나름 즐거운 일이다. 그것을 누군가에게 알리는 일 또한 매우 행복한 일이고!

마음으로 떠나는
그림책여행 1

2012년 2월 24일 1판 1쇄 발행
2020년 9월 10일 1판 9쇄 발행
2025년 1월 5일 2판 1쇄 발행

지은이 • 김용찬 · 김숙영
펴낸이 • 김진환
펴낸곳 • (주) **학지사**

04031 서울특별시 마포구 양화로 15길 20 마인드월드빌딩
대표전화 • 02)330-5114   팩스 • 02)324-2345
등록번호 • 제313-2006-000265호

홈페이지 • http://www.hakjisa.co.kr
페이스북 • https://www.facebook.com/hakjisabook

ISBN 978-89-997-3260-7 03370

정가 20,000원

저자와의 협약으로 인지는 생략합니다.
파본은 구입처에서 교환해 드립니다.

이 책을 무단으로 전재하거나 복제할 경우 저작권법에 따라 처벌을 받게 됩니다.

출판미디어기업 **학지사**
간호보건의학출판 **학지사메디컬** www.hakjisamd.co.kr
심리검사연구소 **인싸이트** www.inpsyt.co.kr
학술논문서비스 **뉴논문** www.newnonmun.com
교육연수원 **카운피아** www.counpia.com
대학교재전자책플랫폼 **캠퍼스북** www.campusbook.co.kr